주식완결판

新가치투자 창시자 김원기의
주식완결판

초판 1쇄 발행 2012년 10월 30일

지은이 ǀ 김원기
펴낸이 ǀ 홍경숙
펴낸곳 ǀ 위너스북

기획 · 편집 주간 ǀ 김형석
기획 · 편집 팀장 ǀ 장보금
마케팅 총괄 이사 ǀ 안경찬

출판등록 ǀ 2008년 5월 2일 제310-2008-20호
주   소 ǀ 서울 마포구 합정동 370-9 벤처빌딩 207호
주문전화 ǀ 02-325-8901
팩   스 ǀ 02-325-8902

표지 ǀ 김윤남 Design
본문 ǀ 정현옥
종이 ǀ 한솔PNS(주)
인쇄 ǀ 영신문화사

값 16,000원

ISBN 978-89-94747-14-9 13320

위너스북에서는 출판을 원하시는 분, 좋은 출판 아이디어를 갖고 계신 분들의 문의를 기다리고 있습니다.
winnersbook2@naver.com | Tel 02)325-8901

주식완결판

THE FINAL STOCK GUIDE BOOK

나의 원동력은?

나의 가장 큰 원동력은
나를 아는 모든 투자자들이 부자가 되고 있다는 것이다.
이것은 나의 삶의 기쁨이고 행복이다.

우리 모두 부자가 되서 이웃을 위해 기부도 하고
더 많은 사람들이 부자가 될 수 있도록
김원기를 널리 알려 모든 투자자들이 부자가 되고,
세계 강대국이 되는 것,
이것이 제가 해야 할 일입니다.

3년만에 1억에서 7억 되다

필명 : 대전갑부

김원기 대표님은 저의 평생 은인이자 은사이십니다. 유료회원이 된 지는 3년째, 대표님 덕분에 매일 아침 눈을 뜨면 감사한 마음으로 시를 씁니다. 차분한 마음으로 시기를 기다리니 부가 저절로 따라오네요. 대표님과 3년 정도 함께하다 보니 이제는 대표님이 추천해주시는 종목을 운영하는 노하우까지 생겼습니다.

시장상황과 관계없이 항상 좋은 종목을 선정해 주시는 대표님께 감사드리며 앞으로도 감사하는 마음으로 대표님과 함께 큰 부자가 되고 싶습니다.

대한민국에서 신가치투자의 창시자인 김원기대표님과 함께 매일 상한가, 시간이 지날수록 가속도로 붙는 돈의 위력 그리고 더불어 사는 행복한 삶을 체험해 보시길 적극 추천드립니다. 대표님과 처음 투자를 시작할 때 저의 투자금은 1억이었습니다. 3년이 지난 지금은 7억으로 불어났고, 앞으로 100억을 목표로 하고 있습니다. 후에 100억짜리 계좌를 만들어 보겠습니다. 대표님이 옆에 계시니 저는 가능하리라고 생각합니다. 투자자 여러분, 신가치투자의 창시자이신 김원기대표님과 함께 해서 기적을 이루어보세요. 꿈이 현실로 이루어집니다!

구분	종목코드	종목명	체결잔고	가능수량	평가손익	수익률(%)	현금금액	평가금액	결제잔고	체결단가	현재가
현금	018620	ⓚ우진비앤지	22,000	22,000	14,234,000	17.12	83,116,000	97,350,000	22,000	3,778	4,425
현금	014570	ⓚ고려제약	137,000	137,000	53,293,000	15.04	354,282,000	407,575,000	137,000	2,586	2,975
현금	044480	ⓚ유니더스	10,830	10,830	1,711,140	9.86	17,349,660	19,060,800	10,830	1,602	1,760
현금	078140	ⓚ대봉엘에스	4,300	4,300	584,800	4.48	13,046,200	13,631,000	4,300	3,034	3,170
현금	027050	ⓚ코리아나	20,000	20,000	1,211,840	3.28	36,888,160	38,100,000	20,000	1,844	1,905
현금	092730		4,200	4,200			31,147,200	29,904,000	4,200	7,416	7,120
현금	000220		15,000	15,000			86,190,000	81,000,000	15,000	5,746	5,400
현금	079000		5,000	5,000			40,235,000	37,350,000	5,000	8,047	7,470

(총 매입금액 · 총 평가손익 · 당일매도금액 0 · 추정예탁자산 / 총 평가금액 723,970,800 · 총 수익률(%) · 당일실현손익 0 · D+2 예수금)

신가치투자의 진정한 힘

필명 : 아처리

김원기대표님께 주식을 배우고 함께한 지 벌써 3년이 다 되어 가네요. 2010년 2월 KBS VJ특공대를 통해 대표님을 알게 되었으며 당시 이데일리TV에서 녹화된 대표님의 명강의를 모두 접하고 나서 명실공히 최고의 애널리스트라는 것을 알게 되었습니다.

대표님께서 만드신 신가치투자는 정배열 차트에서 거래량을 동반한 강한 힘을 보여준 종목(점상한가, 연속상한가 등)을 발굴한 후 꿈이 있고 기본적가치가 우수한 주식들을 저점매수하여 씨를 뿌리고 싹이 돋을 때까지 기다리는 전략입니다. 농부의 마음으로 투자하는 매매방식이죠.

차트를 통해 세력의 강한 힘을 보여준 기본적가치가 우수한 종목들이기에 매수했던 가격보다 밑으로 내려와도 더 살 수 있는 마음의 여유가 생겼으며, 시간을 벗삼아 기다리기만 하면 반드시 수익으로 보답해 줍니다. 이것이야 말로 신가치투자의 진정한 힘이 아닐까 생각해 봅니다.

워렌버핏이 평생 두 가지 원칙을 따랐다고 하는데 첫 번째 원칙은 "손해를 보지말자", 두번째 원칙은 "첫 번째 원칙을 지키자" 였다고 합니다. 대표님의 신가치투자는 워렌버핏이 말하고 있는 원칙에 가장 적합한 매매방식이 아닌가 생각이 드네요.

대표님은 주식리딩뿐 아니라 마음의 리딩도 해주시기 때문에 항상 안정되고 편안하게 험난하고 힘든 주식시장에서 이겨낼 수 있도록 하는 큰 등대와 같습니다. 하루하루 단기매매에 연연하지 마시고 신가치투자를 통해서 복리의 마술, 수익의 극대화를 느껴보시기 바랍니다.

총매입	12,596,728	총평가	24,604,000
총손익	+11,927,890	총수익률	+94.69%
실현손익	+5,579	융자별	융자합
종목명	매입가	평가손익	수익률
한국정보공학	3,364	+11,646,043	+166.68%

뿌린 씨앗이 열매로 되돌아오는 것을 보며

필명 : 갤3

대표님과 함께한 지 6개월.

1999년에 주식에 입문해서 깡통도 나보고(그 당시 1억원 정도), 이래서는 안 되겠다 싶어 책을 보며 공부도 해보았지만 실전에서는 수익내기가 너무 어려웠습니다. 한동안 주식을 포기하고 있던 차에 미래에 대한 불안감이 밀려왔습니다. 다시 도전해보기로 하고 교보문고에 가서 책을 고르던 중 김원기대표님의 '주식투자 30일만에 따라잡기'를 접하게 되었습니다.

책을 읽고 나서 회원가입을 하게 되었고, 대표님의 강의를 열심히 들었죠~ 강의를 들을수록 신념이 생겨났고 밝은 미래가 그려지더군요~ 6개월이 채 안되었지만 많은 수익을 냈습니다. 물론 씨앗을 뿌려놓고 아직 열매를 맺지 못한 종목도 있습니다. 하지만 저는 확신합니다. 반드시 열매가 열릴 것이라는 사실을~

2367-7038-11 ▽ Ⅱ ****	정우진		2012/07/25			※참고	조회
종목명	매도수량	매도단가	매수단가	매매손익	매도비용	매수비용	실현손익	실현손익률
세우테크		2,920	2,389	531		0		21,8536

2367-7038-11 ▽ Ⅱ ****	정우진		2012/07/19			※참고	조회
종목명	매도수량	매도단가	매수단가	매매손익	매도비용	매수비용	실현손익	실현손익률
안랩		122,600	78,816	43,784		0		55,0475
오로라		5,020	4,304	716		0		16,2570

2367-7038-11 ▽ Ⅱ ****	정우진		2012/07/10			※참고	조회
종목명	매도수량	매도단가	매수단가	매매손익	매도비용	매수비용	실현손익	실현손익률
금성테크		751	570	181		0		31,3270
윌비스		2,380	1,670	710		0		42,0786

2367-7038-11 ▽ Ⅱ ****	정우진		2012/07/06			※참고	조회
종목명	매도수량	매도단가	매수단가	매매손익	매도비용	매수비용	실현손익	실현손익률
동일벨트		8,850	7,269	1,581		0		21,3551
동양물산		24,100	20,110	3,990		0		19,4515

대표님의 평생회원이 되고 싶은 마음으로

필명 : 집사자

주식을 시작한 지 4년이 다 되어 갑니다. 주식으로 돈 벌어서 집을 사겠다는 마음으로 시작했는데 드디어 새 집을 분양받았습니다. 새집을 분양받을 수 있었던 건 지금까지 높은 수익이 나게 해주신 대표님 덕분이고, 앞으로도 계속해서 수익이 날 것이라는 믿음 때문이었습니다. 지금까지 많은 애널분들의 회원이 되어봤지만 높은 수익이 나게 해주신 분은 대표님뿐입니다. 회원으로 가입한 후 몇개월 동안은 ±20~30%를 오르내리면서 점점 손실이 커져가고 있었습니다. 그래서 김원기대표님도 다른 애널분들과 똑같구나라는 생각을 했었습니다. 하지만 조금만 더 믿고 기다려 보자라는 마음으로 기다렸습니다. 그 기다림이 높은 수익율로 나타나고 있고 수익은 계속 늘어나고 있습니다. 다른 애널분들과 할 때는 5~10% 수익이 나면 높은 수익이라고 생각을 했었는데 대표님의 회원이 된 후로는 5~10%는 수익도 아니었습니다. 5~10%는 기본이고 30~100%까지 높은 수익이 났습니다. 대표님의 회원으로 있으면서 지금까지 저의 가장 높은 수익율은 172%입니다. 얼마나 대단한 수익율입니까? 제가 혼자했으면 이런 수익율을 낼 수가 있었겠습니까? 정말로 꿈같은 수익율이었습니다. 하지만 이런 높은 수익을 내기 위해서는 참고 인내하며 기다리는 것이 필요합니다. 대표님께서는 항상 "주식은 고통의 산물", "씨앗을 뿌리고 바로 캐면 쪽박", "주식은 기다림의 미학"이라는 말씀을 하십니다. 명언중에 명언이라고 생각을 합니다.

주식이 폭락을 할 때도 대표님은 자신있게 외치십니다. "보유종목 홀딩", "폭락은 절호의 매수기회" 어느 누가 20~30% 손실이 나고 있는데, 지수가 폭락을 하고 있는데 이런 말을 자신있게 외칠수 있겠습니까? "지금 주식을 안 사면 10년을 기다려야 한다" "폭락은 절호의 매수기회" 왜냐하면 자신이 있고 확신을 하시기 때문입니다. 그런 대표님의 자신감과 확신때문에 저도 자신감이 생깁니다. 2012년 7월 19일 제가 보유한 종목 중에 상한가가 4종목이었습니다. 이제는 놀랄 일도 아닙니다. 당연하다라는 생각을 하고 있습니다. 왜냐하면 김원기 대표님 회원이기 때문입니다.

종목명	매도수량	매도단가	매수단가	매매손익	매도비용	매수비용	실현손익	실현손익률
국제약품		2,800	2,479				0	12.5817
		2,860	2,545					11.9820
평화산업		2,120	1,577				0	33.9961
에이텍		4,395	2,945				0	48.7511

2367-7640-11 임재분 2012/07/20

종목명	매도수량	매도단가	매수단가	매매손익	매도비용	매수비용	실현손익	실현손익률
웰비스		2,380	1,543				0	53.7447

2367-7640-11 임재분 2012/07/10

종목명	매도수량	매도단가	매수단가	매매손익	매도비용	매수비용	실현손익	실현손익률
휴맥스홀딩스		11,624	7,430					55.9445

2367-7640-11 임재분 2012/07/02

종목명	매도수량	매도단가	매수단가	매매손익	매도비용	매수비용	실현손익	실현손익률
		8,850	8,344					5.7196
동양물산		24,000	16,969					40.9747

2367-7640-11 임재분 2012/07/06

좋은 스승을 만나는 것이 최우선!

필명 : 조만장자

저는 지금까지 5년간 주식투자를 해왔습니다. 대표님을 만나기 전 저는 혼자서도 투자를 해보고 다른 증권방송 사이트에서도 유료회원으로 가입하여 추천종목에 투자도 했었습니다. 그렇지만 시간이 지날수록 돈낭비, 시간낭비를 하고 있다는 생각을 지울 수 없었습니다.

그러다 우연히 TV를(VJ특공대) 보다가 김원기 대표님을 알게 되었습니다. 처음에는 무료방송만 청취를 하다가 유료회원이 되었고, 한달이 지나자 수익이 나기 시작하는 것이었습니다. 저도 다른 사이트에서 방송을 들어봤지만 김원기 대표님 방송에서는 다른 방송에서 배울 수 없는 주식투자의 원칙을 배울 수가 있습니다. 대표님 방송을 듣고 6개월쯤 지났을 때 저는 비로소 과거의 투자습관이 얼마나 잘못되어 있었는지를 깨닫게 되었습니다. 저에게 "지금까지 주식투자를 하면서 가장 중요하다고 느낀것이 무엇이냐"라고 물어본다면, 저는 서슴지 않고 "좋은 스승을 만나는 것이 최우선"이라고 말할 것입니다.

주식에서 스스로 배우고 깨우치기에는 너무 많은 시간과 돈이 필요하고, 잃는 것이 너무 많은 것이 현실입니다. 이런 시행착오를 줄이는 가장 좋은 방법은 좋은 스승을 만나는 것입니다.

지금도 주식이라는 높은 파도와 힘겹게 싸우고 계신 분들께 튼튼하고 흔들리지 않는 배에 올라타시라고 진심으로 권하고 싶습니다. 저는 요즘 일이 바빠서 방송에 못들어가는 경우가 많습니다. 그렇지만 가끔 들어와 계좌를 확인해보면 어김없이 큰 수익이 나 있어서 너무 기쁩니다. 자기 할 일 열심히 하면서 주식으로 돈도 벌고, 무슨 말이 더 필요하겠습니까?

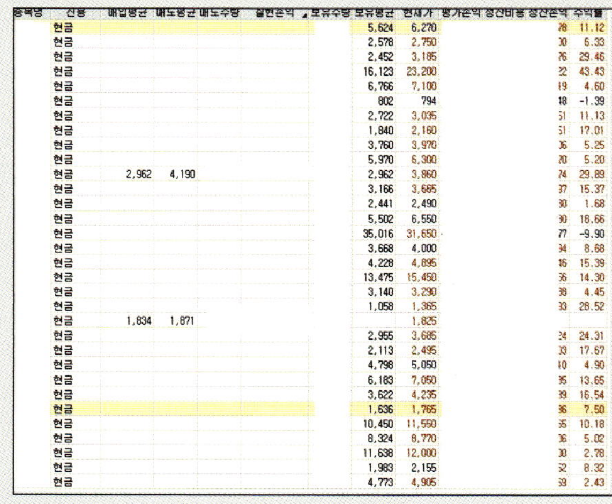

종목명	신용	매입평균	매도평균	매도수량	실현손익	보유수량	보유평균	현재가	평가손익	정산비용	정산손익	수익률
현금							5,624	6,270			78	11.12
현금							2,578	2,750			30	6.33
현금							2,452	3,185			76	29.46
현금							16,123	23,200			22	43.43
현금							6,766	7,100			19	4.60
현금							802	794			18	-1.39
현금							2,722	3,035			51	11.13
현금							1,840	2,160			51	17.01
현금							3,760	3,970			36	5.25
현금							5,970	6,300			70	5.20
현금		2,962	4,190				2,962	3,860			74	29.89
현금							3,166	3,665			37	15.37
현금							2,441	2,490			30	1.68
현금							5,502	6,550			90	18.66
현금							35,016	31,650			77	-9.90
현금							3,668	4,000			34	8.68
현금							4,228	4,895			16	15.39
현금							13,475	15,450			36	14.30
현금							3,140	3,290			38	4.45
현금							1,058	1,365			33	26.52
현금		1,834	1,871					1,825				
현금							2,955	3,685			24	24.31
현금							2,113	2,495			39	17.67
현금							4,798	5,050			10	4.90
현금							6,183	7,050			35	13.65
현금							3,622	4,235			39	16.54
현금							1,636	1,765			36	7.50
현금							10,450	11,550			35	10.18
현금							8,324	8,770			36	5.02
현금							11,638	12,000			30	2.78
현금							1,983	2,155			32	8.32
현금							4,773	4,905			39	2.43

은행에 적금을 들었다는 마음으로

필명 : 부자채민아빠

저 역시 단타만 하는 곳에서 몇년을 허비하다가 대표님을 만났습니다. 이미 수천만원의 손실이 난 상태였습니다. 세계로TV에 와서 계속 매수만 하고 수익은 당장 나지 않았으나 주식 매매습관을 바꾸기 위해 인내를 먼저 배웠습니다. 대표님 말씀처럼 은행에 1년 적금했다고 생각하고 시작했지요. 그러던 중 천안함이 침몰하고(주가하락), 세계경기 하락 소식 등 외부요인으로 주가가 요동칠 때 저역시 사람인지라 이러다가 잘못되는 거 아닌가 하는 생각도 했지만, 대표님을 믿고 전처럼 단타와 스윙(2~3일)만이 아닌 중장기적 관점으로 보면서, 마음을 비우고 그냥 은행에 적금들었다는 생각이 점점 더 제 머릿속에 자리잡았습니다.

오히려 현금을 늘 가지고 있다가, 폭락할 때는 추가매수하여 추후 이익을 극대화하는 방법도 배웠습니다. 지금도 주기적으로 한번씩 장이 빠지기를 기대하는 사람으로 바뀌었습니다.

	비밀번호	********	기준일	2012/02/09		조
당일매수에 대한 당일매도	·당일매도전체		★ 화면 관련 유의사항은 도움말 참조			전체
매도금액		수수료+제세금			손익금액	
매수금액		정산금액			수익률	84.99% 거래내

종목명	금일매수			금일매도			수수료 +제세금	손익금액	수익률
	평균가	수량	매입금액	평균가	수량	매도금액			
국보디자									84.99

하루하루가 행복합니다

필명 : 지윤짱

대표님을 만나기 전에는 스탁론, 주식담보대출 등 해서는 안 되는 매매를 했습니다. 그러던 중 2008년도에 사건이 터졌습니다. 주식 폭락으로 보유중이던 종목이 자동으로 반대매매가 되더군요. 거기에다 빚까지 생기더군요. 아이들만 아니었다면 정말 자살이라는 극단적인 방법을 택했을지도 모릅니다. 남편의 이해와 도움으로 다시 투자를 시작했고, 대표님 말씀을 믿고 시키는 대로 매매했습니다. 매매하고 싶은 마음 꾹 참았습니다.

수익률 100%! 남의 이야기인 줄 알았는데 저에게도 일어나던군요.

124.32%.

눈으로 보고서도 믿기지가 않습니다. 하루하루 불어나는 계좌를 보면 정말 꿈 같습니다.

[0826] 미니 당일매매일지

| 033-99-002427 | **** | 2012/01/10 | 매도수량기준 | ☑ 매매비용 | 상세 | 조회 |

| 금일 매수 금액 | 0 | 금일 정산 금액 | | 총 손 익 금 액 | |
| 금일 매도 금액 | | 총 매 매 비 용 | | 총 손 익 률 | |

종목명	매수량	평균매입가	매도량	평균매도가	매매비용	손익금액	손익률
진양제약	0	0		5,340			124.32

주문 | 체결 | 현재 | 시간 | 차트 | ZA0301 조회가 완료되었습니다

비중 조절로 새 세상을 보다

필명 : 강심장

바쁜 직장생활 가운데, 급한 마음에 주식을 사다 보니, 주식 습관이 잘못들어, 장중 추격매수를 일삼다가 계좌 손실이 심하고, 상폐도 맛봤습니다. 일도 안 되고, 누구에게도 말 못하니 고통은 두배 세배였지요.

이글을 쓰는 이유는 저 처럼 바쁜 직장인도, 비중 조절로 씨를 뿌리면 돈을 벌 수 있다는 사실을, 가족에게 보탬이 될 수 있다는 사실을 알리고 싶어서입니다.

대표님 회원 3개월만에 매매 습관에 많은 변화가 생겼습니다. 일하다가 문자로 오는 매수, 매도 사인만 따라하니, 장중 추격 매수 습관이 고쳐지고, 비중 조절이라는 새로운 습관이 생겼습니다.

결과는 생애 100% 수익을 가입 두 달만에 두 종목에서 맛 봤습니다. 그리고 작년 12월부터 뿌린 씨앗들이, 지금은 한 달만에 일년치 회비만큼 계좌에 수익으로 돌아 왔습니다.

저처럼 바쁜 직장인들에게도 희망을 드리고자 매매일지를 올립니다.

[9026] 계좌자산평가

예수금 | 계좌잔고 | 신용대출잔고 | 거래내역 | 계좌자산평가 | 계좌권리내역 | 반대매매대상 | 계좌별미수및미납내역

[redacted] 잔고표시 정산종목 0인 경우 표시 | 손익추정(매도) | 조회

T+2 예수금	144,856	순자산평가금액	84,072,046	융자금액	0
T+1 예수금	381,393	유가증평가금액	83,927,190	종합대출금액	0
T 예수금	107,118	순매입금액	73,635,289	미상환융자금	0
외화예수금원화환산액	0	평가손익	10,291,901	대차소요담보금	0
기타대여금	0	평가수익률	13.97%	담보부족금액	0
이자미납금	0	CMA질권설정금액	0	담보비율	0%

구분 통화코드	종목코드 종목명	보유수량 주문가능수량	미결제매도수량 미결제매수수량	정산수량 매입금액	현재가 매입평균가	평가금액 융자/대주매도금	평가손익 평가수익률(%)
현금	[redacted]			500	3,100	1,550,000	-8,450
	[redacted]	500	500	1,558,450	3,117		-0.54%
현금	[redacted]	2,000	300	1,700	4,525	7,692,500	1,015,605
	[redacted]	1,700		6,676,895	3,928		15.21%
현금	[redacted]	1,400		1,400	3,830	5,362,000	1,013,610
	[redacted]	1,400		4,348,390	3,106		23.31%
현금	[redacted]	3,800		3,800	2,130	8,094,000	1,717,940
	[redacted]	3,800		6,376,060	1,678		26.94%
현금	[redacted]	2,000	500	1,500	7,580	11,370,000	2,301,014
	[redacted]	1,500		9,068,986	6,046		25.37%
현금	[redacted]	1,200		1,200	4,790	5,748,000	499,870
	[redacted]	1,200		5,248,130	4,373		9.52%
현금	[redacted]	2,900		2,900	1,690	4,901,000	848,300
	[redacted]	2,900		4,052,700	1,397		20.93%
현금	[redacted]	30,000		30,000			
	[redacted]						
현금	[redacted]	1,150		1,150	4,395	5,054,250	692,188
	[redacted]	1,150		4,362,062	3,793		15.86%
현금	[redacted]	1,100		1,100	5,290	5,819,000	-8,110
	[redacted]	1,100		5,827,110	5,297		-0.13%
현금	[redacted]	500		500	11,550	5,775,000	566,020
	[redacted]	500		5,208,980	10,418		10.86%
현금	[redacted]	1,320		1,320	9,560	12,619,200	1,991,294
	[redacted]	1,320		10,627,906	8,051		18.73%
현금	[redacted]	1,183		1,883	5,280	9,942,240	-337,380
합계						83,927,190	10,291,901
				73,635,289		0	13.97%

더 많은 매매일지를 보기 원하시는 독자께서는 세계로TV(www.segerotv.com)에서 확인할 수 있습니다.

1장 | 주식 첫걸음

2장 | 차트를 보는 기술

3장 | 시장을 읽는 기술

4장 | 신가치투자로 평생 부자되기

주식투자 왜 해야 하는가?

과거에는 은행에 돈을 묻어두면 이자를 10% 이상 받을 수 있었고, 부동산으로도 임대수익을 10% 이상 올리던 시대가 있었다. 그러나 지금은 어떤가? 은행예금은 실질적인 마이너스 금리를 기록하고 있고 부동산 또한 인구 감소와 더불어 투자 매력이 떨어지고 있는 것이 현실이다.

지금껏 주식은 위험자산으로 분류되는 경향이 있었다. 이처럼 주식이 위험자산으로 불리는 이유는 투자자들이 주식을 위험한 방법으로 대하기 때문이다. 이익이 증가하고 배당을 실시하는 기업에 투자한다면 은행예금이나 부동산투자 이상의 수익률을 거둘 수 있다. 더구나 앞으로는 그러한 경향이 더욱 강해질 것이다.

산업사회(1800년대~1980년)에서는 근로자가 평생 고임금을 받는 직업을 가질 수 있었고 노동조합에 의해 죽을 때까지 은퇴연금으로 보호를 받았다. 이러한 산업사회에서 금융교육은 중요하지 않았다.

그러나 산업화 시대가 끝나고 정보화 시대가 시작되면서 일자리들이 기술에 의해 대체되어 평생 고임금과 평생직업, 은퇴연금을 받는 시대도 막을 내렸다. 그러면서 재테크는 더 이상 선택이 아닌 필수가 되어 본격적인 '투자의 시대' 로 접어들었다.

예전에는 2세에게 부동산을 물려주던 시대였다. 하지만 지금은 지속성장이 가능한 기업에 투자해 배당을 받으면서 마치 오너처럼 기업의 성장과 함께 해야 한다. 투자한 기업이 계속 성장한다면 주식을 자녀에게 물려줄 수도 있을 것이다. 우리나라의 소득 수준이 2만불을 넘어 선진국으로 가는 길목에서 금융교육은 선택이 아닌 필수사항이 되었다.

1990년대 미국은 국민소득 2만불에서 4만불 시대를 열면서 그 사이 다우존스 지수는 4배가 올랐다.

현재 중국의 1인당 국민소득은 우리나라 1980년대 후반과 비슷한 수준인 5,400달러 정도이다. 중국이 소득 1만불을 달성해 중진국으로 도약하면 인접국인 우리나라는 중국 성장의 가장 큰 수혜를 받을 것이다.

미국 다우존스 지수는 1984년 1,000P에서 2007년 14,000P까지 14배 상승하였다. 따라서 국내 코스피 지수도 미국증시와 마찬가지로 수년간 상승추세를 계속 이어갈 것으로 판단된다. 물론 그 과정에서 상승과 하락을 되풀이 할 것이다.

1990년에 일본은 생산가능인구(만 15세~64세)가 정점에 이르고 주식과 부동산에 버블이 발생하면서 20년이 지난 현재까지도 침체국면에서 벗어나지 못하고 있다.

미국의 경우에는 생산가능인구가 2006년에 정점을 찍었고, 2007년도에 서브프라임모기지론으로 촉발된 리먼브러더스 사태로 부동산이 폭락했고, 달러 가치는 하락한 반면 실물자산인 금 가격은 폭등하였다.

두 나라를 살펴볼 때 주가와 부동산은 밀접한 관계를 가지며, 1990년도 일본의 사례로 볼 때 미국과 유럽도 생산가능인구가 점점 감소하고 GDP 대비 부채비율이 100%에 도달하고 있어 향후 주식과 부동산이 침체로 이어질 가능성이 높다. 결국 재정건전성이 양호하고 고성장을 지속하고 있는 아시아에 해답이 있다.

차트 1 다우존스 월봉, 1984~2012년

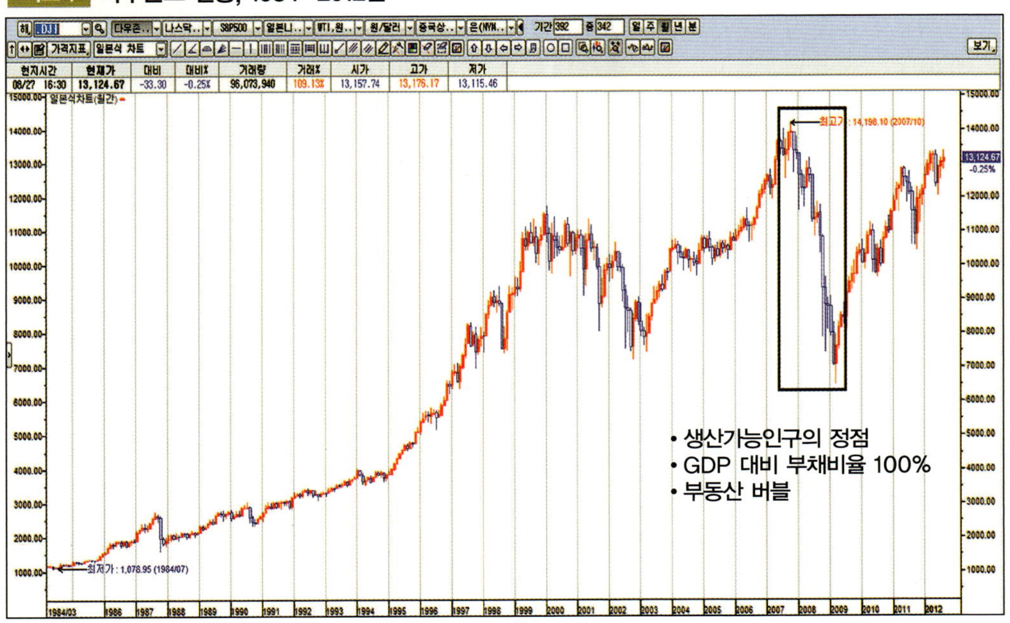

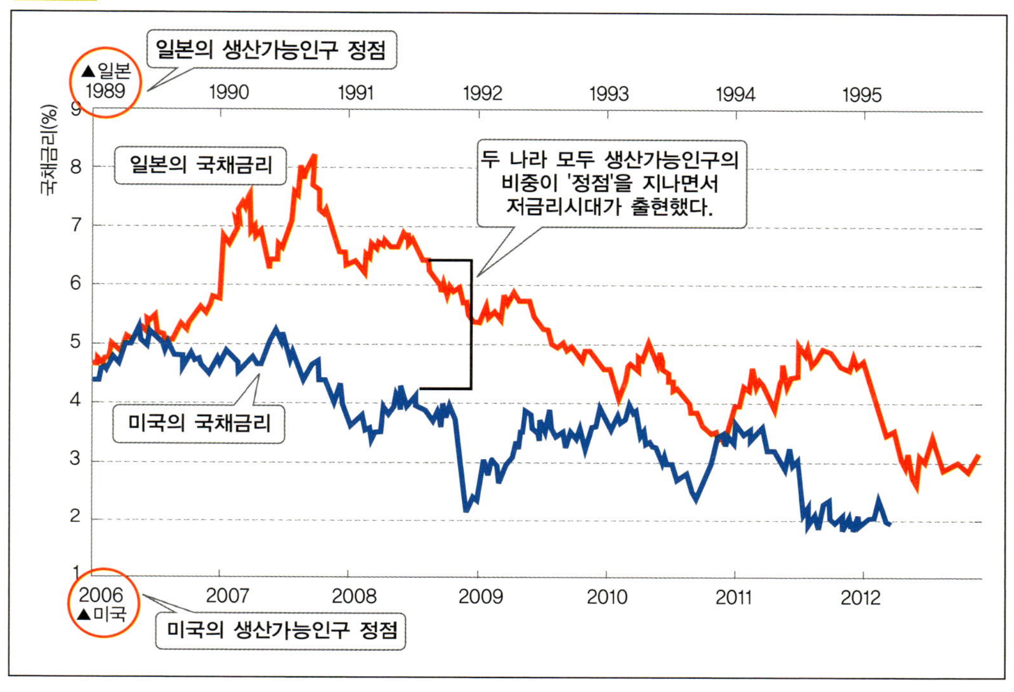

출처 : 세인트루이스 연방준비은행

GDP 대비 부채비율

일본	204.20%	그리스	136.80%
이탈리아	132.70%	아일랜드	112.70%
포르투갈	98.70%	미국	98.50%
프랑스	97.10%	영국	88.60%
독일	81.30%	스페인	78.20%
한국	32.80%	중국	20.20%

※ GDP 대비 부채비율이 100%에 육박하면 저성장, 고실업, 고물가로 이어져 국가경제
 가 위기에 처할 수 있다

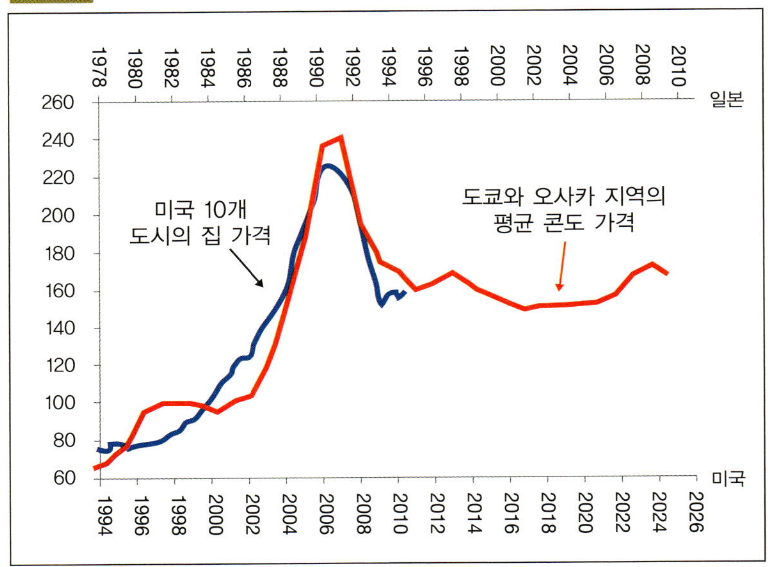

※미국 : 2000년 1월 = 100/일본 : 1985년 12월 = 100   출처 : 블룸버그

주요 국가의 베이비붐 세대 현황

미 국	1946~1965년생
	4,200만명
일 본	1947~1949년생
	806만명
한 국	1955~1963년생
	900만명

※베이비붐 세대의 은퇴로 부동산 가격이 하락하고 있다.

다음은 돈의 흐름을 보자. 돈은 저성장 산업에서 고성장 산업으로 이동하며, 저성장 국가에서 고성장 국가로 이동한다.

저성장 국가	→	고성장 국가
유로존 −1%	→	중국 7.5%
미국 1~2%	→	인도 6.9%

2012년 9월 현재

순위	국가	외환보유액
1위	중국	3조 2,400억
2위	일본	1조 2,705억
3위	러시아	5,143억
4위	스위스	4,459억
5위	대만	3,912억
6위	브라질	3,739억
7위	한국	3,143억

2012년 6월 현재

한국의 생산가능인구는 2016년에 정점을 찍을 것으로 예상되나 통일이 이루어진다면 54%에서 58%로 증가해 정점을 기록하는 시기가 늦춰질 것이다.

최근 올림픽 순위는 국가 경제력을 가늠하는 잣대로 활용되기도 한다. 그만큼 잘사는 나라가 올림픽 순위도 높은 경향이 강해지고 있다. 2012년 런던 올림픽에서 한국이 종합 5위를 하면서 세계에 한국의 위상을 입증하였다. 한 경제신문의 보도에 따르면 한국은 향후 5~10년 안에 일본을 추월할 수 있다는 전망이 나오고 있다.

독일은 통일 이후 주가가 2천에서 8천포인트까지 상승하였다. 역사적 기록으로 살펴볼 때 한국 또한 통일이 되면 국가 경쟁력 강화로 주가는 대시세가 연출될 가능성이 높다. 2050년도에는 1인당 GDP가 8만 6천 달러에 도달되어 영국, 일본을 앞설 것으로 예상된다.

여러 현상들을 종합해 볼 때 한국의 주식시장은 아주 매력적이다. 지금 자산 포트폴리오를 어떻게 구성하느냐에 당신과 자녀의 미래가 달라질 것이다. 이 책을 통해 안전하면서도 높은 수익이 가능한 투자법을 자기 것으로 만들기 바란다.

나의 주식 성공기

나는 강원도 평창의 가난한 집안에서 2남 3녀의 장남으로 태어났다. 어린 시절 부모님과 떨어져 할머니집에서 기거하며 부모님에 대한 그리움을 간직한 채 외롭게 자랐다. 아침엔 옥수수와 감자밥을 먹고, 점심은 학교에서 물로 배를 채우고, 저녁은 풀죽으로 끼니를 때웠다. 늘 배가 고파서 쌀밥에 고깃국 한그릇 먹어보는 게 소원이었다. 할머니집에는 삼촌과 고모들도 있어 그야말로 대가족이었고, 그런 유년시절을 거치면서 나는 사람과 어울리는 법을 자연스럽게 터득했다.

청년시절에는 유리공장, 목장, 식당, 음식배달, 노점 등 안 해본 일이 없었다. 온갖 궂은 일을 하며 세상을 살아가는 데 필요한 많은 경험을 쌓았다. 비록 몸은 고단하였지만 책은 늘 가까이 하였다. 배움이 짧았던 나는 책을 통해 많은 지식과 간접 경험을 쌓아 나갈 수 있었으며 어떻게 하면 가난을 탈피해 부자가 될 수 있을까를 늘 생각했다.

장사를 하던 1986년 당시 집 근처에 증권회사가 있었다. 처음에는 호기심에 들어가 보게 되었고 이후 많은 사람들이 모여 투자하는 것을 보고 나도 주식투자를 하게 되었다. 매스컴에서는 증권, 은행, 보험, 건설주가 폭등하고 있다는 뉴스가 연일 보도되고 있었다.

나는 트로이카붐에 편승하여 약간의 돈을 벌었다. 이것이 나와 주식의 첫 만남이었다. 수익의 달콤함을 쉽게 맛본 나는 주식으로 큰 돈을 벌 수 있겠다는 유혹에 빠지기 시작했다. 때로는 돈을 버는 경우도 있었지만, 샀다 팔았다를 반복하며 알코올 중독보다 무서운 시세 중독에 빠지게 되었다. 일간신문과 ARS를 듣고 매매를 했지만 번번이 돈을 잃고 말았다.

한편 나는 장사를 해서 번 돈으로 규모를 확대하여 요식업을 시작하였고, 안정적으로 가게를 운영한 덕분에 주식으로 돈을 잃어도 생활하는 데는 큰 지장이 없었다.

1997년에는 지금과 같은 차트가 흔하지 않은 시절이었다. 제대로 차트 공부를 해야겠다는 마음을 먹고 수백만원을 들여 차트를 구입했고 수많은 대가들의 책도 사서 공부했다.

1990년 후반부터 미국에서 시작된 IT혁명은 한국에서도 IT 관련 기업의 폭등을 불러왔다.

1999년 9월 시작된 코스닥의 상승랠리는 2000년 3월 초까지 이어졌다. 인디시스템, 사이버텍, 옌트, 벤트리 등의 종목으로 큰 수익을 내며 그동안 계속되었던 실패에서 벗어날 수 있었다. 이를 계기로 주식투자에서 자신감을 회복하며 그동안 운영해오던 요식업을 처분하고 전업투자자로 입문을 하게 되었다.

그러나 주식투자란 그리 만만한 게 아니었다. 나에게 미소 짓던 행운의 여신도 더 이상 내 편이 아니었다. 2000년 3월, 증권사 직원의 매도 권유로 보유 중인 주식을 수익내고 처분하였다. 그러나 미련이 남았다. 팔았던 주식이 언제까지라도 상승할 것처럼 보였고 후회가 되었던 나는 팔았던 주식을 다시 사들였는데 이때 매수한 종목이 TG벤처, 범아경비 등이었다. 그러나 매수 하자마자 하한가와 급락이 시작되면서 불행이 닥쳐왔다. 그동안 주식투자로 수익난 돈은 점점 줄어들었고 설상가상으로 2000년 8월 교통사고까지 당했다.

교통사고로 다리 세 군데에 골절상을 입어 장기환자로 입원하게 되었는데도 주식에 대한 미련을 버리지 못하고 병실에 PC를 설치하여 HTS를 보면서 도박하듯이 슬롯머신을 땡겼다. 결국 남은 자금마저도 거의 다 날리고 말았다.

'차라리 주식시장에서 돈을 벌지 않았다면 이렇게 큰 고통을 겪지 않았을 텐데…' 한없는 후회감이 밀려왔다.

주식으로 돈 버는 재미를 알게 되자 더 큰 돈을 벌겠다는 환상에 빠져 분별력을 상실하고 만 것이다. 결국 밑바닥까지 추락하게 되었고 삶의 의욕을 잃어버린 나는 자살을 하려고 한강을 수차례 오가기도 했다.

시간이 약이라고 했던가? 다시 의욕을 찾게 되면서 2003년 교통사고로 받은 보험금의 일부로 조그만 가게를 시작하였다. 낮에는 일하고 밤에는 가게의 다락방에서 주식공부를 하며 그동안 매매했던 문제점을 분석해 나갔다.

나는 단기성향으로 수급에 의한 상한가, 하한가 위주로 하루에도 몇 번씩 추격매수를 비롯해 잦은 손절매, 미수를 했다. 한마디로 기준과 원칙이 없는 상태에서 잦은 매매를 한 것이다.

나의 종목선정법에는 기업 본연의 가치분석이 빠져 있었다. 오로지 수급에 의한 상한가 따라잡기식의 매매였고 투자가 아닌 돈 놓고 돈 먹기식의 투기일 뿐이었다.

그동안 실패했던 매매방법의 문제점을 복기하여 기준과 원칙을 새롭게 만들었다. 보다 안전하게 큰 수익을 낼 수 있는 방법은 없을까? 그러던 중에 예전부터 알고 있던 '가치투자' 라는 말이 귀에 쏙 들어왔다. 막상 단기매매로 큰 돈을 잃고 보니 그때서야 가치투자의 의미가 새롭게 다가왔다.

나는 가치투자의 대가인 벤저민 그레이엄, 워렌 버핏, 피터 린치 등의 책을 다시 읽으며 기본적가치의 중요성을 깨달았고 조셉 그린빌과 엘리어트 파동의 기술적 분석, 매집 등을 연구했다.

이런 노력의 결실로 탄생한 기법이 바로 '신가치투자' 이다.

2004년부터 2005년 사이 황우석 박사 열풍과 함께 바이오주에 붐이 일었다. '신가치투자' 로 무장한 나는 중앙백신, 산성피앤씨 등에서 200일선 매집을 확인하였다. 이번이 주식투자는 마지막이라는 생각으로, 가입했던 보험금에서 약관대출을 받고, 교통사고로 받았던 보험금을 합쳐 중앙백신과 산성피앤씨, 대성산업 등을 매수하였다. 매수했던 종목들이 급등을 하며 큰 수익이 났고 그동안의 손실을 모두 만회할 수 있었다. 그즈음 애널리스트를 해보자는 지인의 권유로 2006년 6월 전업투자자에서 애널리스트로 전향을 하게 되었다.

지면에 모두 옮길 수 없는 수많은 어려움이 있었지만 그 어려움은 나를 탄탄하게 만드는 원동력이 되어 오늘에까지 이르게 되었다. 한 걸음 더 나아가 국내는 물론 세계시장으로의 진출을 모색하고 있다. 아래는 현재의 나를 있게 만든 '신가치투자'의 핵심을 정리한 것이다.

평생 부자되는 투자법, 신가치투자

> **신가치투자 = 기술적 분석 + 조셉 그린빌 + 엘리어트 파동 + 기본적 분석 + 배당 + 매집 + 꿈 + 재료**

기존의 가치투자는 가치평가를 해서 저평가 종목을 고르고 다시 차트분석을 한다. 그런데 '신가치투자'는 이와 정반대이다. 먼저 차트를 분석하여 급등 에너지인 매집을 확인한 후 끼 있는 종목을 발굴하고, 다음에 가치평가를 하여 저평가 종목을 고른다. 가치투자는 저평가 종목을 매수해 장기 보유하는 것이 원칙이다. 보통의 개인투자자들은 한정된 자금으로 언제까지나 주식을 보유할 수만은 없다. 그러나 신가치투자는 빠른 시세를 볼 수 있다는 탁월한 강점이 있다.

> **일반 가치투자 : 가치평가 ➡ 차트분석**
> **신가치투자 : 차트분석 ➡ 가치평가 ➡ 매수, 매도 타이밍포착**

2008년 글로벌 위기로 증시가 패닉에 빠졌을 때 이데일리TV를 통해서 2009년 3월 대세상승을 확신하고 하락공포에 젖어 있는 많은 투자자들에게 지금이야 말로 저평가 국면에 진입한 절호의 매수기회라고 강조했다.

"백년 만에 찾아온 매수 기회입니다. 눈과 귀를 막고 주식을 사서 2세에게 물려줍시다"

나의 강력한 매수주장을 따른 많은 투자자들은 큰 수익을 보았다. 이 것은 신가치투자 기법을 적용해 매수, 보유함으로써 가능한 일이었다.

현재 이 책은 세계로TV 증권방송 및 증권 강연회에서 교재로 사용되고 있다. 신가치투자법은 월 4회 12시간에 300만원의 강의료를 받고 오프라인을 통해 극소수에게만 공개했던 내용이다.

현재 신가치투자법에 기초하여 애널리스트 양성 과정을 운영하고 있다. 2012년 8월까지 교육을 받은 50여명의 교육생들은 세계로TV및 기타 증권사이트, TV에서 애널리스트로 왕성한 활동을 하고 있다. 신가치투자를 전파하고 있는 제자들을 보면서 보람과 긍지를 느낀다.

나의 오랜 시행착오를 겪으며 만들어진 신가치투자는 평생 부자되는 투자법으로 원금을 보장해줄 뿐만 아니라 시세차익과 배당을 받는 1석 2조의 효과를 누릴 수 있다.

자, 이제 독자 여러분을 신가치투자의 세계로 초대한다.

김원기

1장
주식 첫걸음

주식이란?

기업이 경영을 하기 위해서는 여러 가지 비용이 필요하다. 이때 사용되는 기업의 자금을 '자본금'이라 하는데, 기업은 회사의 가치를 걸고 이 '자본금'에 투자를 하도록 유도한다. 그리고 이것에 대한 권리를 보장한다는 의미로 투자자에게 '주식'을 발행해준다. 즉, 주식이란 여러 투자자들이 나누어 가진 회사의 가치라 생각할 수 있다.

만약 투자한 회사가 경영을 잘하여 지속적으로 회사의 가치가 오르게 된다면 여러 사람들이 이 회사에 투자를 하려고 할 것이다. 하지만 회사가 발생한 주식 수는 한정되어 있으므로 이미 이 회사의 주식을 보유한 사람들은 이 주식을 사려고 하는 사람들에게 좀 더 비싼 가격에 팔기를 원할 것이다. 그러면 자연히 주식가격이 처음보다 올라갈 것이다. 즉, 여기서 얻어지는 것이 바로 '시세 차익'이며 주식투자의 주 수익원이다.

요약하면, 주식회사에 출자를 한 주주가 주주로서 회사에 대해 가지는 법률상의 권리와 의무를 보장한다는 의미로 투자자에게 주식을 발행해준다.

즉, 주식이란 여러 투자자들이 나누어 가진 회사의 가치라 생각할 수 있다.

코스피와 코스닥

코스피(KOSPI)

우리나라 현물시장에는 코스피(거래소)와 코스닥이 있다. 종합주가지수는 증권거래소에 상장된 우량한 기업들의 주식가격을 지표화하여 종합적으로 수치화한 것이다. 1980년 1월 4일을 100포인트로 산정해 시가총액 방식으로 산출하고 있다. 현재 거래소에는 740개, 코스닥에 1020개 등 총 1,760여개의 기업이 상장되어 있다

잠시 종합주가지수를 산출하는 방식을 살펴보자.

> **종합주가지수(KOSPI) = (비교시점의 시가총액 ÷ 기준시점의 시가총액) × 100**

코스피지수가 2000포인트라면 1980년 100포인트에서 시작해 시가총액이 20배 증가했다는 의미이다.

코스피200

코스피200은 코스피에서 거래되는 대표적인 종목 200개를 모아 산출한 지수로 선물이나 옵션 등 파생상품의 기준지수로 활용된다. 코스피를 대표하는 종목들로 구성된 특성상 코스피 지수와 거의 유사하게 연동되어 등락하는 특성이 있다.

코스닥(KOSDAQ)

코스닥은 기술주 중심의 미국 나스닥(NASDAQ)을 본떠 1995년 7월에 출범했다. 코스피와 달리 1000포인트로 시작해 시가총액 방식으로 산출하고 있다. 코스닥은 닷컴 열풍에 힘입어 1999년과 2000년대 초반 2925포인트까지 오르며 폭등세를 연출했었다.

코스닥은 우리나라 중소기업의 직접 금융 조달수단으로 주식장외거래를 활성화시키기 위해 설립되었다. 중소기업이나 신생 벤처기업에겐 유가증권시장의 문턱이 너무 높고 기업공개(IPO) 과정에서 탈락할 소지가 많아, 이들 기업만을 위한 시장을 하나 더 만들어 증시에서 자금 조달할 수 있는 길을 열어준 것이다.

주식과 경기와의 관계

경기가 호황이면 주가는 상승하고, 경기가 불황이면 주가는 하락한다. 보통 주가는 경기보다 6개월 선행한다. 그러므로 주가가 상승하면 6개월 후에는 경기가 호전되고 주가가 하락하면 6개월 후에는 경기가 하강한다는 의미이다.

주가는 항상 일정하게 가치를 반영하는 것은 아니며 외부 변수와 경기 상황에 따라 때로는 기업의 가치보다 주가가 저평가 될 수도 있고, 때로는 고평가 될 수도 있다. 그러나 기업의 주가는 결국 가치에 수렴하기 때문에 저평가에 매수하여 고평가가 될 때 매도하는 것이 원칙이다. 주식을 분석하는 방법은 크게 2가지로 나눌 수 있다. 기본적 분석은 종목을 발굴하는 데 필요하고, 기술적 분석은 발굴된 종목의 매매 타이밍을 잡는 데 필요하다.

경기분석

기본적 분석 순서는 경기분석→산업분석→업종분석→종목분석의 순이다.

기본적 분석 순서

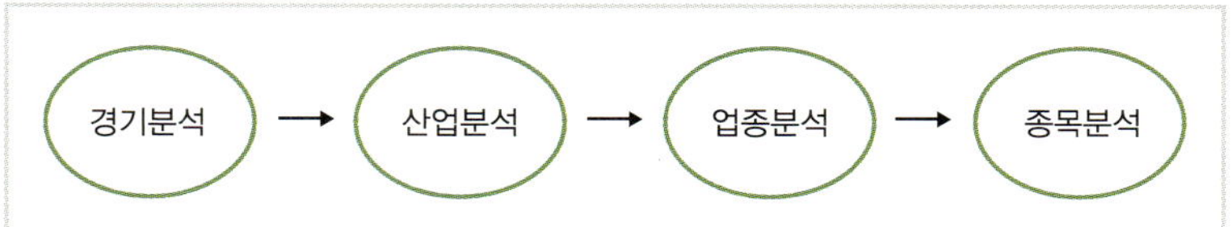

먼저 경기분석, 즉 경제를 분석하기 위해서는 경제지표를 활용한다. 여기에는 GDP와 금리, 통화량, 환율, 물가지수, 국제수지, 실업률, 인플레이션, 이자율 등이 있으며, 모두 주가에 영향을 준다.

경기가 호황이면 주가는 상승하고, 경기가 불황이면 주가는 하락한다. 보통 주가는 경기보다 6개월 선행한다. 그러므로 주가가 상승하면 6개월 후에는 경기가 호전되고 주가가 하락하면 6개월 후에는 경기가 하강한다는 의미이다.

> **경기 상승 – 주가 상승**
> **경기 하락 – 주가 하락**

경기를 파악하는 유용한 지표는 GDP, 금리와 통화, 환율, 경상수지 등이 있다.

GDP

국내총생산을 의미하는 GDP는 한 나라의 영역 내에서 국적을 불문하고 가계, 기업, 정부 등 모든 경제주체가 일정 기간 동안 생산활동에 참여하여 창출한 부가가치 또는 최종 생산물을 시장가격으로 평

주식과 경기의 관계

경기가 호황이면 주가는 상승하고, 경기가 불황이면 주가는 하락한다. 보통 주가는 경기보다 6개월 선행한다. 그러므로 주가가 상승하면 6개월 후에는 경기가 호전되고 주가가 하락하면 6개월 후에는 경기가 하강한다

가한 합계이다. 따라서 GDP는 현재의 경제를 파악할 수 있는 가장 중요한 지표 중 하나이다.

GDP는 경제를 파악하는 가장 중요한 지표이므로 GDP가 좋아지면 주가도 긍정적인 영향을 받는다. 특히 GDP는 전년 대비, 전분기 대비 변화에 주목할 필요가 있다. 미래에 투자하는 주식의 특성상 GDP가 어떤 방향으로 움직이느냐에 따라서 투자 여부를 결정할 수 있다.

금리와 통화량

각국의 중앙은행은 금리를 통해 유동성(통화량)을 조절한다. 중앙은행은 경기와 물가상승률을 고려하여 금리를 결정한다. 현재의 경제상황이 좋다고 판단되면 금리를 인상하여 경기를 안정시키고, 현재의 경제상황이 나쁘다고 판단되면 금리를 인하하여 경기를 부양한다.

금리를 결정하는 기준을 테일러 준칙(Taylor's Rule)이라 하는데 자세한 내용은 다음과 같다.

테일러 준칙

기준금리 = GDP(성장률에 중점) + CPI(소비자물가상승률) + α(알파)

한국의 경우 매월 둘째 주 목요일에 한국은행의 금융통화운용위원회에서 금리의 적정성 여부를 판단하여 금리를 결정한다. 미국의 경우에는 FRB라 불리는 연방준비제도이사회에서 FOMC를 년 4~5회 개최하여 각종 경제지표를 진단하고 금리를 결정한다.

일반적으로는 금리가 상승하면 주가는 하락하고 금리가 하락하면 주가가 상승한다.

> 금리 상승 − 통화량 감소 − 주가 하락
> 금리 하락 − 통화량 증가 − 주가 상승

환율

환율은 한마디로 정의하면 달러의 가치이다. 환율은 그 나라 통화의 가치가 달러 대비 얼마인가를 측정하는 자료이다.

예를 들어 설명하면 1달러가 1000원에 거래되다가 1200원으로 오른다면 1달러로 살 수 있는 한국 돈이 더 많아진다. 즉 달러의 가치가 올라가게 되고 이를 평가절상이라 하며, 달러와는 반대로 원화의 가치는 하락하게 되는데 이를 평가절하라고 한다.

> 환율 상승 − 주가 상승
> 환율 하락 − 주가 하락

경상수지

경상수지는 국제경제 상황을 나타내는 것으로 경상거래에서 외국에서 벌어들인 돈과 외국에 지불한 돈의 차이이다. 외국에서 벌어들인 돈과 지불한 돈이 일치하는 경우(경상수지 균형)는 흔치 않다. 대개의 경우 벌어들인 돈이 지출한 돈보다 크거나(경상수지 흑자), 벌어들인 돈이 지출한 돈보다 적은 경우(경상수지 적자)이다. 경상수지 적자는 결국 국내에서 생산한 소득보다 지출이 크다는 의미이다.

경상수지가 흑자면 주가가 오를 확률이 높아진다. 경상수지 적자는 반대로 주가 하락의 원인이 된다.

경상수지 흑자 – 주가 상승
경상수지 적자 – 주가 하락

산업분석

산업의 의미

산업이란 비슷한 성질이나 특성을 가진 재화나 용역을 생산하여 서로 유사한 성질을 갖는 산업군을 의미한다. 산업은 정부의 정책이나 경기의 변동에 영향을 받는다.

기업 수익성에 영향

기업의 수익성은 그 기업이 속한 산업의 매력도에 큰 영향을 받는다. 저개발국가가 잠에서 깨어나 경제개발에 박차를 가하고 있다면 정부의 경제개발 정책과 맞물려 국가기간산업이 중흥기를 맞이할 것이다.

미국의 예

미국의 산업 트렌드는 전세계에 절대적인 영향력을 행사한다. 미국은 공화당과 민주당이 정권을 주고받으며 정치 사이클을 만들어 간다. 부자들을 대변하는 보수 공화당 시절에는 전통산업이 발달하는데, 이때 중공업과 철강, 석유, 화학산업이 발전한다. 반면 서민을 대변하는 진보적인 민주당 시절에는 IT와 친인간적인 산업이 발달하는데, 이때는 IT와 BT산업이 더 큰 발전을 이루어낸다. 이는 미국증시의 과거를 보여주는 다우지수와 정권과의 비교를 통해 확인할 수 있다.

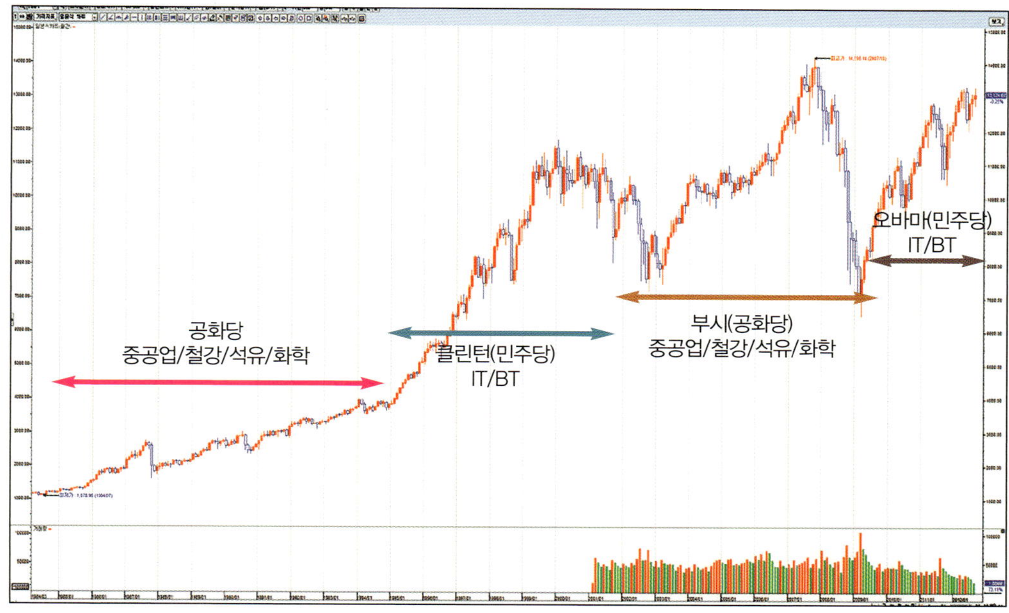

정부의 정책

한국의 경우에도 2000년대 초반 IT버블과 닷컴열풍, 벤처의 융성 등은 진보적인 정권이 들어섰을 때 일어난 일이었다. 보수적인 정권이 들어선 2008년 이후에는 자동차와 석유산업이 수혜를 받고 있다. 이처럼 정부의 특성에 따라 산업의 트렌드도 변화를 경험한다. 정부가 시행하는 재정적 지원, 법률, 관세와 조세제도 등에 따라 특정산업이 융성하기도 하고, 트렌드에서 밀려나기도 한다. 따라서 현정부가 어떤 성향을 가지고 정부시책을 이끌어 가는지 유심히 관찰할 필요가 있다.

정책과 주식의 관계

정부의 특성에 따라 산업의 트렌드도 변화를 경험한다. 정부가 시행하는 재정적 지원, 법률, 관세와 조세제도 등에 따라 특정 산업이 융성하기도 하고, 트렌드에서 밀려나기도 한다. 따라서 현정부가 어떤 성향을 가지고 정부시책을 이끌어 가는지 유심히 관찰할 필요가 있다.

경기민감 산업 vs 방어적 산업

경기민감 산업은 경기에 따라 영향을 크게 받는 산업을 뜻한다. 경기가 좋을 때는 매출과 이익이 급증하지만, 경기가 좋지 않을 때는 매출과 이익이 급감하는 성향이 있다. 대표적인 예로 자동차, IT, 건설, 산업기계 등을 들 수 있다.

방어적 산업은 경기의 영향을 비교적 덜 받는 산업으로 전력, 가스, 통신 등 국가 기간산업을 비롯하여 생활필수품처럼 경기와 상관없이 소비해야 하는 의식주 관련 산업 등이 여기에 해당된다.

제품수명주기

제품의 수명주기는 해당 산업의 경로를 예측하는 기본적인 개념이다.

제품수명주기

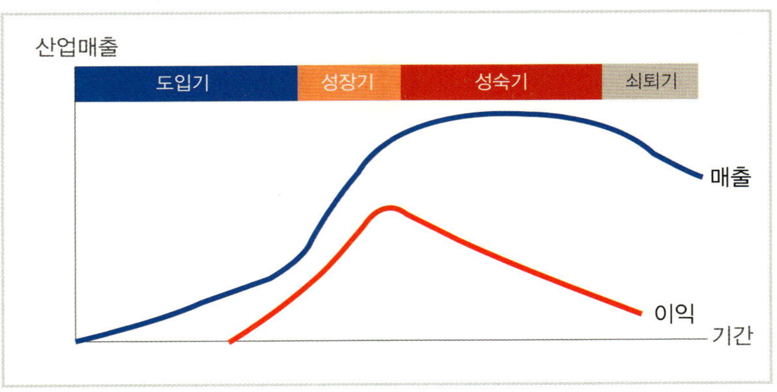

산업은 도입기를 거쳐 성장기와 성숙기를 경험하며 쇠퇴기를 맞이한다. 이를 잘 이해한 기업은 적절한 제품 포트폴리오를 구성하여 폭발적인 성장세를 이루는 반면, 이를 이해하지 못한 기업은 좋은 제품

을 만들고도 제품이 팔리지 않아 쇠퇴기를 맞이할 것이다. IT산업의 성장을 이해하지 못한 세계적인 기업 코닥의 몰락은 이를 잘 반영한다. 그 밖에도 산업의 변화에 따라 세계적인 기업이 역사의 뒤안길로 사라진 예는 매우 많다.

제품의 성장기에는 수요자의 호기심과 필요성이 증가하여 많은 구매자들이 몰린다. 이후 시장이 포화상태에 이르면 성장성은 점차 둔화되고, 구매자도 줄어들게 될 것이다.

업종분석

업종이란

업종이란 동일한 경기상황 또는 동일한 주가상황에 동일한 반응을 보이는 산업군을 의미한다. 대표적인 업종으로는 금융업, 자동차업, 전기전자업, 에너지업, 철강업, 건설업, 조선업, 해운업, 기계업, 제약, 바이오업, 서비스업 등이 있다.

여러 가지 업종

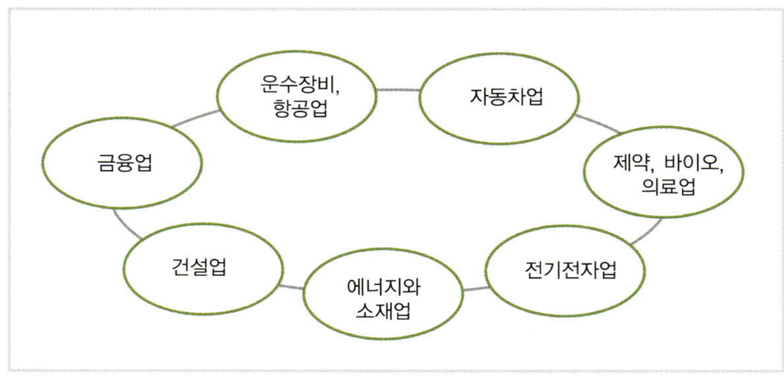

금융업

금융업종에는 대표적인 은행을 비롯하여 증권, 보험 등이 해당된다. 금융업 관련주는 경기가 침체에서 회복기로 전환될 때 가장 먼저 상승하는 특징이 있다. 경제의 회복기에는 기업의 투자와 생산이 증가한다. 기업에 자금을 공급하는 업종이 금융업이기 때문에 금융업이 먼저 주가 상승의 시작을 알리는 것이다.

에너지와 소재업

정유, 석유화학, 원자재, 유틸리티 등이 해당된다.

정유사의 경우 유가에 따라 수익성이 영향을 받는다. 유가가 상승했을 시에는 정유사의 정제마진이 증가하여 수익성이 높아진다. 반면 환율이 상승했을 경우에는 수익성이 나빠진다. 한국의 대표적인 정유사로는 SK에너지, GS칼텍스, S-Oil, 현대오일뱅크 등이 있다.

석유화학에 영향을 미치는 변수들로는 유가, 제품가격, 수요와 공급 등이 있다. 산업의 특성상 석유가 원료의 대부분을 차지하기 때문에 유가의 변동에 큰 영향을 받는다.

최근 한국의 석유화학 기업들은 사업의 다각화를 위해 태양광을 비롯한 신재생에너지 산업과 전자재료 분야에 진출하고 있다. 이는 화석연료인 석탄과 석유의 고갈, 원자력에 대한 공포 등이 맞물려 신재생에너지에 대한 관심이 크게 증가하고 있기 때문이다. 기후변화와 환경에 대한 국제적인 관심의 증가도 원인으로 작용하고 있다.

신재생에너지의 종류

태양광	태양으로부터 얻어진 전기 에너지
풍력	바람으로부터 얻은 에너지를 프로펠러의 회전을 이용하여 전기 생산
바이오에너지	바이오매스를 연소, 발효 등을 거쳐 전기로 전환

자동차업

자동차 업종은 완성차 업체, 타이어 제조업체, 부품업체로 구분할 수 있다. 완성차 업체로는 현대자동차, 기아자동차, 쉐보레, 르노삼성, 쌍용자동차 등이 있으며, 현대와 기아차가 내수와 수출의 대부분을 차지하고 있다.

전기자동차와 2차전지

자동차 산업은 전기자동차로의 변화를 꾀하고 있다. 대기오염 등 석유연료의 문제점과 석유의 고갈 등이 현실화되면서 전기차에 대한 관심이 증가하고 있는 상황이다.

전기차에는 석유 대신 충전전지가 사용된다.

전지의 유형

1차전지	한번 사용하면 충전이 안되는 전지
2차전지	충전을 통해 지속적으로 사용할 수 있는 전지
연료전지	충전할 필요없이 연료의 공급으로 지속적인 발전이 가능한 전지 2차전지의 경우 충전하는 데 시간이 소요되지만, 연료전지의 경우 연료만 주입하면 발전이 가능

전기전자(IT)업

반도체

반도체는 IT산업의 쌀이라 불릴 만큼 IT산업의 기본을 이루는 산업이다. 한국의 반도체 산업은 세계 최고 수준이다. 그러나 경기의 변동에 영향을 크게 받기 때문에 투자자의 입장에서는 경기의 흐름을 반드시 체크하면서 투자할 필요가 있다.

디스플레이

디스플레이는 반도체와 마찬가지로 자본집약적인 산업으로 경기의 영향을 크게 받는다. 디스플레이는 PDP와 LCD 등을 거쳐 최근에는 OLED, AMOLED가 주목을 받고 있다.

휴대폰

한국의 휴대폰 시장은 이미 포화상태에 이르렀다. 내수시장은 삼성전자와 LG전자가 양대산맥을 이루고 있다. 글로벌 휴대폰 시장은 애플과 삼성의 양강체제를 중심으로 LG전자, 모토로라, 소니에릭슨이 그 뒤를 따르고 있다.

인터넷

인터넷산업은 포털과 통신, 셋톱박스 등으로 분류할 수 있다.

제약, 바이오, 의료

한국의 제약업은 인구의 감소에도 불구하고 평균수명의 연장과 고령화의 급속한 진행으로 환자가 급증하고, 삶의 질 향상으로 수요가 증가하여 긍정적으로 전망할 수 있다. 바이오산업의 경우에도 차세대 유망산업으로 분류되어 미래의 먹거리를 책임질 중요한 산업으로 인식되고 있다.

건설업

건설업은 정부정책과 인구구조에 많은 영향을 받으므로 이를 주시하며 투자해야 한다. 건설사는 실적 예측이 어렵고 유동성 위기를 겪을 가능성도 있다. 대형 건설사의 경우에는 국내뿐만 아니라 해외 수주 등의 영향으로 안정적인 수익 창출이 현재까지는 가능하다.

철강, 비철금속업

철강

> 고로방식 : 철광석을 원재료로 철을 만드는 방식
> 전기로방식 : 고철을 재활용하여 철을 만드는 방식

철강업은 제조원가에서 원재료 비용이 60%를 차지하고, 아울러 수입의 비중이 높아 대표적인 환율 하락 수혜주로 꼽힌다. 환율이 하락할수록 원가를 낮출 수 있다는 장점이 있고 엔화 강세 시에도 한국 업체에 유리하게 작용한다.

비철금속

비철금속이란 구리, 아연, 납, 알루미늄 등을 의미한다. 철강과 동일하게 비철금속 또한 원재료의 가격과 환율의 영향을 받는다. 환율이 하락할 경우 원가가 낮아져 수익성이 좋아진다.

운수장비와 항공업

조선과 해운업

조선은 대규모 장치산업으로 전 · 후방산업에 파급효과가 크다. 조선업은 호황과 불황을 주기적으로 반복하며 해운업의 경기에 영향을 받는다.

해운업은 고가의 전자제품이나 의류를 운반하는 컨테이너 화물선과 여객선 등 정기선과 원유, 철광석, 목재, 곡물 등 무게와 부피가 큰 물건을 운반하는 부정기선으로 나뉜다.

조선과 해운업은 세계 경기가 호황일 경우 해상 물동량의 증가로 해운사의 실적이 먼저 좋아지고, 해운사는 운송 수요를 맞추기 위해 조선업체에 선박을 주문한다. 이에 따라 조선업체들의 선박 수주가 늘어나면서 조선업의 실적이 개선되는 효과를 누린다. 조선업체의 철강주문이 늘어나면서 철강업도 수혜를 받는다.

반면 세계경기가 불황으로 접어들 경우 해상물동량이 먼저 감소하고 해상운임이 떨어져 해운사의 실적이 악화된다. 조선사의 선박 수주량은 철강 수요에도 영향을 미쳐 철강업의 실적까지 영향을 미치게 된다.

경기의 영향

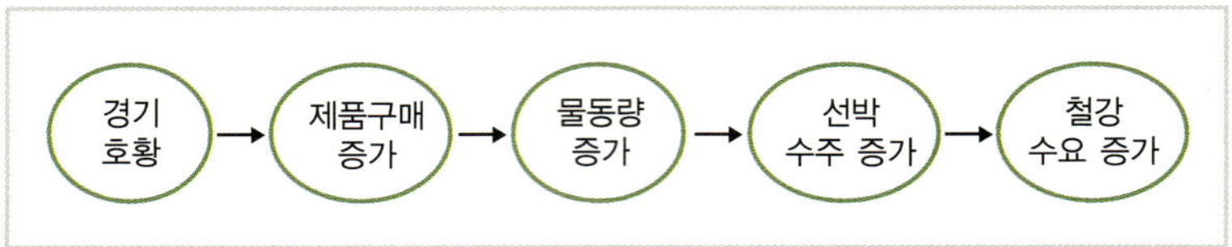

BDI지수

벌크선운임지수라고도 하는데, 발틱해운거래소가 산출하는 건화물 시황 운임지수로 1999년 말부터 발표하고 있다. BDI지수에 따라 해운업의 실적을 알 수 있고, 순차적으로 조선과 철강, 경기지표 등을 예측할 수 있다.

해운업의 현재를 알기 위해 사용되는 지표로는 BDI지수(Baltic Dry Index)가 있다. BDI지수란 벌크선운임지수라고도 하는데, 발틱해운거래소가 산출하는 건화물 시황 운임지수로 1999년 말부터 발표하고 있다. BDI지수에 따라 해운업의 실적을 알 수 있고, 순차적으로 조선과 철강, 경기지표 등을 예측할 수 있다.

계좌개설과 HTS 이용법

본격적으로 주식을 사고팔기 위해서는 계좌개설과 HTS 이용법을 알아야 한다.
계좌개설은 개인투자자들이 가장 많이 이용하는 키움증권을 중심으로 알아본다.
HTS는 여유시간을 이용해 틈틈이 이용법을 알아두는 게 좋다.

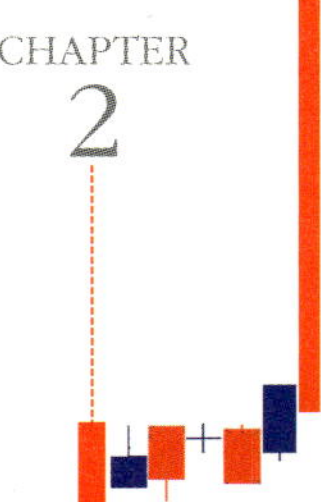

증권사 선택

계좌를 개설하기 위해서는 먼저 증권사를 선택해야 한다. 국내에는
30개가 넘는 증권사가 있는데 개인투자자들이 많이 사용하는 키움증
권을 예로 계좌개설 절차부터 이용법을 알아보자.

은행에서 계좌개설

키움증권은 다른 증권사와 달리 오프라인에 영업점이 없다. 따라서
연계은행을 통해 계좌를 개설해야 한다. 계좌를 개설하는 절차는 다
음과 같다.

	주식계좌	선물옵션	펀드계좌	해외주식	FX마진	해외선물
KB	○	○	○	○	○	○
신한은행	○	○	-	-	-	-
우리은행	○	○	○	○	○	○
농협	○	-	○	-	-	-
IBK	○	○	○	○	-	-
하나은행	○	○	○	○	○	○
citibank	○	○	○	-	-	-
대구은행	○	○	-	-	-	-
EVER RICH	○	○	○	-	-	-
KEB	○	○	-	-	-	-
광주은행	○	○	-	-	-	-
경남은행	○	○	○	-	-	-
BS 부산은행	○	○	-	-	-	-
새마을금고	○	○	○	-	-	-
Standard Chartered	○	○	○	-	-	-

가까운 은행 또는 주거래은행을 선택했으면 은행에 방문하여 창구
직원에게 키움증권 계좌를 개설한다고 말한다. 이때 필요한 서류는
실명확인증표(주민등록증, 여권, 운전면허증 등)와 도장(서명도 가능)이며
은행에서 계좌개설 신청서를 작성한다.

계좌개설 시 공통사항

구분	내용
계좌개설 가능 시간	은행 업무시간(평일 09:00~16:00, 토요일/휴일 불가)
계좌개설 시 지참물	본인 신분증 및 도장(또는 서명)
계좌개설 시 유의사항	계좌개설 시 상품(주식 또는 선물계좌)을 반드시 확인
법인의 계좌개설	증권회사에서만 계좌개설 가능(제휴은행 계좌개설 불가)

온라인 계좌개설

은행에서 계좌개설을 마쳤으면, 키움증권 홈페이지에 회원가입 후 로그인하여 온라인 계좌개설을 한다. 온라인 계좌개설 절차는 다음과 같다.

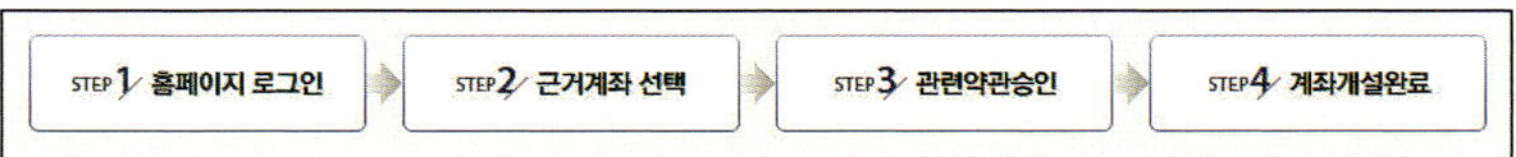

근거계좌란 주식, 선물옵션 등 온라인 계좌개설 시 근거가 되는 계좌를 말하는데, 앞서 은행에서 개설한 계좌로 여기면 된다. 온라인 개설 계좌는 근거계좌를 통해 입/출금을 하게 된다.

회원가입

아래 '회원가입'란을 클릭하면 회원가입에 필요한 절차가 진행된다.

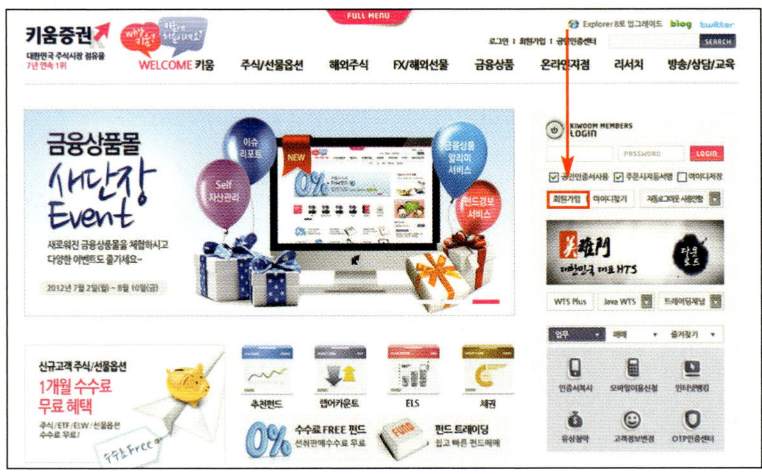

회원가입이 완료되면 키움증권에서 제공하는 HTS인 '영웅문'을 다운로드를 하여 사용할 수 있다.

키움증권 동영상 이용법

키움증권에서 제공하는 동영상을 참조하여 계좌를 개설하고 싶을 때
는 아래의 절차를 따르면 된다.

① 키움증권 홈페이지 하단의 계좌개설안내를 클릭한다.

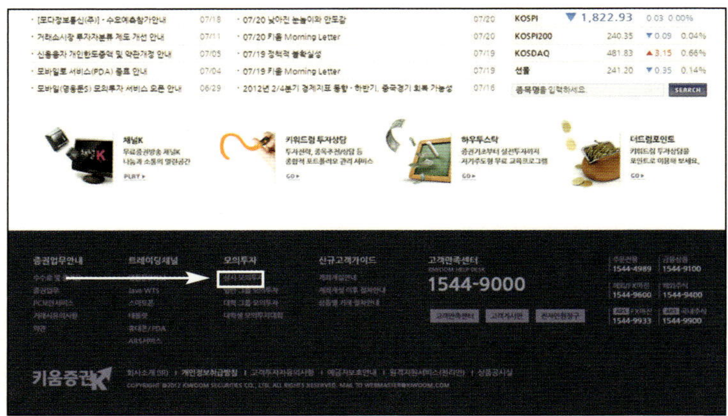

② 계좌 개설안내를 클릭하면 키움증권 계좌개설 절차와 동영상 등을
확인할 수 있다.

③ 계좌 개설안내 동영상을 클릭하면 다음과 같은 동영상을 볼 수 있다.

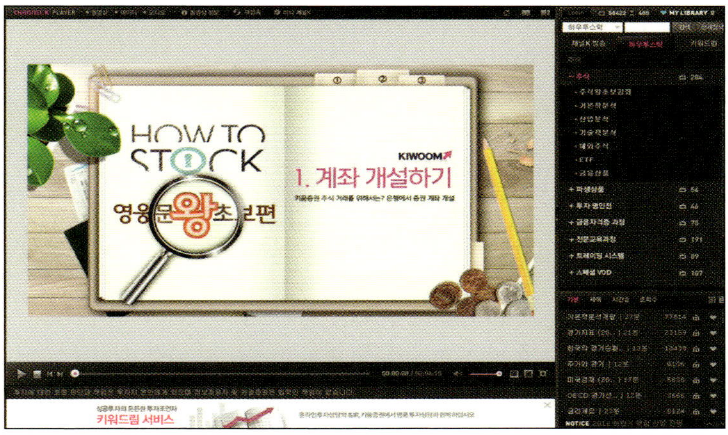

HTS 설치와 이용법

계좌 개설과 키움증권 회원가입을 마치면 주식을 거래하는 데 필수인 HTS를 다운로드한다. HTS 다운로드는 키움증권 홈페이지에서 받을 수 있다. HTS를 다운로드하여 설치한 후 실행하면 아래와 같은 화면을 볼 수 있다. 계좌 개설 절차에서 등록한 ID와 비밀번호, 인증비밀번호를 입력하면 로그인이 된다.

〈시세조회전용〉을 클릭하면 계좌 잔고가 나타나지 않아 매매는 할 수 없지만, 주가의 현재가나 매매동향, 차트 등을 볼 수 있다. 매매를 하지 않을 경우 〈시세조회전용〉을 클릭하면 간편하게 이용할 수도 있다.

로그인이 되면 HTS 화면이 열린다. 맨 위 매뉴바에서 주식>종목시세>키움 현재가를 실행한다. 돋보기를 클릭한 후에 삼성전자를 입력해 보자.

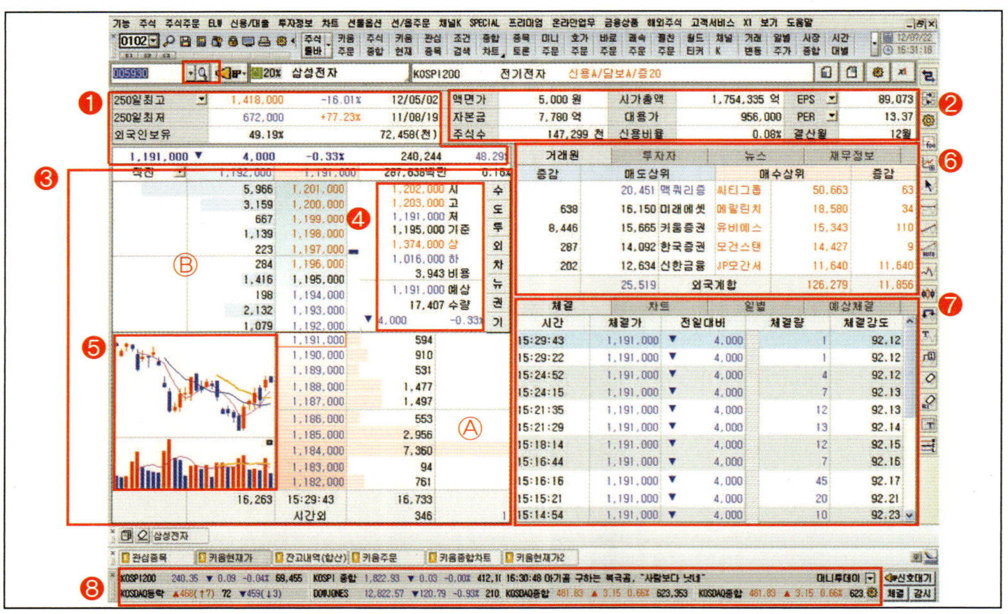

HTS의 현재가창 이용법

HTS는 자신이 사용하기 편리하게 만들 수 있다. 증권사마다 HTS를 통해 다양한 정보를 제공하므로 설치 후 각 메뉴들을 꼼꼼히 살펴보는 게 좋다. HTS에서 중요한 〈현재가〉 화면을 보자.

① 현재가 화면의 금액은 당일 주가가 올랐을 때는 빨간색, 내렸을 때는 파란색으로 표시된다. 왼쪽 그림을 보면 좌측 상단 숫자들이 모두 파란색으로 표시되어 있다. 당일 삼성전자의 주가가 0.33% 하락했기 때문이다. 삼성전자의 현재가는 1,191,000원으로 전일 대비 4,000원 하락했으며 거래량은 240,244주이다.

② 삼성전자 주식의 대략적인 상황을 보여준다.

③ 호가창이라 한다. 설정에 따라 5호가, 10호가창이 주로 쓰이는데 그림에서는 10호가를 보여주고 있다. 호가창을 통해서 각 가격대별 주문대기 수량을 확인할 수 있다. 1,191,000원에 매수하기 위해 대기 중인 수량이 594주, 1,192,000원에 매도하기 위해 대기 중인 수량이 1,079주라는 사실을 알 수 있다. A는 매수 대기 주문물량이며 B는 매도 대기 주문물량이다.

④ '시', '고', '저'는 각각 시가, 고가, 저가를 의미한다. 시가는 삼성전자가 1,202,000원에 시작했다는 의미이다. 고가는 그 날의 가장 높은 가격, 저가는 가장 낮은 가격을 의미한다. 기준은 전일의 종가이다. 전일 종가를 기준으로 상승과 하락이 결정된다.

'상'은 상한가로 하루에 상승할 수 있는 폭은 15%이고 '하'는 하한가로 하루에 하락할 수 있는 폭은 15%로 제한되어 있다.

⑤ 30일간의 삼성전자의 주가 차트이다.

⑥ '거래원'은 이날 삼성전자를 매수, 매도한 각 상위 5개 증권사를 보여준다. '거래원' 옆의 투자자를 클릭하면 이날 거래소와 코스닥 시장의 매매 주체별 매수와 매도 현황을 확인할 수 있다. '뉴스'는 삼성전자와 관련된 기사를, '재무정보'는 삼성전자의 간략한 재무제표를 확인할 수 있다.

⑦ '체결'은 시간대별 체결가격과 체결수량을 보여준다. '차트'는 삼성전자의 차트를, '일별'은 최근 날짜별로 삼성전자의 가격 등락과 거래량 현황을 알 수 있다. '예상체결'에서는 동시호가 시간에 얼마로 장이 시작하거나 끝날 것인지를 확인할 수 있다.

⑧ 그 날의 코스피200과 코스피, 코스닥의 등락현황 등을 알 수 있다.

입금과 출금

HTS로 거래할 때 입금과 출금은 연계은행을 통해 가능하다. 입금과 출금은 맨 위 메뉴바의 온라인 업무>연계은행 입출금[0801]을 통해 가능하다. 은행에 예금한 돈을 증권계좌로 이체하여 매매할 수 있고, 증권계좌에 있는 자금을 연계은행 계좌로 이체 가능하다.

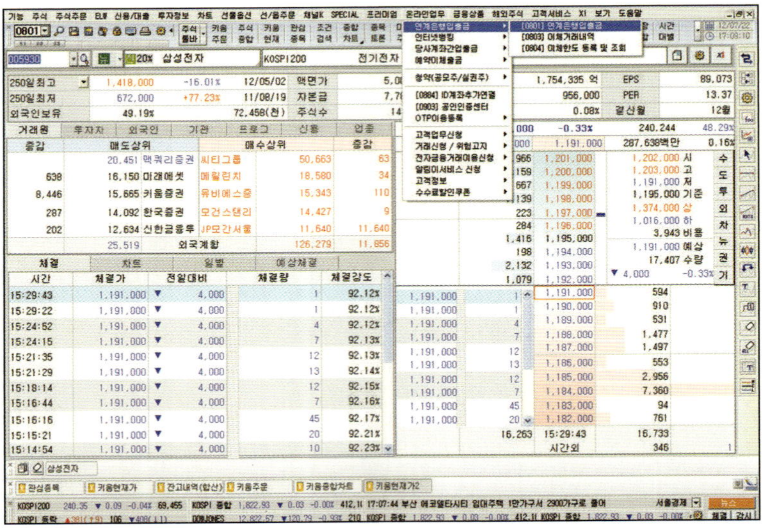

관심종목 등록

관심종목을 등록하면 쉽게 관리가 가능하고 한눈에 관심종목의 시세 변화를 확인할 수 있다. 관심종목 등록과 확인은 맨 위 메뉴바의 주식〉관심종목을 클릭하면 된다.

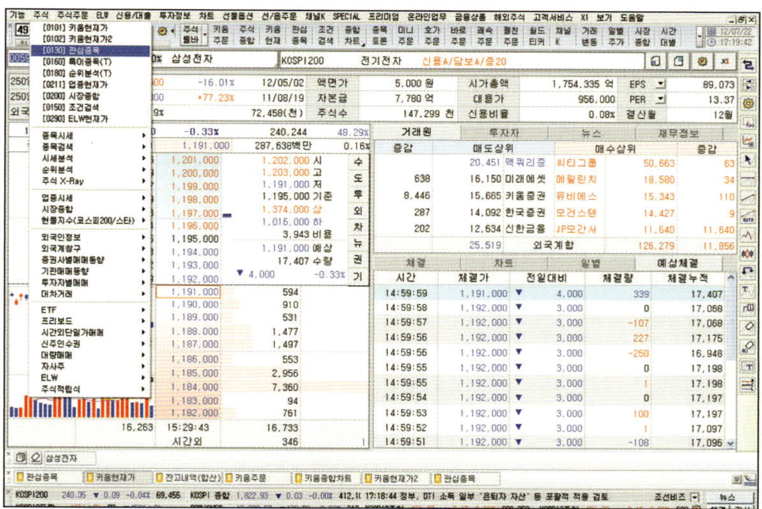

하단의 '확인'을 클릭하면 관심종목을 추가 또는 삭제할 수 있다.

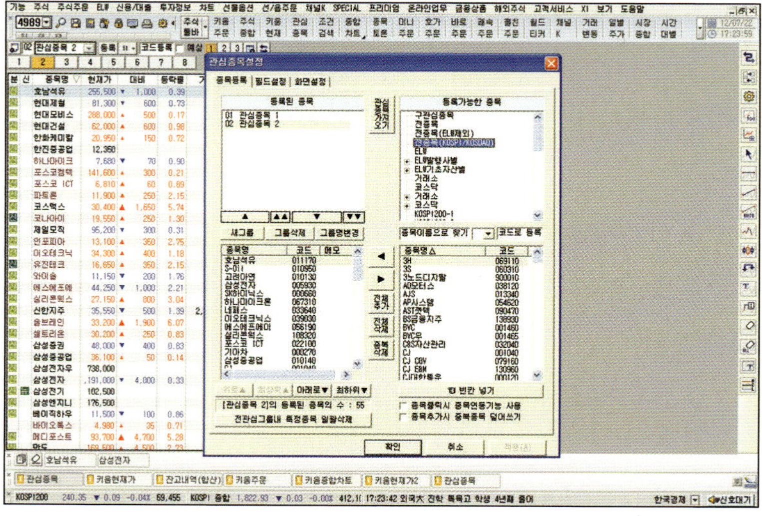

계좌잔고 확인

계좌잔고란 현재 내 계좌에 보유 중인 현금 혹은 주식 현황을 나타낸다. 메뉴바의 주식주문>계좌정보>잔고확인을 통해 볼 수 있다. 계좌잔고에서는 내가 보유 중인 주식의 수익률과 금액 등의 확인이 가능하다.

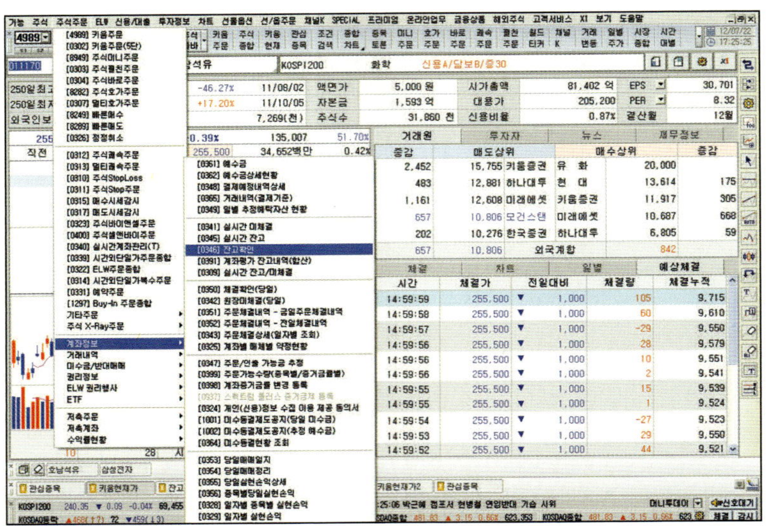

매수와 매도법

주식을 사고파는 방법에는 매수, 매도, 정정, 취소가 있다.

HTS에서 매매를 하려면 맨 위 메뉴바의 주식주문>키움주문을 클릭한다. 클릭하면 다음과 같은 창이 열린다.

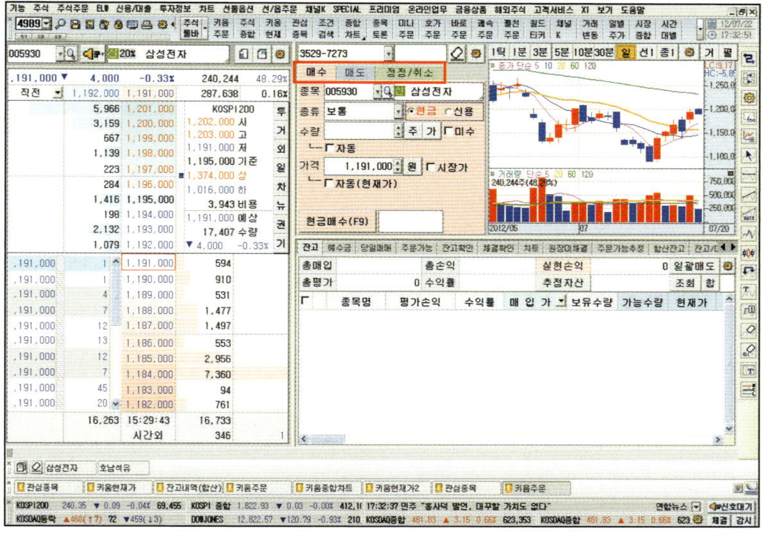

매수

주식을 사는 것을 '매수'라 한다. 주문창에서 〈매수〉를 클릭한 후 가격과 주문수량을 입력한다. 보통 〈매수〉를 클릭하면 현재가가 매수 가격란에 적혀 있다. 내가 사고 싶은 만큼의 수량을 입력한 후 현금매수 버튼을 클릭하면 매수주문이 입력된다.

매도

주식을 파는 것을 매도라 한다. 매수와 마찬가지로 매도가격을 먼저 입력하고 매도수량을 입력한 후 현금매도 버튼을 누르면 매도주문이 실행된다.

정정/취소

'정정'은 매수나 매도로 내놓은 물량의 가격만 바꿀 때 사용한다. 정정가격과 수량을 입력한 후 '정정' 버튼을 클릭하면 가격이 바뀐다.

'취소'는 주문한 물량을 취소할 때 사용한다. 잔량 전부를 취소할 수도 있고, 일부만 취소할 수도 있다.

매매주문 방법

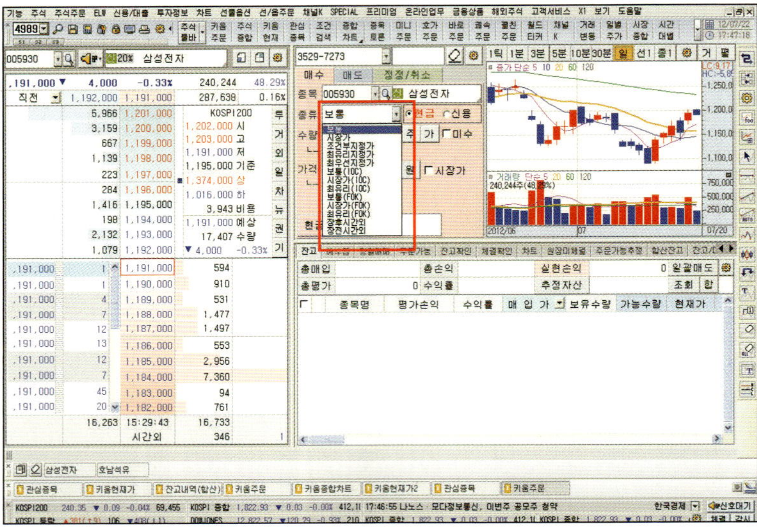

① **보통 주문** | 주문가격을 지정할 수 있으며 가장 빈번하고 흔한 주문 형태이다.

② **시장가 주문** | 가격 지정 없이 매매가 가능하고 가장 유리한 가격으로 체결되는 조건 주문이다. 종목과 수량은 지정하되 가격은 지정하지 않는다.

③ **조건부 지정가 주문** | 장중에 지정가(보통)로 주문을 냈으나 그 가격에 체결이 되지 않았을 경우 마감 전 동시호가 시간에 지정가에서 시

장가로 주문이 바뀌는 주문 형태이다. 호가창을 계속 주시할 수 없거나 개인 사정으로 HTS를 꺼놓아야 하거나, 외출 등 여러 상황이 발생했을 때 지정가에 오면 체결이 되면 좋고, 동시호가에라도 반드시 체결되기를 바랄 경우 이용하면 좋다.

④ **최유리 지정가 주문** | 수량만 지정하고 가격은 지정하지 않는 주문 형태이다. 매수주문의 경우 최우선 매도호가의 가격으로, 매도주문의 경우 최우선 매수호가의 가격으로 지정된다.

⑤ **최우선 지정가 주문** | 수량만 지정하고 가격은 지정하지 않는 주문 형태이다. 최유리 지정가 주문과 다른 점은 매수주문 시 최우선 매수호가의 가격으로, 매도주문 시 최우선 매도호가의 가격으로 지정된다. 최유리 지정가는 곧바로 체결이 되지만, 최우선 지정가는 매수와 매도 대기 상태에 놓인다.

매매체결의 원칙

매매체결 원칙에는 가격우선, 시간우선, 수량우선, 위탁매매우선이 있다.

① **가격우선의 원칙** | 가격이 유리한 주문이 가장 먼저 체결되는 원칙이다. 매수주문일 경우 가장 높은 가격에, 매도주문일 경우 가장 낮은 가격에 주문한 물량이 가장 먼저 체결이 된다.

② **시간우선의 원칙** | 시간상으로 먼저 주문한 물량이 나중에 주문한 물량보다 먼저 체결되는 원칙이다. 주문수량 중 0.1초라도 먼저 주문한 수량이 먼저 체결된다.

③ **수량우선의 원칙** | 주문한 시간과 가격이 일치할 때는 수량이 많은

주문자에게 체결 우선권을 준다.

④ **위탁매매 우선의 원칙 |** 단일가로 체결되는 동시호가에서는 증권사 주문보다 고객의 주문이 우선한다는 원칙을 말한다.

동시호가 주문

동시호가는 하루 2번, 장이 시작되기 전과 장마감에 실시한다. 장이 시작되기 전인 아침 8시~9시까지 1시간 동안, 마감 전인 오후 2시 50분~3시까지 10분 동안 진행된다. 동시호가 시간대에는 주문이 곧바로 체결되지 않고 이 시간에 나온 주문물량이 똑같은 시간에 접수된 것으로 간주해 단일한 가격으로 동시에 체결된다. 개장 전 동시호가를 통해 시초가가 결정되고, 마감 전 동시호가를 통해 종가가 결정된다. 동시호가는 시간우선 원칙은 적용되지 않으며, 가격과 수량우선 원칙만 적용된다.

시간외 단일가 주문

증권거래의 정규시간은 오전 9시부터 오후 3시까지이다. 그밖에 '시간외 단일가' 거래가 있다. 오전 7시 30분~8시 30분까지는 전일의 종가 기준으로, 오후 3시~3시 30분까지는 당일의 종가 기준으로 주문을 낼 수 있다.

오후 3시 30분부터 6시까지는 단일가 매매로 거래가 가능하다. 단일가 매매는 30분 단위로 매매가 이뤄진다. 4시, 4시 반, 5시, 5시 반, 6시로 총 5번에 걸쳐 단일가 매매를 할 수 있다.

정규시간		오전 9시~오후 3시	
시간외 단일가	장전시간외	오전 7시 30분~8시 30분	전일 종가 기준
	장후시간외	오후 3시~3시 30분	당일 종가 기준
단일가 매매		오후 3시 30분~6시	30분 단위. 총 5회

모바일 투자

PC에서 모바일시대로 바뀜에 따라서 증권사도 PC뿐만 아니라 모바일 증권 서비스도 제공하고 있다. 시세조회부터 현물거래, 선물, 옵션, ELW 등 파생상품 거래, 연계은행과의 입출금도 가능하여 PC에서 사용하는 HTS와 큰 차이가 없을 정도이다. 스마트폰과 일반 휴대폰은 물론 갤럭시탭과 아이패드 등에서도 거래가 가능하므로 모바일 투자 기능을 익혀두면 유사 시 매매에 많은 도움을 받을 수 있다. 모바일 거래 시스템은 PC의 HTS(Home Trading System)와 비교해 MTS(Mobile Trading System)라 한다.

이용방법 및 절차

모바일 투자 이용법은 일반 PC의 HTS와 유사하지만 '공인인증서 복사하기' 기능이 추가된다.

① 일반 PC를 통해 증권사 홈페이지에 접속하여 모바일증권 서비스를 신청한다.

② 스마트폰과 PC를 모두 켜놓은 상태에서 ‘공인인증서’ 가져오기를
실행한다.

　스마트폰을 통한 ‘공인인증서 가져오기’를 실행해 보자. 먼저 스
마트폰에서 키움증권의 앱 어플을 다운로드 받아 설치한 후 실행
시킨다. 어플 실행 후 하단의 〈공인인증〉란을 클릭하면 〈공인인증
서 복사하기〉가 뜨고 이를 클릭하면 키움증권 홈페이지에 접속하
라는 메시지가 뜬다.

③ PC에서 키움증권 홈페이지에 접속하여 〈인증서복사〉 메뉴를 클
릭하면, 오른쪽 그림과 같은 〈스마트폰 공인인증서〉 창이 열린다.
〈그림〉에서 ‘영웅문 S’ ‘인증서 보내기’를 클릭한다.

④ '인증서 보내기'를 클릭하면 인증서 암호 입력창이 뜨고 공인인증
비밀번호를 입력한 후 주민등록번호를 입력하면 인증서 자료요청
이 완료된다.

⑤ 스마트폰으로 가서 '다음'을 클릭하면 주민등록번호 입력창이 뜬
다. 주민등록번호를 입력하고 '다음' 버튼을 누르면 8자리의 승인
번호가 생성된다. 이 번호를 PC의 승인번호란에 입력하면 비밀번
호를 입력하는 창이 뜬다.

비밀번호를 입력하면 스마트폰에 공인인증서 복사하기가 완료된
다. 이제부터 스마트폰을 통한 모바일 투자가 가능하다.

⑥ 스마트폰뿐만 아니라 다른 모바일 기기도 실행 절차는 비슷하므로
해당 증권사 홈페이지에 접속하여 가입 절차를 따르면 어렵지 않
게 모바일증권을 이용할 수 있다.

꼭 알아야 할 주식 용어 정리

상장

주식이 거래소에서 매매될 수 있도록 일정한 자격과 조건을 갖추어 증권선물거래소에 등록하는 것을 말한다. 기업이 상장을 하는 것은 자금조달이 목적이다. 이때 투자금을 모으는 행위를 공모라 한다. 기업은 상장을 통해 자금조달뿐만 아니라 기업의 경영권 안정을 기하고, 기업을 알리는 홍보효과, 직원들의 사기진작 등의 효과를 본다. 반대로 등록이 해지되는 경우를 상장폐지라고 한다.

증권과 주주

증권은 소유자나 채권자의 소유권을 나타내는 증서이다. 증권에는 주식, 채권을 비롯해 어음, 수표, 보험증서 등이 있다. 주식은 여러 종류의 증권 중의 하나이다. 주식을 보유한 사람을 주주라 칭한다. 주주에게는 여러 가지 권리가 부여된다.

공모주 청약

공모란 기업이 자사의 주식을 일반인에게 판매하기로 결정하고 자금을 끌어모으는 행위를 말하고, 공모주 청약이란 기업이 발행한 공모주를 받겠다는 약속이다. 공모주 청약에 당첨되면 주식대금을 납입하고 주식을 받을 수 있다. 공모주 청약이 항상 좋은 것은 아니다. 증시가 좋을 때는 청약을 통해 큰 시세차익을 누릴 수 있지만 증시가 불안할 때는 오히려 손실을 입을 수도 있다.

증자

증자는 기업이 주식을 추가로 발행해 자본금을 늘리는 행위를 말한다. 새로 발행된 주식을 돈을 주고 받으면 유상증자, 무료로 받으면 무상증자라 한다. 유상증자의 경우 공모주 청약을 통해 신규로 주식을 발행하고 이를 통해 기업의 자본금이 증가한다. 기업 내재가치의 변화 없이 주식 수가 불어났기 때문에 주가는 그만큼 희석되어 가격이 낮아진다. 공모주가 상장되는 날 주가가 주식 수만큼 떨어지는데 이를 권리락이라 한다.

무상증자의 경우 기업 자본금에는 변화가 없이 주식수가 불어나는 효과가 발생한다. 기존 주주들에게 무상증자를 단행하며, 무상증자가 1 : 1일 경우 주주가 100주를 보유하고 있다면 무상증자 이후 주식수는 200주가 된다. 대신 주가는 1/2 가격이 된다. 무상증자의 경우도 주식이 상장되는 날 권리락이 발생해 주가가 1/2 가격에서 시작하게 된다.

보통주와 우선주

주식은 크게 보통주와 우선주로 나눌 수 있다. '삼성전자'와 '삼성전자우', '현대차'와 '현대차우'처럼 종목명 뒤에 '우'라는 글자가 들어가 있는 종목들을 우선주라 한다.

기업이 우선주를 발행하는 이유는 경영권을 보호하고 의결권을 제한하려는 목적 등에서이다. 보통주는 주주총회에서 의결권을 행사할 수 있는 반면 우선주는 의결권 행사가 금지되어 있다. 따라서 우선주 보유수량이 아무리 많아도 경영권에 영향을 미칠 수 없다(단, 기업이 배당 여력이 부족해 우선주에 배당을 지급하지 못하는 경우에는 의결권이 살아난다). 대신 우선주에 대해서는 배당에서 우선권을 부여하며 배당률도 높다. 기업 입장에서는 주식을 발행해 기업자금을 조달할 수 있으면서도 경영권을 침해받지 않기 때문에 우선주를 발행하는 것이다.

배당

기업이 주식을 보유한 주주들에게 지분에 따라 해당연도의 이익금 중 일부를 분배하는 행위를 말한다. 주식 본연의 의미에 가장 가까운 분배원칙으로 다음해 봄에 배당금을 지불하는 게 보통이다. 기업의 실적이 좋을수록 배당금이 늘어날 확률이 높아진다. 단, 모든 기업이 배당금을 분배하는 것은 아니다. 배당을 받기 위해서는 정한 날짜에 반드시 주식을 보유하고 있어야 하며 배당기준일 다음날 주식을 팔아도 배당을 받을 수 있다. 단, 배당기준일이 지나면 배당락이 발생해 지급되는 배당금만큼 주가가 희석되어 주가가 낮게 책정되므로 이를 잘 확인해야 한다.

주도주

주도주는 시장을 이끄는 종목군을 말한다. 현재 시점에서 가장 인기가 있는 미인종목으로 시장은 주도주를 중심으로 움직이기 때문에 시장에 큰 영향을 미친다. 주도주가 오르면 시장도 오르고 주도주가 조정을 받으면 시장도 조정을 받는 경우가 많다.

재료주

재료주는 재료에 의해 주가가 급등락하는 종목을 말한다. 호재나 악재기사 또는 루머 등이 주가에 직접적인 영향을 미친다.

급등주

급등주는 단기간에 큰 상승을 이뤄내는 종목으로 하루 가격제한폭 15%를 모두 채우는 경우도 많고, 반대로 돌연 급락으로 돌변하는 경우도 많다. 급등주는 재료나 테마에 의해 주가가 급등과 급락을 반복한다.

작전주

작전주는 인위적인 주가조작으로 가격을 상승시키는 주식을 말한다. 작전주 세력은 일부러 기사나 루머를 흘려 주가를 급등시키고, 급등 이후에는 물량을 한꺼번에 혹은 조금씩 팔면서 빠져나가는 특징이 있다.

상한가와 하한가

상한가란 하루 동안 최대로 올라갈 수 있는 가격을 의미하고 하루 최대 15% 까지만 상승할 수 있다. 하한가란 하루 동안 최대로 내려갈 수 있는 가격을 의미하고 하루 최대 15%까지만 하락할 수 있다.

예수금과 증거금

예수금은 주식계좌에 남아 있는 현금을 의미하며, 증거금은 주식을 거래하고자 할 때 최소한으로 있어야 하는 현금을 의미한다.

미수금

미수금이란 외상을 의미한다. 주식거래에서는 증거금만 있으면 현금이 없어도 일정 수량의 주식을 자신이 보유한 현금 이상으로 살 수 있다. 증권사에서 투자자에게 자금을 빌려주는 형태이다. 미수는 3일째 되는 날까지 현금을 입금하거나 주식을 팔아야 한다. 그렇지 않을 경우 3일째 되는 날 반대매매가 나간다.

3일 결제 기준

보유 중인 주식을 팔았더라도 현금화하여 인출하기 위해서는 3일 후에라야 가능하다. 예를 들어 월요일에 주식을 팔았다면 수요일부터 현금인출이 가능하다.

권리락

유상 또는 무상증자로 인해 신주를 받을 권리가 소멸된 것을 말한다. 신주배
정기준일 다음날 매수하는 경우 증자를 받을 수 있는 권리가 없기 때문에 기
준가격을 낮게 조정해 매매를 시작하게 된다.

액면가와 발행가

액면가란 주권에 표기되어 있는 가격을 의미한다. 기업이 자본금 마련을 위
해 주식을 발행할 때 얼마짜리 주식을 발행할 것인가를 정한 가격이다. 1주
의 액면가는 최소 100원, 500원, 5,000원이 가장 많고, 2,500원 혹은 10,000
원일 경우도 있다.

　이와 관련해 발행가는 보통 액면가보다 높게 책정한다. 액면가가 5,000원
인 기업이 그 주식을 6,000원에 처음 투자자에게 팔았다면 발행가는 6,000
원이 된다. 이를 할증발행이라 한다.

전환사채(CB)

전환사채란 일정한 조건에 따라 채권을 발행한 회사의 주식으로 전환할 수
있는 권리가 부여된 채권으로서 전환 전에는 사채로서의 확정이자를 받을
수 있고 전환 후에는 주식으로서의 이익을 얻을 수 있는, 사채와 주식의 중
간형태를 취한 채권이다.

　채권을 주식으로 전환하는 방식은 전환사채 발행 당시에 미리 결정해 두
는데, 보통 채권과 주식을 얼마의 비율로 교환할 것인가 하는 '전환가격'을

정해두게 된다.

　전환사채의 주식으로의 전환은 통상 사채 발행 후 3개월부터 가능하다.

신주인수권부사채(CB)

신주인수권부사채란 신주를 인수할 권리가 부여된 채권 즉, 신주인수권과 회사채가 결합되었다고 보면 된다. 회사채 형식으로 발행되지만 일정기간(통상 3개월)이 경과하면 미리 정해진 가격으로 주식을 청구할 수 있는 채권을 말한다.

배당락

배당락은 두 가지 의미로 사용된다. 첫째는 배당기준일이 경과하여 배당금을 받을 권리가 없어지는 것을 의미한다. 둘째는 주식배당으로 주식 수가 늘어난 것을 감안, 시가총액을 배당락 전과 동일하게 맞추기 위해 주가를 인위적으로 떨어뜨리는 것을 말한다.

감자

'자본감소'를 줄인 말로, 주식회사나 유한회사가 정리, 회사 분할·합병, 사업 보전 등의 목적으로 자본총액을 줄이는 것을 뜻한다. 회사재산이 손실에 의하여 자본액을 밑돌 때 결손을 메우고 장래의 이익배당을 가능하게 하기 위하여 행하는 경우가 보통이다.

공매도

공매도는 해당 주식을 보유하지 않은 채 매도 주문을 내는 기법으로 주로 단기 매매차익을 노리는 데 사용된다.

실제 주식을 보유하고 있지 않은 투자자가 주가가 하락할 것으로 예상한 경우 차익을 얻기 위해 주식을 매도한다. 주식을 싼 가격에 사서 비싸게 팔아야 차익을 남길 수 있듯이 공매도는 주식을 비싸게 팔아놓고 싼 가격에 다시 사들여 시세차익을 얻는다.

액면분할 · 병합

액면분할이란 납입자본금의 증감없이 기존 발행주식을 일정비율로 분할, 발행주식의 총수를 늘리는 것을 말한다. 통상적으로 주가가 너무 올라 시장에서 거래 자체가 잘 이뤄지지 않는 등 유동성이 낮아질 경우 실시한다.

액면병합이란 액면분할의 상대적 개념이다. 액면가가 적은 주식을 합쳐 액면가를 높이는 것을 말한다. 액면병합을 하게 되면 주식 물동 물량이 크게 줄어 주가가 오르는 경향이 있다. 그러나 액면분할과 마찬가지로 기업의 가치가 근본적으로 변하는 것은 아니므로 신중한 접근이 필요하다.

주식매수청구권

사업에 중대한 영향을 미치는 안건이 주주총회에서 다수결로 결의된 경우 이에 반대한 주주가 회사에 대해 보유주식을 되사줄 것을 요구할 수 있는 권리를 말한다.

　기업의 인수·합병, 영업의 양도·양수, 경영위임 등 주주총회의 특별한 의결을 필요로 하는 사안을 대주주가 일방적으로 결정하는 경우 소액주주를 보호하기 위해 마련한 제도다.

자사주 매입

상장법인이 자기명의와 계산으로 자사발생주식을 취득하는 것이다. 1998년 개정된 증권거래법에 의하면 모든 상장사는 자기자본에서 자본금과 법정 적립금 준비금을 뺀 나머지 재원으로 얼마든지 자사주를 매입할 수 있다.

손절매

앞으로 주가가 더욱 하락할 것으로 예상하여, 가지고 있는 주식을 매입 가격 이하로 손해를 감수하고 파는 것을 의미한다.

2권

차트를 보는 기술

차트란 무엇일까?

차트는 주가와 거래량 등의 데이터를 선이나 막대기 등을 사용해 표현한 것으로 흔히 캔들과 이동평균선, 거래량 등으로 구성된다.

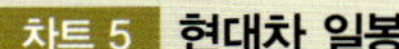

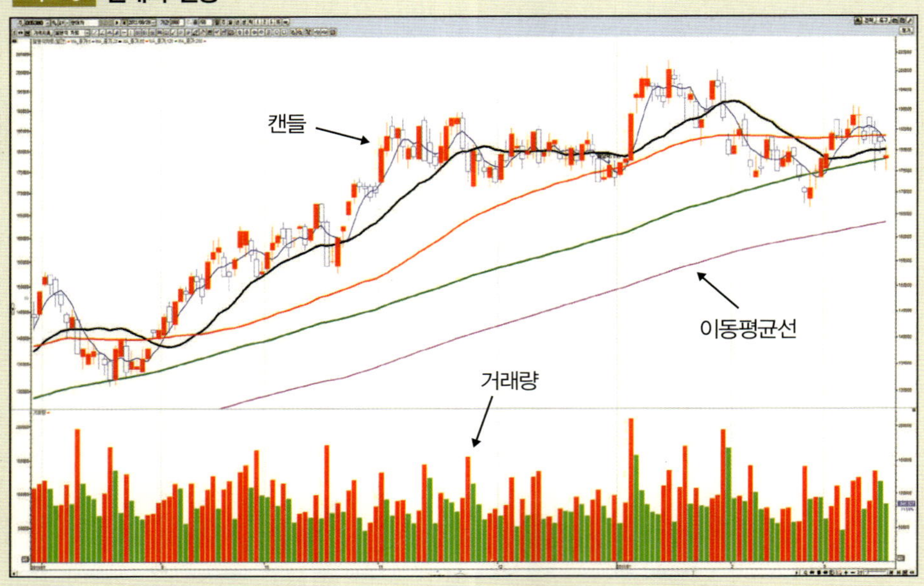

차트에는 과거의 데이터가 잘 반영되어 있다. 코스피 차트를 보면 그동안 한국 증시가 걸어온 길을 한눈에 파악할 수 있다. 개별 종목의 경우에도 차트를 통해 그 종목이 걸어온 과거를 고스란히 확인할 수 있다. 우리나라 증시를 대표하는 코스피 30년 차트를 보자.

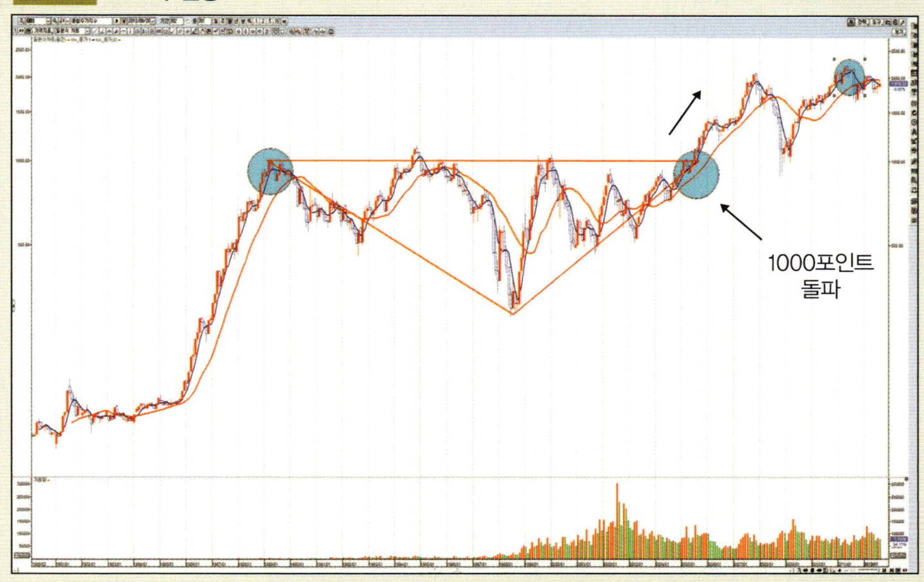

〈차트 6〉을 보면, 1988년부터 2005년까지 박스권 속에 갇혀 등락을 거듭하던 코스피지수는 2005년 1000포인트를 돌파해 2007년에는 드디어 2000포인트 시대를 열었다. 이후 2000포인트를 오르내리며 새로운 역사를 쓰기 위해 힘을 비축하고 있다.

〈차트 7〉의 삼성전자 월봉차트를 보면 1980년대 2천원 초반이던 주가가 꾸준히 올라 100만원을 돌파했다. 차트만 봐도 한국의 대표기업인 삼성전자의 꾸준한 성장세를 알 수 있다.

차트 7 삼성전자 월봉

2천원 초반부터 140만원까지
꾸준히 주가 상승

봉차트란?

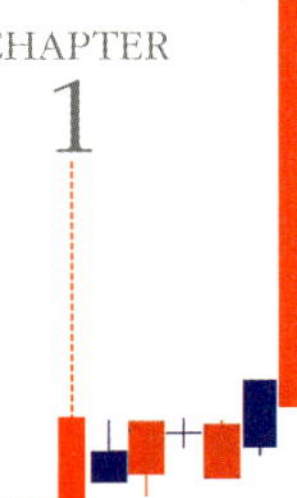

봉차트는 봉이 모인 차트를 말한다. 봉차트는 주가를 막대기 모양으로 나타낸 차트로 양초와 비슷하다고 해서 '캔들차트'(Candlesticks Chart)라고도 한다. 봉에는 주식의 시가, 고가, 저가, 종가가 표시되므로 이를 통해 주가 추이를 파악할 수 있다.

봉차트는 봉이 모인 차트를 말한다. 봉차트는 주가를 막대기 모양으로 나타낸 차트로 양초와 비슷하다고 해서 '캔들차트'(Candlesticks Chart)라고도 한다. 봉에는 주식의 시가, 고가, 저가, 종가가 표시되므로 이를 통해 주가 추이를 파악할 수 있다.

일봉

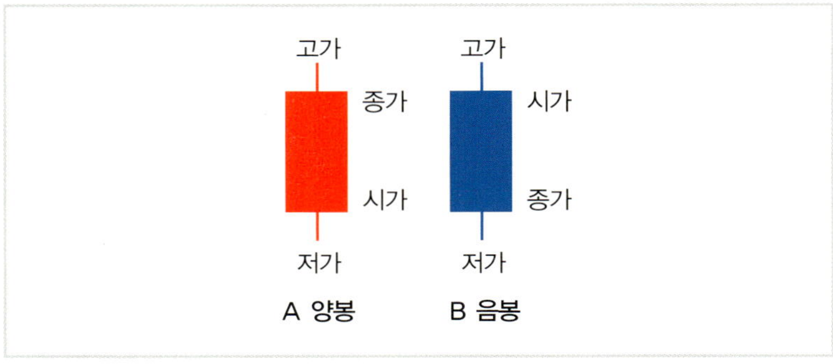

시초가(시가), 종가,
고가, 저가

시초가란 그날의 주가가
얼마로 시작했는가를, 종
가는 얼마로 끝났는가를
나타내 준다. 고가란 그날
의 가장 높은 가격, 저가
란 그날의 가장 낮은 가격
을 의미한다.

일봉이란 하루의 주가등락을 나타낸 봉으로 빨간색 봉(A)은 양봉, 파랑색 봉(B)은 음봉이라 한다. 종가가 시가보다 상승하면 양봉, 종가가 시가보다 하락하면 음봉으로 차트에 그려진다.

양봉

양봉에서 빨간색 박스의 밑변(A)은 시초가이며 박스의 윗변(B)은 종가를 의미한다. A에서 이날의 주가가 시작되었고, B에서 마무리되었다. 위와 아래에 붙은 실선은 꼬리라고 표현하는데 실선의 위아래 끝은 그날의 최저가와 최고가를 나타낸다.

양봉과 주가의 흐름

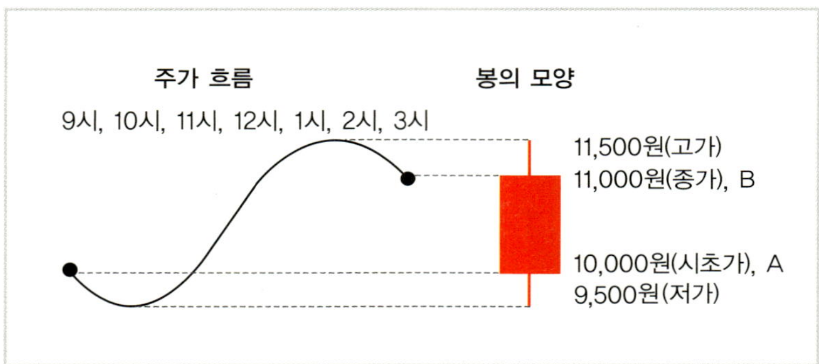

10,000원에서 시작한 주가는 9,500원까지 내려갔다가 11,500원까지 상승한 후 11,000원에 마쳤다. 시초가가 10,000원이었는데 종가는 11,000원으로 마감했기 때문에 양봉이 발생했다. 시초가에 비해 종가가 높을 때 양봉(빨간색 봉)이 발생한다.

양봉은 매수하려는 힘이 강했을 때 발생하고, 긍정적인 신호로 받아들일 수 있다.

음봉

음봉은 양봉과 반대의 개념이다. 음봉에서 파란색 박스의 윗변(A)은 시초가, 박스의 밑변(B)은 종가를 의미한다(양봉과 반대). A에서 이날의 주가가 형성되어 시작되었고, B에서 마무리 되었다. 위와 아래에 붙은 실선의 끝은 양봉과 마찬가지로 최저가와 최고가를 나타낸다.

음봉과 주가의 흐름

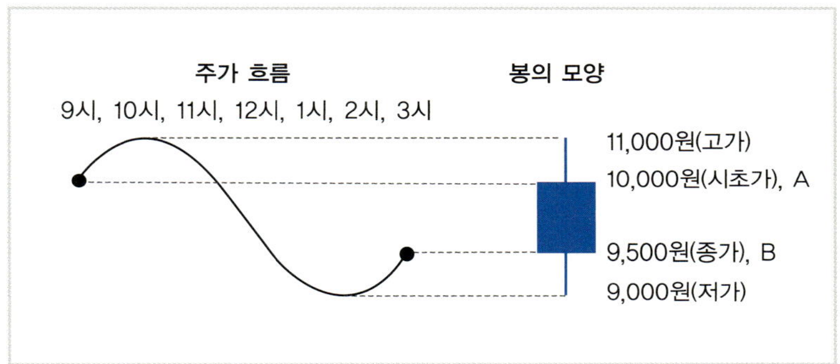

10,000원에서 시작된 주가는 10,500원까지 상승했으나 이후 9,000원까지 하락했다가 결국 9,500원에 마쳤다. 시초가에 비해 종가가 500원 낮게 형성이 되었으므로 음봉(파란색 봉)이 발생했다.

음봉은 매도하려는 힘이 강할 때 발생하며, 부정적인 신호로 받아들일 수 있다.

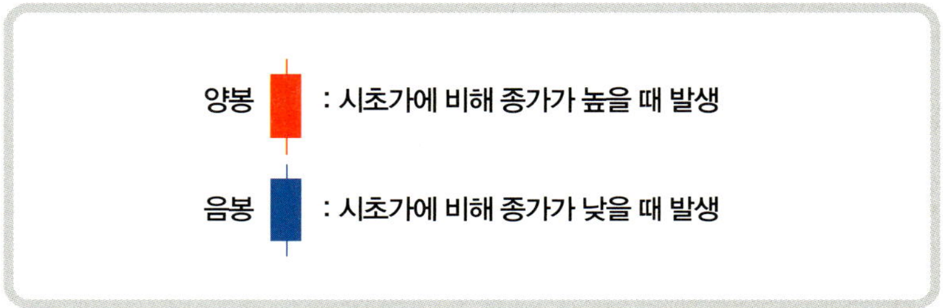

주봉

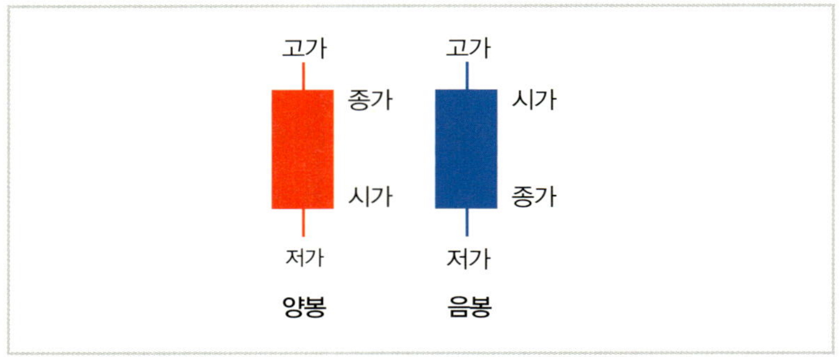

주봉은 봉 하나가 일주일을 의미한다. 일봉이 하루 동안 주가의 변화를 나타내는 데 반해, 주봉은 월요일부터 금요일까지 한 주를 의미한다.

월요일에 10,000원으로 시작했던 주가가 금요일에 11,000원으로 마감했을 경우 다음과 같은 주봉이 만들어 진다.

주봉과 주가 흐름

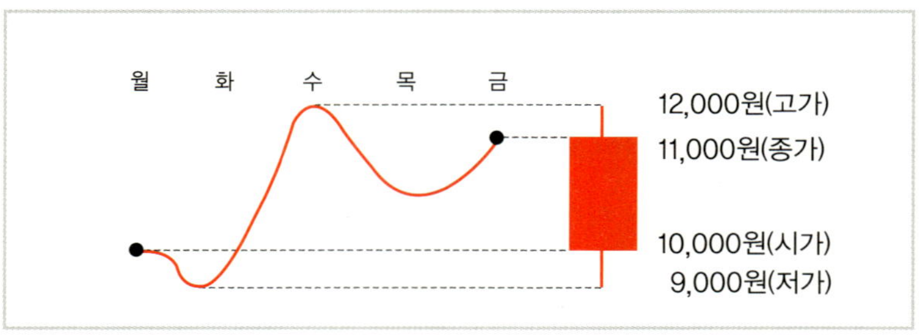

시초가 10,000원은 월요일 장이 시작할 때 형성된 주가를, 종가인 11,000원은 금요일 장이 마감할 때 형성된 주가를 의미한다. 저가인 9,000원은 일주일 중 가장 낮은 가격, 고가인 12,000원은 일주일 중 가장 높은 가격을 각각 의미한다.

월요일 10,000에서 시작한 주가가 금요일 11,000원에 종가가 형성되었으므로 주봉에서 빨간색 양봉이 만들어졌다.

월요일 10,000원에서 시작한 주가가 금요일 9,000원에 마감되었다면, 주봉에서 파란색 음봉이 발생했을 것이다. 주봉이 모이면 주봉차트가 만들어진다.

월봉과 연봉

일봉, 주봉과 마찬가지로 월봉은 봉 하나가 1개월을, 연봉은 봉 하나가 1년을 나타낸다.

형성과정은 일봉, 주봉과 동일하다. 월봉이 모여 월봉차트를 만들고, 연봉이 모여 연봉차트를 만들어낸다.

분봉

분봉에는 1분봉, 3분봉, 5분봉, 10분봉, 30분봉, 60분봉, 120분봉 등이 있다. 1분봉은 봉 하나가 1분을, 120분봉은 봉 하나가 120분을 의미한다. 일반적으로 분봉은 사용 빈도가 낮지만, 단기 매매자의 경우 분봉을 활용하기도 한다.

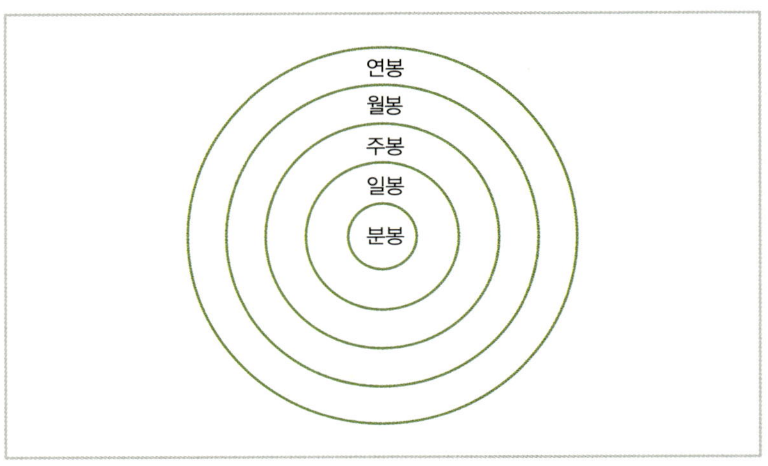

봉차트

봉을 이용해 만든 차트를 봉차트라 한다. 일봉으로 만든 차트는 일봉차트, 주봉으로 만든 차트는 주봉차트, 월봉과 연봉으로 만든 차트는 각각 월봉차트, 연봉차트라 한다.

일봉차트는 가장 기본적으로 사용되는 차트로 하루하루의 주가 변동을 나타낸다. 주봉차트는 한주의 주가 변동을, 월봉은 1개월 단위의 주가 변동을, 연봉은 1년 단위의 주가 변동을 나타낸다.

일봉차트는 하루의 변동을 나타내기 때문에 단기적이고 보다 세밀한 주가 변화를 확인할 수 있다. 주봉은 일주일을 나타내기 때문에 일봉에 비해 완만한 주가 변화를 감지할 때 사용한다.

일봉이 나무라면, 연봉은 숲이라고 할 수 있다. 큰 흐름을 보고 싶다면 주봉과 월봉, 연봉을 이용하고, 세밀한 관찰을 요할 때는 일봉을 참조한다. 일봉보다 세밀한 주가변화를 읽고 싶을 때는 분봉을 활용한다.

〈차트 8〉의 최근 1년간 삼성전자 일봉, 주봉, 월봉 차트를 보자. 같은 기간임에도 불구하고 차트마다 변화 정도가 달리 표현되어 있다. 일봉에서 월봉으로 갈수록 보다 완만하게 표현되어 있는 것을 확인할 수 있다.

차트 8 **삼성전자 일봉, 주봉, 월봉, 연봉**

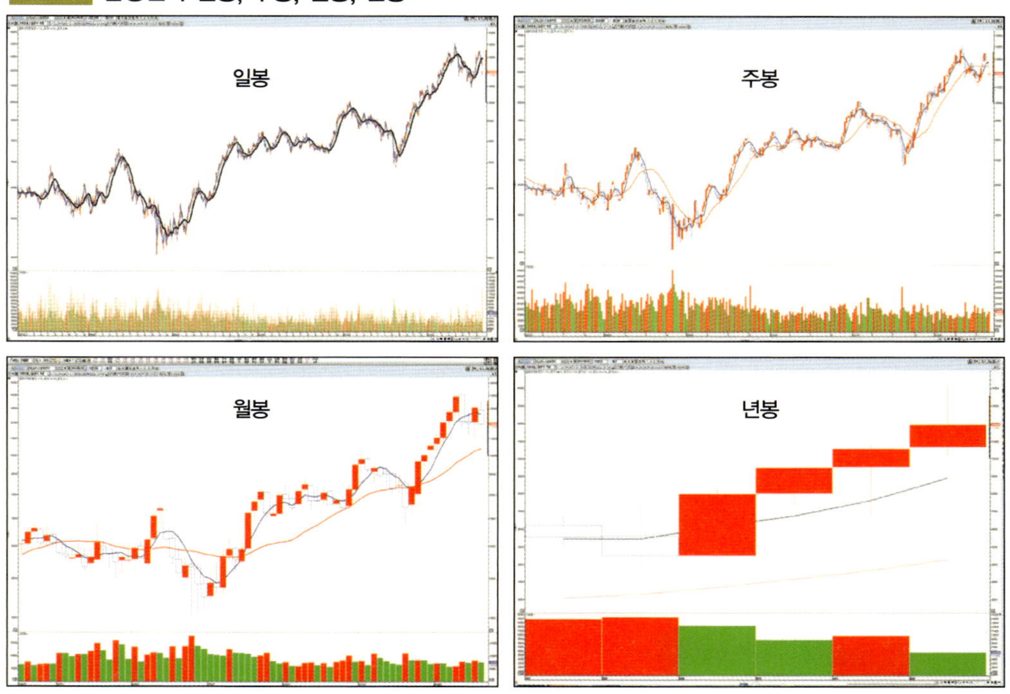

서로 다른 형태의 봉(캔들) 이해

주가의 변화가 만들어내는 봉(캔들)의 모양으로 그 날의 매수세와 매도세의 힘을 파악할 수 있다. 매수세가 강한 날은 양봉이, 매도세가 강한 날은 음봉이 발생한다. 매수와 매도의 강도에 따라 봉의 길이도 달라진다.

양봉

주가의 변화가 만들어내는 봉(캔들)의 모양으로 그 날의 매수세와 매도세의 힘을 파악할 수 있다. 매수세가 강한 날은 양봉이, 매도세가 강한 날은 음봉이 발생한다. 매수와 매도의 강도에 따라 봉의 길이도 달라진다.

긴 양봉

긴 양봉(장대양봉)은 시초가에 비해 종가가 아주 높게 형성될 때 발생하는 양봉이다. 하루 종일 매수세가 강하게 들어왔다는 의미이다. 몸통이 길수록 매수세도 강했음을 의미한다.

바닥권에서 발생하는 긴 양봉은 바닥을 탈출하는 신호로 받아들여진다.

하지만 천정권에서 발생하는 긴 양봉은 두 가지 관점으로 해석할
수 있다. 첫째 추가 상승을 암시하며, 둘째 상승의 마지막 클라이막스
에서 의도적으로 상승시켜 높은 가격에 팔기 위한 속임수일 수 있다.

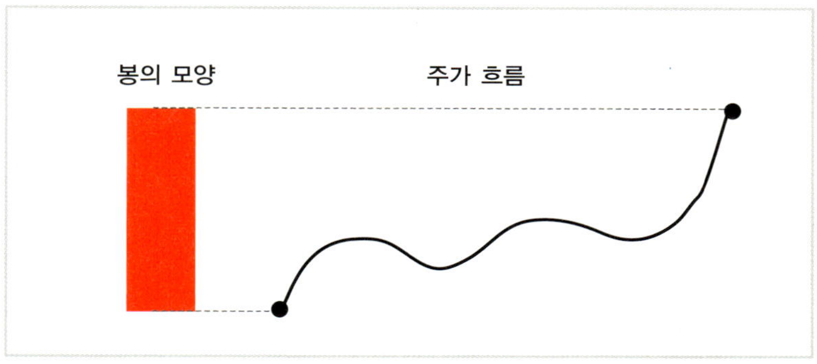

윗꼬리가 달린 양봉

매수세가 매도세를 압도했지만 고가 대비 종가가 낮게 형성되었음을
나타낸다. 윗꼬리가 길수록 고점 대비 많이 밀린 상태에서 하루를 마
감했다는 의미이다. 윗꼬리가 길 때는 주가가 다음날 하락할 수도 있
다는 가능성을 열어두어야 한다. 윗꼬리가 짧을 경우에는 추가로 상
승할 가능성이 높아진다.

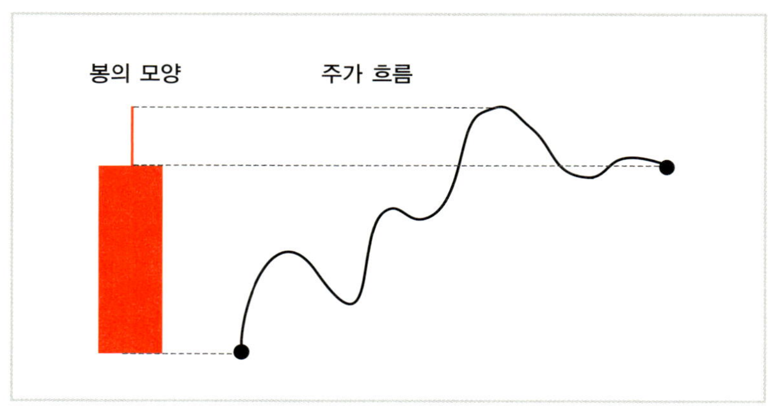

아랫꼬리가 달린 양봉

아랫꼬리가 길수록 그날의 시초가보다 주가가 낮게 형성되었을 때 매수하려는 힘이 강했음을 의미한다. 아랫꼬리가 발생했다가 빠른 속도로 반등해 주가가 시초가를 돌파해 양봉으로 끝났다면 이후 상승할 확률이 높아진다. 바닥권에서 발생했다면 상승전환 가능성이 높다. 저가의 강력한 매수 세력이 존재함을 보여주는 흔적이므로 매도를 보류하거나 매수 타이밍으로 잡을 수 있다.

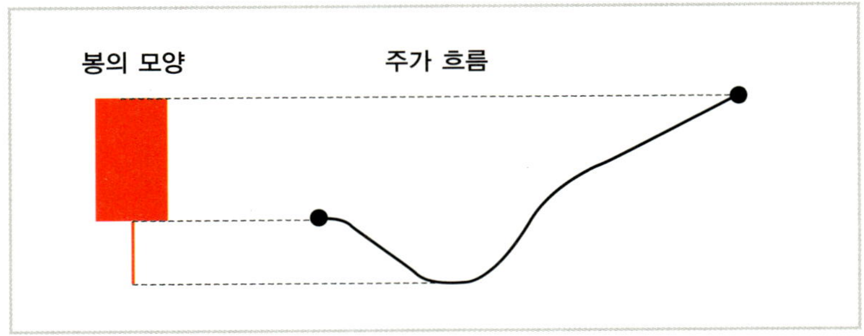

윗꼬리와 아랫꼬리 달린 양봉

매수와 매도 세력이 팽팽한 균형을 이뤘지만 여전히 상승 기운이 지배하고 있는 상태이다. 천정권에서는 매도를 고려할 수 있고, 바닥권에서는 매수를 고려할 수 있다. 하지만 확신을 주는 신호로는 부족하다.

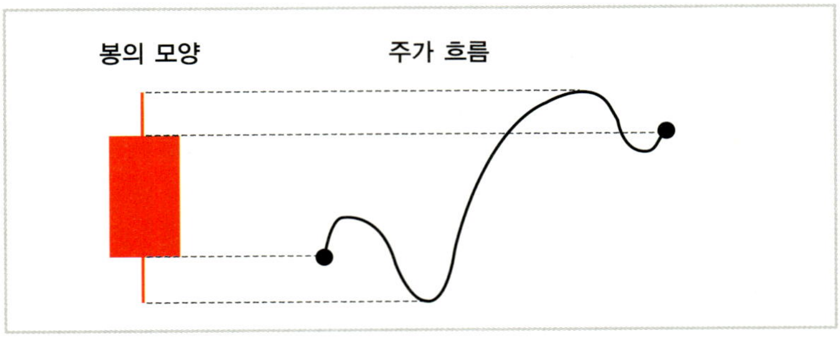

음봉

긴 음봉

긴 음봉(장대음봉)은 하루 종일 강한 매도세가 지배했을 경우에 발생한
다. 천정권에서 발생하는 길고 강한 음봉은 강력한 하락 전환 신호이
다. 이때는 일단 매도를 고려하는 게 좋다. 하루동안 가격이 많이 하
락했다고 해서 섣불리 매수해서는 안 된다. 이후 추가 하락을 경고하
는 신호이기 때문이다.

바닥권에서 발생하는 긴 음봉의 경우, 세 가지 관점으로 해석할 수
있다. 첫째 추가 하락을 암시하며, 둘째 투매가 발생했음을 나타내
며, 셋째 하락의 마지막 클라이막스에서 의도적으로 하락시켜 많은
투매물량을 싼 가격에 거둬들였음을 의미한다.

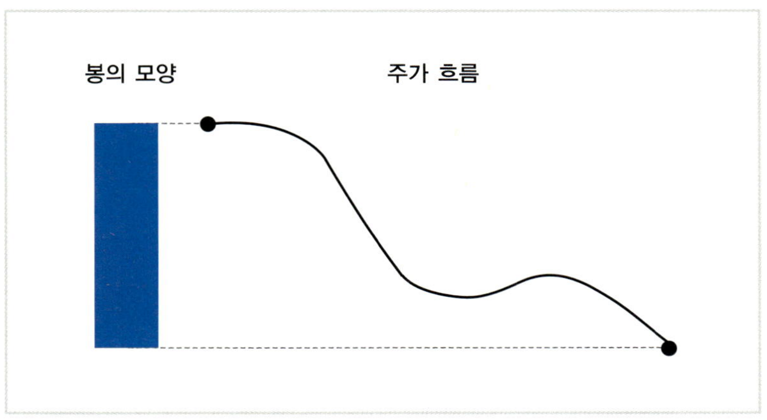

윗꼬리 달린 음봉

매도세가 매수세를 압도했을 때 나타난다. 시초가를 돌파해 상승을
시도했지만 매도세에 눌려 양봉 형성에 실패한 모습이다. 천정권에

서 발생했을 경우에는 주가의 반락 신호로, 바닥권에서는 상승 전환에 실패한 신호로 이해할 수 있다.

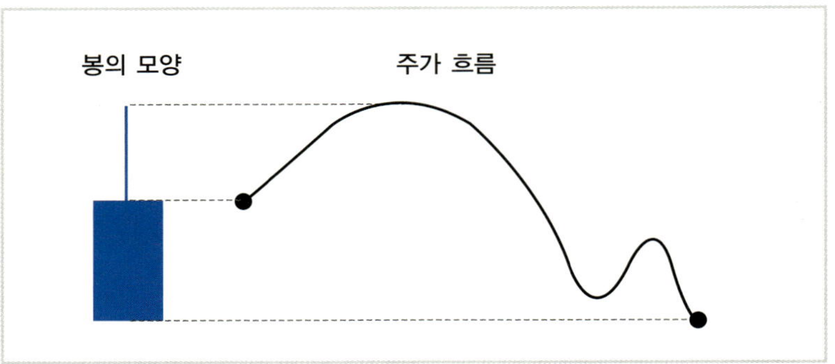

아랫꼬리 달린 음봉

여전히 매도세가 매수세를 압도한 모습이지만, 저가의 매수세를 확인할 수 있다. 일정한 가격 이하로 내려가는 것을 막는 세력이 있거나, 저가에 매력을 느끼고 들어오는 매수세가 존재할 때 나타난다. 꼬리가 길수록 저가매수세가 강함을 의미한다. 매수를 고려할 수는 있으나 실행에는 부족하다. 바닥권에서 나타났다면 매수를 준비할 수 있다.

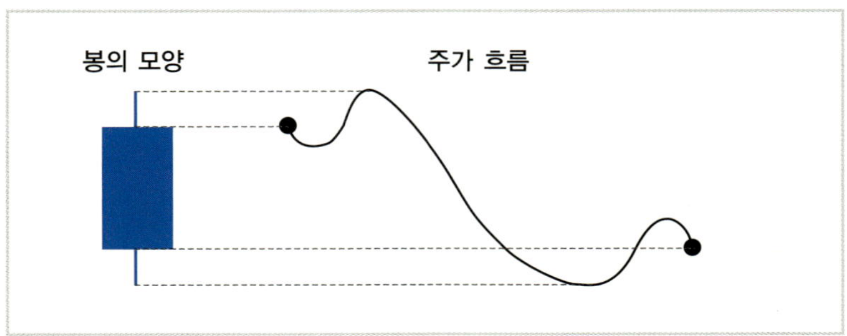

윗꼬리와 아랫꼬리 달린 음봉

매도세가 매수세를 여전히 압도한 모습이지만 매수세와 매도세의 팽
팽한 대립을 의미한다. 천정권에서는 매도를 검토하고 바닥권에서는
매수를 검토할 수 있다. 하지만 매수와 매도를 실행에 옮기기에는 부
족하다. 이후 방향을 계속 주시해야 한다.

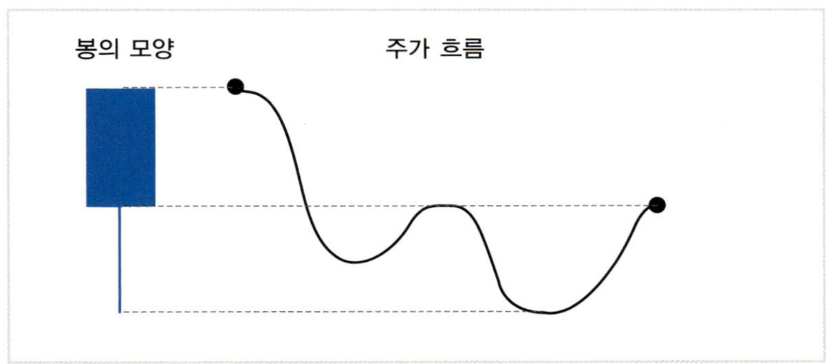

동시선

하루 동안 주가 변동이 거의 발생하지 않을 때 발생한다. 보통 거래
량이 적은 편이고 급등, 급락하는 종목에서 자주 나타나는 경향이 있
다. 시초가와 고가, 저가, 종가가 모두 일치하는 동시선의 경우 점상
한가 혹은 점하한가라고 한다.

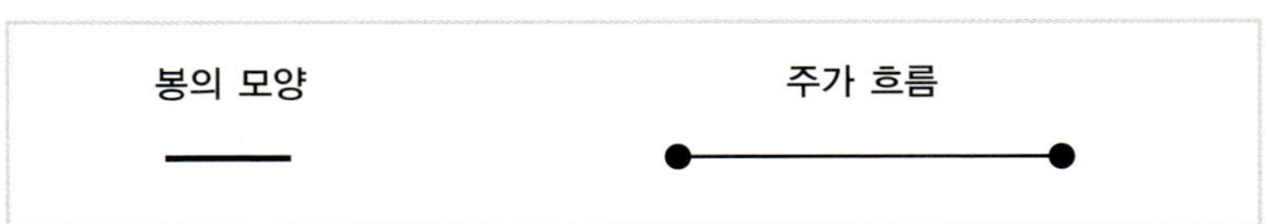

샛별형

매수세와 매도세가 균형을 이뤘을 때 샛별 모양의 봉이 발생한다. 거
래량이 매우 적고 주가가 침체에 빠졌을 때 자주 나타난다. 거래가

많고 주가의 상승, 하락 탄력이 좋을 때 나타나는 경우에는 주가의
전환점이 되기도 한다. 천정권에서는 매도를, 바닥권에서는 매수를
검토할 수 있다.

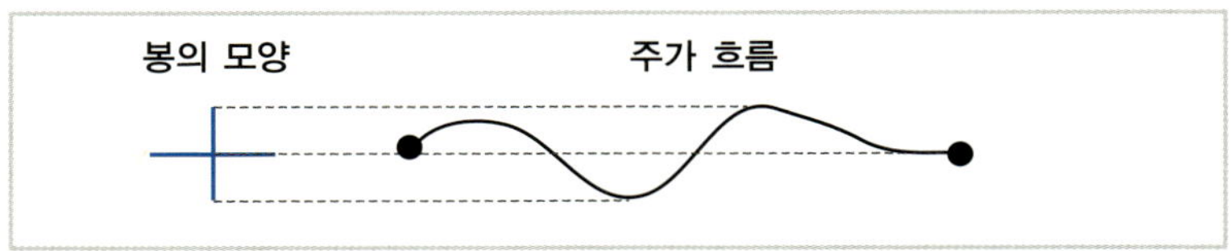

윗꼬리 달린 동시선

윗꼬리 달린 동시선은 시가와 저가, 종가가 일치하고, 고가만 다른
가격에 형성됐을 때 나타난다. 고가에서 강한 매도세력이 존재함을
의미하며 천정권에서는 매도를 고려해야 한다. 가격 하락을 방어하
면서 자신의 물량을 처분했을 가능성이 있다.

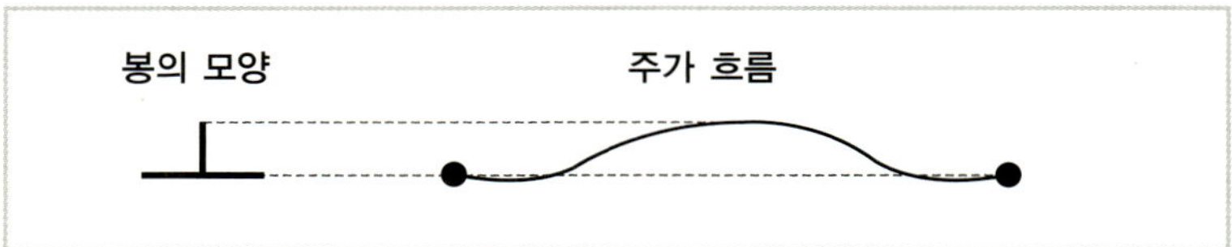

아랫꼬리 달린 동시선

아랫꼬리 달린 동시선은 강한 저가매수 세력이 존재함을 의미한다.
바닥권에서 이 봉이 발생하면 매수를 고려해야 한다. 왜냐하면 가격
상승을 억제하면서 물량을 매집했을 가능성이 있기 때문이다.

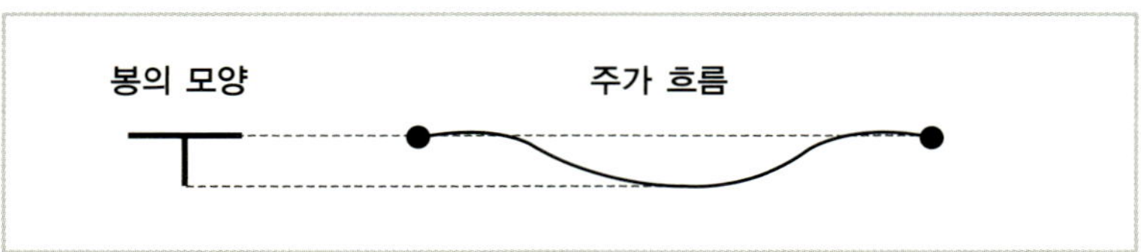

캔들을 이용한 주가 예측

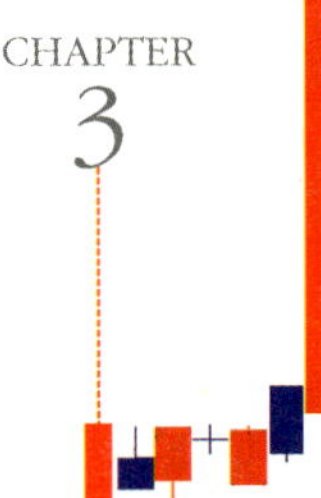

캔들이 보여주는 형태를 이용해 주가의 미래를 예측할 수 있다. 절대적인 신호로 맹신할 수는 없지만 투자에 참고는 가능하다. 특정 형태의 모양이 발생했을 경우에는 이후 주가 추이를 유심히 관찰해야 한다.

상승전환을 예측할 수 있는 캔들로는 상승 장악형, 샛별형 등이 있다. 반면 하락전환을 예측할 수 있는 캔들로는 하락 장악형, 석별형 등이 있다.

십자형

십자형은 추세반전의 신호로 해석할 수 있다. 상승추세에서 긴 양봉 이후 십자형이 출현하면 하락추세로의 반전을 암시한다. 하락추세에서 발생하는 십자형은 신뢰도가 낮다.

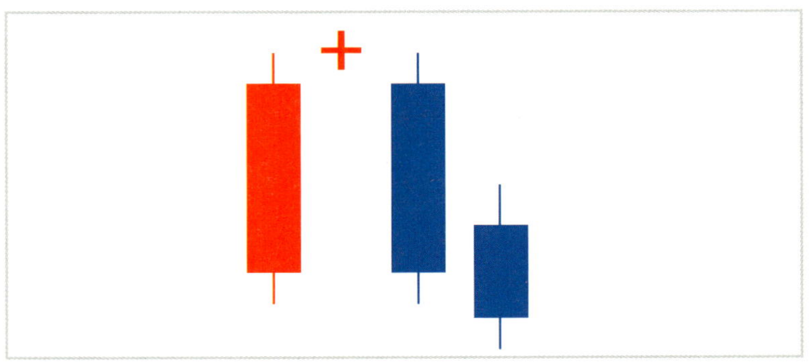

장악형

상승 장악형

하락추세에서 발생하며, 둘째 날의 양봉이 첫째 날의 음봉을 완전히 감싸는 형태이다. 상승전환 신호로 해석할 수 있다. 첫째 날 음봉은 진행 중인 추세를 의미한다.

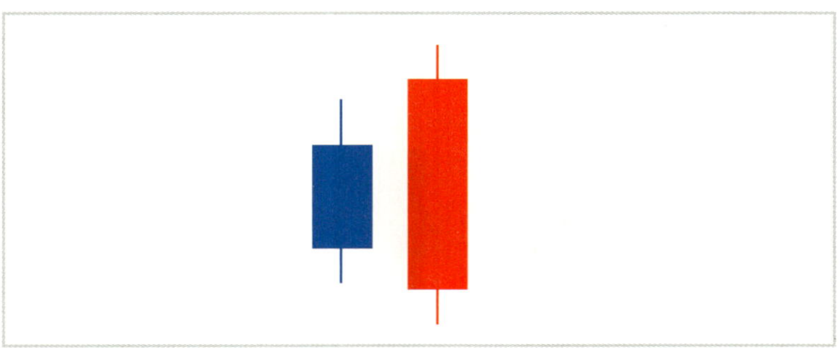

 상승 장악형 출현, 이후 주가는 상승으로 전환

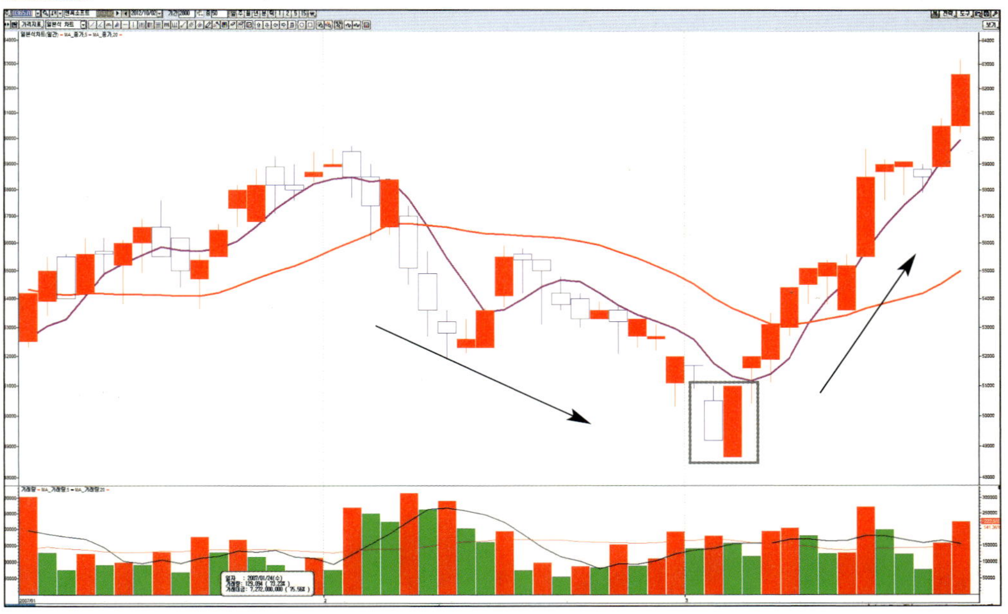

하락 장악형

상승추세에서 발생하며, 둘째 날의 음봉이 첫째 날의 양봉을 완전히
감싸는 형태이다. 하락전환 신호로 해석할 수 있다. 첫째 날 양봉은
진행 중인 추세를 의미한다.

 하락 장악형 출현, 이후 주가는 하락으로 전환

샛별형

샛별형은 하락추세의 바닥권에서 상승추세로 전환될 때 발생한다. 첫째 날 음봉은 진행 중인 추세를 의미하며, 둘째 날은 첫째 날 몸통으로부터 떨어진 갭이 발생한다. 셋째 날은 양봉이 출현한다.

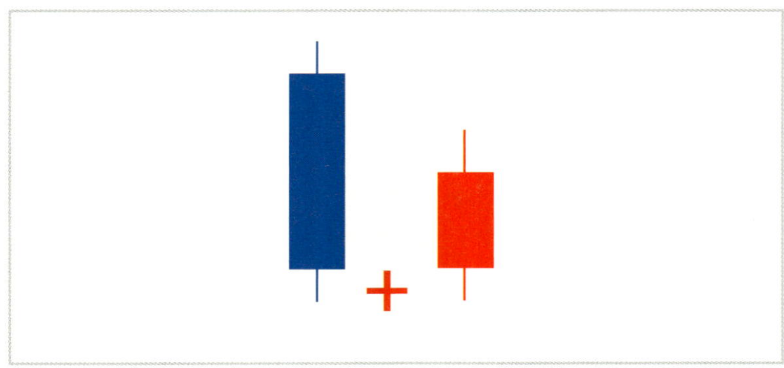

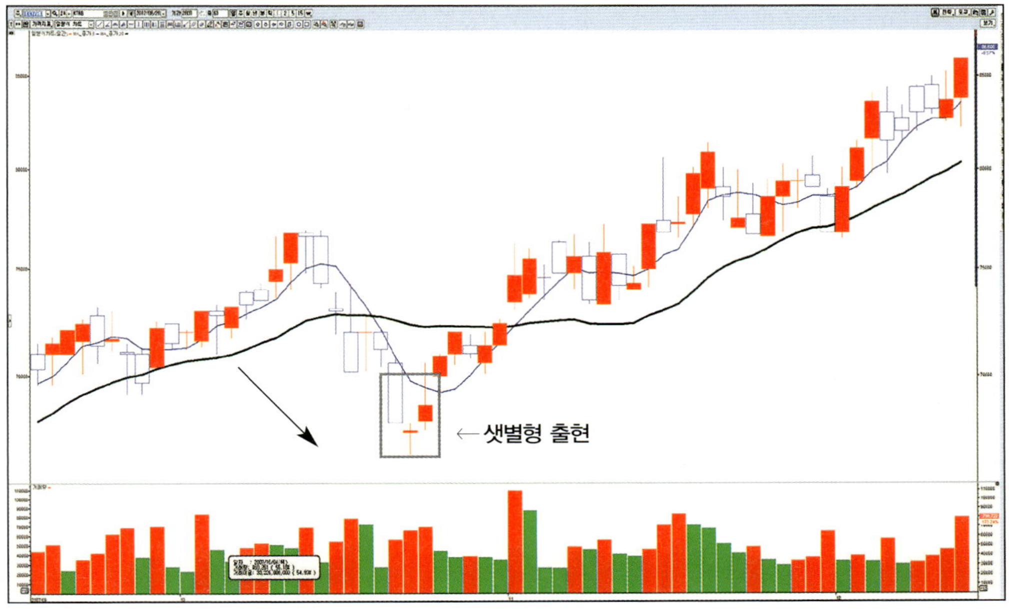

석별형

석별형은 상승추세의 천정권에서 형성되며, 하락추세로 전환됨을 암
시한다. 첫째 날 양봉은 진행 중인 추세를 의미하며, 둘째 날은 첫째
날 몸통으로부터 떨어진 갭이 발생한다. 셋째 날은 음봉이 출현한다.

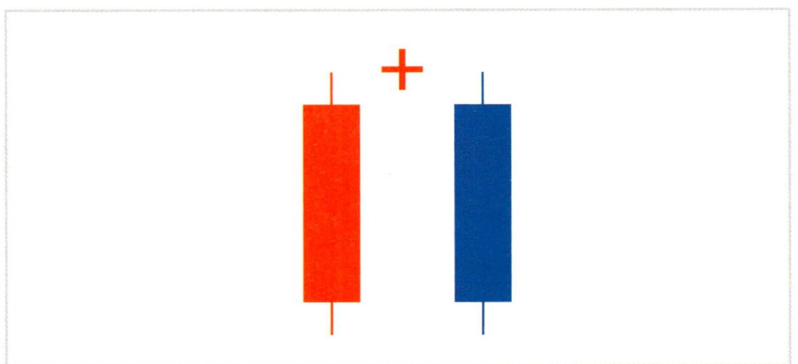

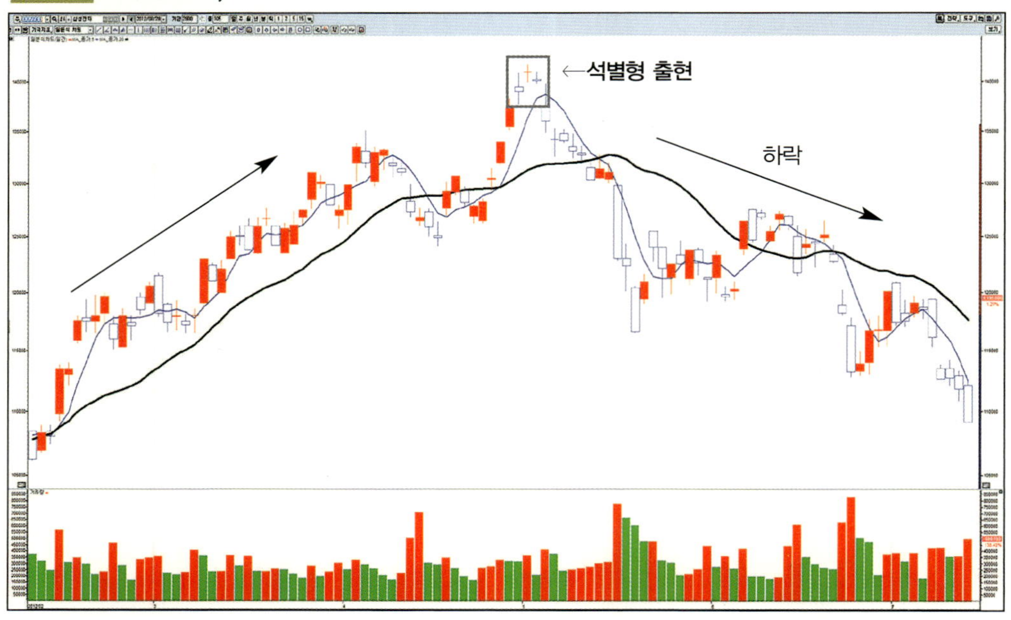

적삼병(3일 연속 양봉 발생)

중장기 하락추세 후에 바닥권에서 나타나는 강세 예고 패턴으로 시초가에 비해 종가가 연속적으로 상승하는 3개의 양봉을 의미한다. 이는 3일 연속 매수세가 매도세를 압도했다는 의미이므로 이후 일어날 상승을 강력하게 예고한다. 단, 고가권에서 형성된 적삼병은 단기 고점의 가능성이 높으므로 주의해야 한다.

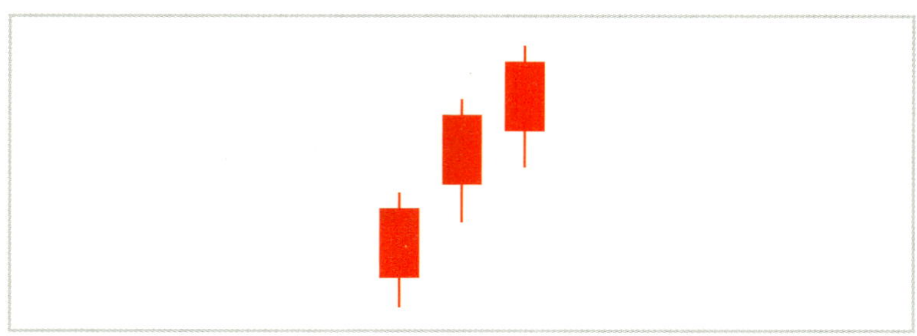

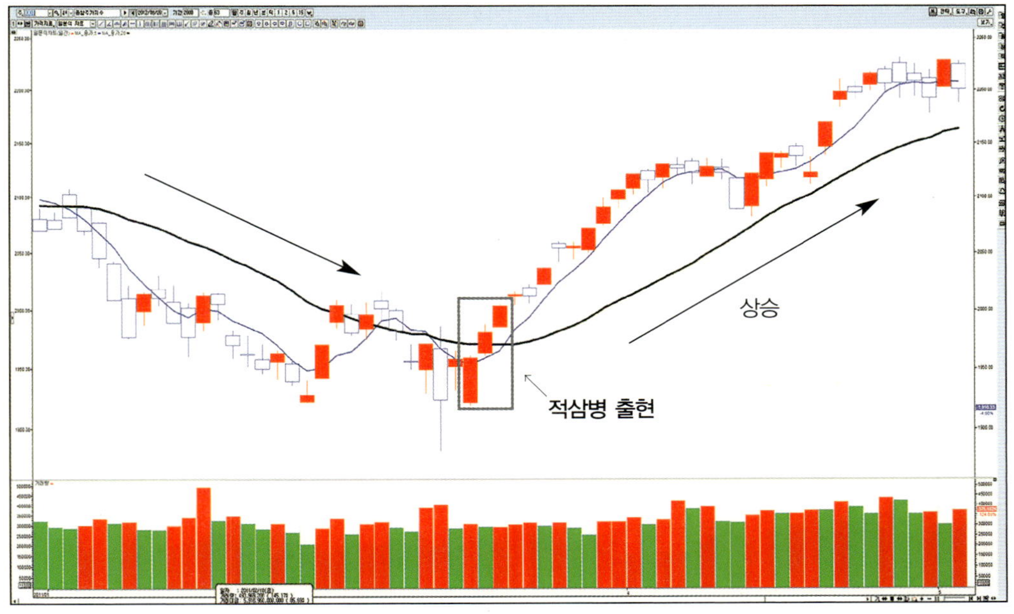

흑삼병(3일 연속 음봉 발생)

중장기 상승추세 후에 나타나는 약세 예고 패턴으로 시초가에 비해
종가가 연속적으로 하락하는 3개의 음봉이 나타난다. 이는 3일 연속
매도세가 매수세를 압도했다는 의미이므로 이후 일어날 하락을 강력
하게 예고한다. 단, 저가권에서 형성된 흑삼병은 단기 저점의 가능성
이 높기 때문에 이후 주가 변화를 주시해야 한다.

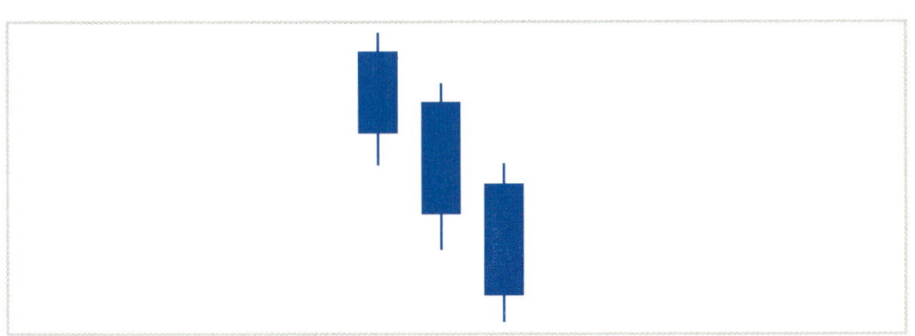

 흑삼병 출현, 이후 주가는 하락으로 전환

THE FINAL STOCK GUIDE BOOK

특정 캔들의발생

특정 캔들이 발생할 경우 섣불리 매매하기보다는 이후 주가변화를 지켜보며 매매를 시작하는 것이 좋다. 'Chapter 9 패턴' 과 함께 익혀두면 투자에 많은 도움을 받을 수 있다.

차트의 속성

코스피 차트를 보면 과거 수십 년 동안 돌파하지 못했던 1000포인트를 돌파하자 2000포인트까지 거침없이 상승했다. 반면 이전에는 1000포인트라는 역사적 저항선을 뚫지 못하고 1988년에서 2005년까지 지루한 박스권의 모습을 보였다. 1997년 IMF의 충격을 제외하고는 500포인트에 도달하면 더 이상 밑으로 내려가지 않고 다시 오르는 모습을 확인할 수 있다.

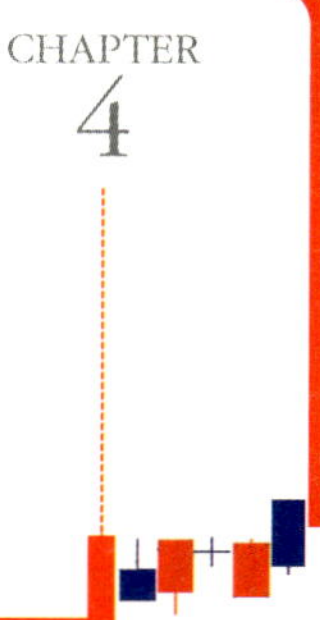

한 방향으로 움직인다

주가는 한번 방향을 잡으면 그 방향으로 계속 진행하려는 속성이 있다. 차트도 한번 방향을 정하면 일정 기간 동안 상승 또는 하락을 지속하려는 속성을 가진다. 〈차트 16〉을 보면 한 방향으로 일정 기간 동안 움직이는 차트의 속성을 알 수 있다. 차트의 진행 방향이 바뀌기 위해서는 강한 모멘텀이 필요하다.

지지와 저항을 알 수 있다

〈차트 17〉의 코스피 차트를 보면 과거 수십 년 동안 돌파하지 못했던 1000포인트를 돌파하자 2000포인트까지 거침없이 상승했다. 반면 이전에는 1000포인트라는 역사적 저항선을 뚫지 못하고 1988년에서 2005년까지 지루한 박스권의 모습을 보였다. 1997년 IMF의 충격을 제외하고는 500포인트에 도달하면 더 이상 밑으로 내려가지 않고 다

 코스피 일봉(차트의 방향성)

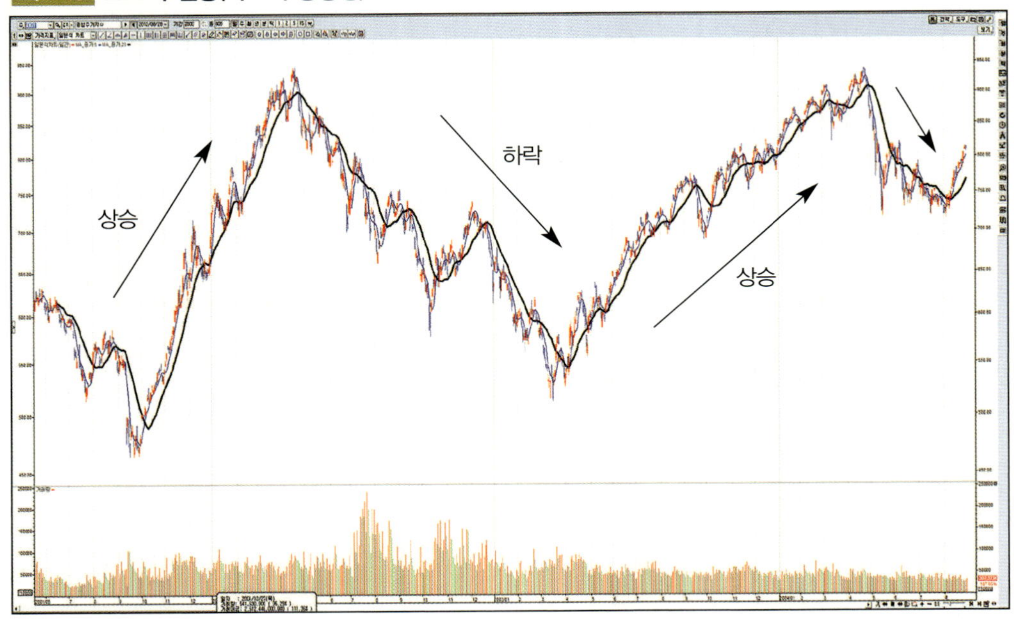

 코스피 월봉(역사적인 지지선과 저항선)

시 오르는 모습을 확인할 수 있다.

이렇듯 어느 시점에 다다르면 주가가 더 이상 떨어지지 않고 지지되는 지점을 지지선이라고 하며, 반면 어느 시점에서 주가가 더 이상 오르지 못하고 저항을 받는 지점을 저항선이라고 한다. 주가가 지지와 저항을 받는 속성을 잘 이해하면 이를 이용해 매수와 매도 시점을 잡을 수 있다.

이평선을 중심으로 구심력을 보인다

〈차트 18〉을 보면, 주가는 일정한 구심력을 보인다. 따라서 주가가 이동평균선에서 멀리 떨어지면 다시 원래의 지점으로 돌아오려는 성질을 가진다. 이때 주가와 이평선 사이의 벌어진 간격을 '이격' 이

차트 18 이평선을 중심으로 구심력을 보인다

라고 한다. 주가가 상승해 5일선, 20일선과 멀리 떨어지면 일정양의 매도 물량이 출회되어 조정을 보이면서 5일선 근처로 주가가 회귀한다. 이평선 사이에서도 5일선이 20일선과 거리가 멀어지면 다시 가까워지려는 속성을 보인다. 따라서 이격이 벌어질 경우에는 무리해서 매수하기보다는 이평선 근처로 주가가 회귀하기를 기다리는 것이 좋다.

수요공급 법칙을 따른다

주가는 수요공급에 의해 결정된다. 아무리 실적이 좋은 기업이라도 매수하는 사람이 없으면 주가는 상승하지 않는다. "수급은 모든 재료에 우선한다"는 말이 있다. 주가는 누군가가 현재 거래되는 가격보다 높은 가격에 사주어야만 올라간다.

이렇듯 주가는 매수자가 많으면 상승을 하고 매도자가 많으면 하락한다. 모든 가격은 수요와 공급 법칙에 의해 결정된다.

상승 시에는 양봉, 하락 시에는 음봉이 자주 나온다

주가 상승기에는 양봉이 많이 나오고 하락기에는 음봉이 많이 나온다. 한번 방향을 잡으면 한 방향으로 움직이는 주가의 속성과 연관된 개념으로 상승기에 있는 주가는 양봉이 자주 나오면서 일정 기간 지속적으로 상승하기 쉽다. 반대로 하락기에는 음봉이 자주 나오면서 일정 기간 지속적으로 하락하기 쉽다. 〈차트 19〉를 보면 오르는 기간에는 빨간색 양봉이, 내리는 기간에는 파란색 음봉이 자주 눈에 띈다.

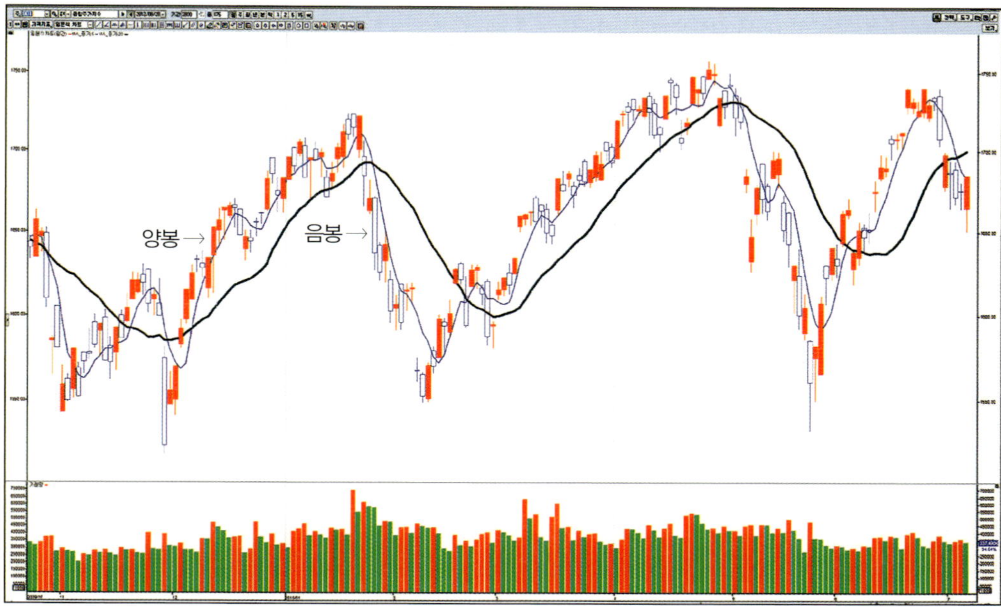
양봉 →
음봉 →

기술적 분석(차트분석)의 장점

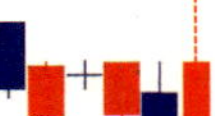

차트는 주가를 예측하는 강력한 수단이다. 앞서 말한 지지와 저항을 이용해 주가가 어느 선까지 오르고 내릴지 가늠할 수 있다. 기본적 분석에 충실한 투자자라 할지라도 기술적 분석을 가미한다면 수익을 극대화할 수 있다. 주가의 오르내림을 이용해 2배 오르는 종목에서도 3배, 4배의 수익을 거둘 수도 있다.

기본적 분석(기업가치 분석)의 한계를 보완한다

기술적 분석은 기본적 분석(기업가치 분석)의 한계를 보완하는 역할을 한다. 주가는 국내외 수많은 변동 요인과 심리적인 영향을 받는다. 기본적 분석만으로는 이를 모두 설명할 수 없다. 가치가 상승하는 기업의 주가가 하락하는 이유를 기본적 분석으로는 이해할 수 없다. 그러나 기술적 분석을 가미한다면 기본적 분석의 한계를 보완할 수 있을 뿐더러 주가가 왜 상승하고 하락하는지 더 잘 이해할 수 있다.

가격의 변화를 계량화 한다

차트는 주가를 예측하는 강력한 수단이다. 앞서 말한 지지와 저항을 이용해 주가가 어느 선까지 오르고 내릴지 가늠할 수 있다. 기본적 분석에 충실한 투자자라 할지라도 기술적 분석을 가미한다면 수익을 극대화할 수 있다. 주가의 오르내림을 이용해 2배 오르는 종목에서도

3배, 4배의 수익을 거둘 수도 있다.

매매시점을 파악한다

기술적 분석의 가장 큰 장점은 매수, 매도 타이밍을 포착하도록 도와
준다는 점이다. 투자에서 가장 어려운 점은 매수, 매도하는 타이밍을
잡는 것이다. 언제 사고 언제 파느냐에 따라 똑같은 종목을 매매하고
도 수익률은 천차만별이다. 이처럼 매매 타이밍은 수익률에 큰 영향
을 미친다.

  기본적 분석에 의해 매수할 종목을 선정했다면 그 다음 매수 타이
밍을 노려야 한다. 기술적 분석으로 매매시점을 잘 포착한다면 기본
적 분석과 조화를 이뤄 높은 수익을 올릴 수 있다.

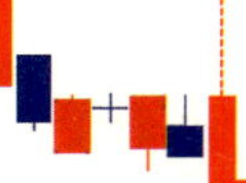

추세선

추세선이란 주가의 추세를 가늠하는 선으로 추세선을 통해 주가의 지지와 저항을 확인할 수 있다. 추세선에는 상승추세선과 하락추세선, 횡보추세선이 있다. 추세선은 HTS에 그려져 있지 않으므로, 투자자가 직접 그려 넣어 매매에 참조해야 한다(자동추세선이 나타나도록 HTS를 설정하는 방법도 있다).

추세선이란 주가의 추세를 가늠하는 선으로 추세선을 통해 주가의 지지와 저항을 확인할 수 있다. 추세선에는 상승추세선과 하락추세선, 횡보추세선이 있다. 추세선은 HTS에 그려져 있지 않으므로, 투자자가 직접 그려 넣어 매매에 참조해야 한다(자동추세선이 나타나도록 HTS를 설정하는 방법도 있다). 추세선은 직선으로 그려야 하며, 추세선을 그어보면 주가가 이 선을 중심으로 움직인다는 사실을 확인할 수 있다. 이평선과 함께 주가의 흐름을 예측하는 매우 유용한 수단이다.

상승추세선

주가가 우상향으로 움직이면서 위 아래로 파동을 그릴 경우, 파동의 아랫봉 2~3곳을 선으로 이은 것을 상승추세선 혹은 지지선이라 한다. 상승하는 주가도 매일 상승하는 것이 아니라 상승과 하락을 주기적으로 반복한다. 주가가 추세선에 닿으면 매수세가 유입되어 하락

현대모비스 일봉 : 횡보, 하락, 상승추세선을 그릴 수 있다

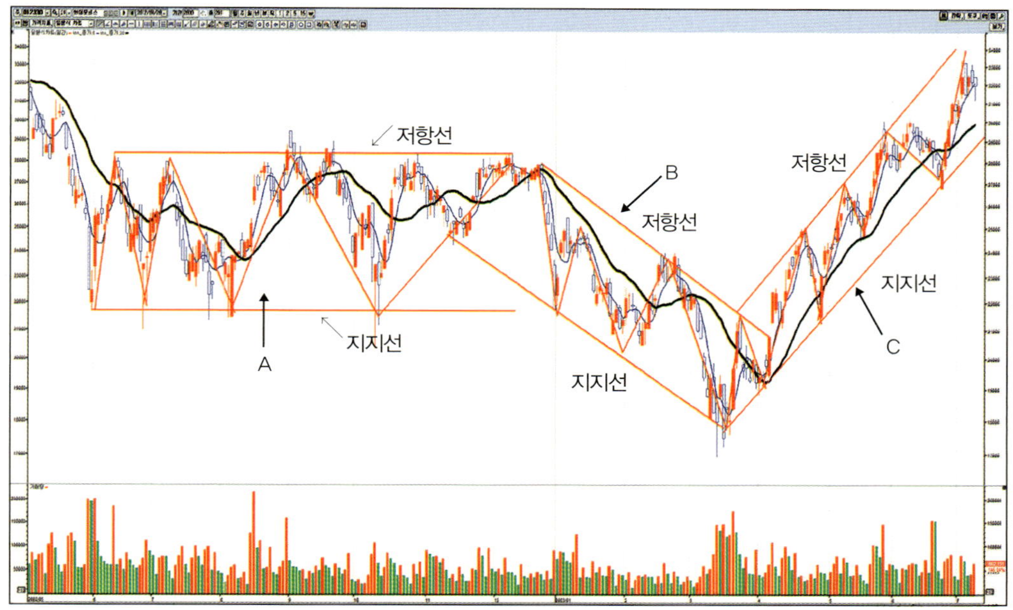

을 멈추고 다시 반등을 한다. 상승추세선은 주가의 등락이 최소 2번
이상 발생했을 때 그을 수 있다.

〈차트 20〉은 현대모비스 일봉차트에 추세선을 그은 것이다. 추세
선에 닿을 때마다 주가가 지지되며 상승하는 모습을 보이고 있다.

〈차트 20〉의 C처럼 하단과 상단에 2개의 추세선을 그으면 상승추
세대가 그려지며 지지와 저항을 쉽게 파악할 수 있다.

주가는 추세선을 벗어나 더 오르기도 하고 더 떨어지기도 한다. 하지
만 그 시간이 길지 않고 곧바로 추세선 안으로 복귀했다면 이는 추세가
붕괴된 것이 아니라 지속적으로 유지되고 있다고 판단할 수 있다.

하락추세선

〈차트 20〉의 B처럼 주가가 우하향으로 움직이면서 위 아래로 파동을 그릴 경우, 파동의 윗봉 2~3곳을 선으로 이은 것을 하락추세선 혹은 저항선이라고 한다. 주가가 어느 선까지 상승하면 주식을 팔고자 하는 세력이 늘어나 상승을 멈추고 하락하게 된다. 이때 저항선을 연결한 선이 하락추세선이다. 하락추세선 역시 주가의 등락이 최소 2번 이상 발생했을 때 그을 수 있다. 하락추세를 강하게 돌파할 경우 주가는 다시 상승으로 전환될 확률이 높다.

상승추세선과 마찬가지로 하단과 상단에 2개의 추세선을 그으면 하락추세대가 그려지며 지지와 저항을 쉽게 파악할 수 있다.

횡보추세선

횡보란 주가가 큰 상승과 큰 하락 없이 일정한 가격대를 오르내리며 옆으로 움직이는 상황을 말한다. 따라서 이 경우에는 주가 파동의 윗봉 2~3곳을 연결한 저항선과 아랫봉 2~3곳을 연결한 지지선이 서로 평행 상태를 이어가기 때문에 흔히 '박스권'이라 불리기도 한다. 〈차트 20〉의 A에서 박스권 상단과 하단을 오르내리는 주가의 흐름을 확인할 수 있다.

지지선에서 매수, 저항선에서 매도

추세선을 통해 지지선과 저항선을 알 수 있다. 이를 매매에 활용한다면 매우 안정적인 수익을 거둘 수 있다.

상승추세선의 경우 지지선에서 매수한다. 저항선은 보조적으로 활용해 매도에 참고할 수 있다. 중기 보유자라면 주가가 상승추세선을 타고 상승할 때는 보유한다. 그러나 주가가 상승추세선을 붕괴시킬 때는 매도해야 한다.

하락추세선의 경우 저항선에서 매도한다. 보유 중인 주가가 하락했을 경우 무작정 매도하기보다는 하락추세선의 저항선까지 주가가 올라오면 매도해 손실을 최소화 할 수 있다. 하락추세선의 지지선은 선택적으로 활용할 수 있다. 지지선에서 매수하고 저항선에서 매도하면 차익을 거둘 수 있다.

하지만 이 경우 추가 하락의 위험이 높기 때문에 하락추세선을 따라 매매하는 것은 되도록 피해야 한다. 다만, 하락추세선의 저항선을 주가가 강하게 돌파하는 경우에는 매수 관점으로 볼 수 있다.

횡보추세선의 경우 지지선에서 매수하고 저항선에서 매도한다. 지지선을 붕괴시킬 시에는 매수를 보류해야 한다. 또한 저항선을 돌파 시에는 매도를 보류하거나 추가적인 매수 타이밍으로 잡을 수 있다.

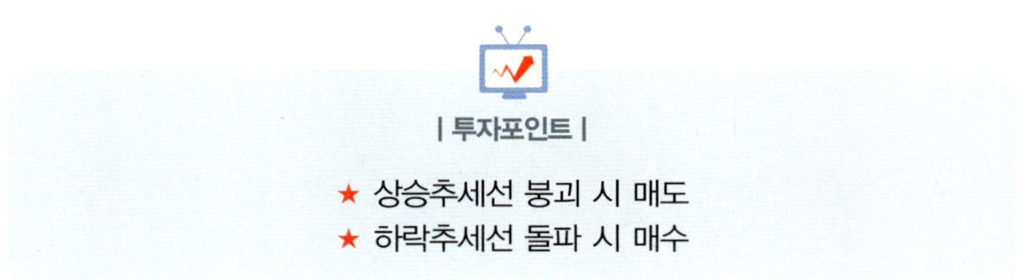

추세선을 이용한 전략적 매매법

추세선만으로도 매수와 매도의 맥점을 찾을 수 있다. 상승추세선과 하락추세선, 박스권 상단의 저항선과 하단의 지지선을 활용해 매수, 매도 시점을 알 수 있다.

지지, 저항선 돌파와 거래량의 관계

지지선을 붕괴시키며 하락하거나 저항선을 뚫고 상승할 경우 거래량
이 많을수록 추가적인 하락과 상승 가능성이 높아진다. 상승의 경우
그만큼 많은 매수세가 주가의 강력한 기존 저항선을 뚫고 올라간 것
이므로 저항선이 지지선으로 변하면서 상승추세에 대한 신뢰도가 생
기는 것이다. 지지선도 마찬가지이다. 거래량이 실리면서 지지선이
붕괴될 경우 다시 주가가 탄력을 받아 상승하려면 많은 시간이 걸린
다. 따라서 지지선과 저항선의 붕괴나 돌파 시에는 거래량을 잘 살펴
보아야 한다.

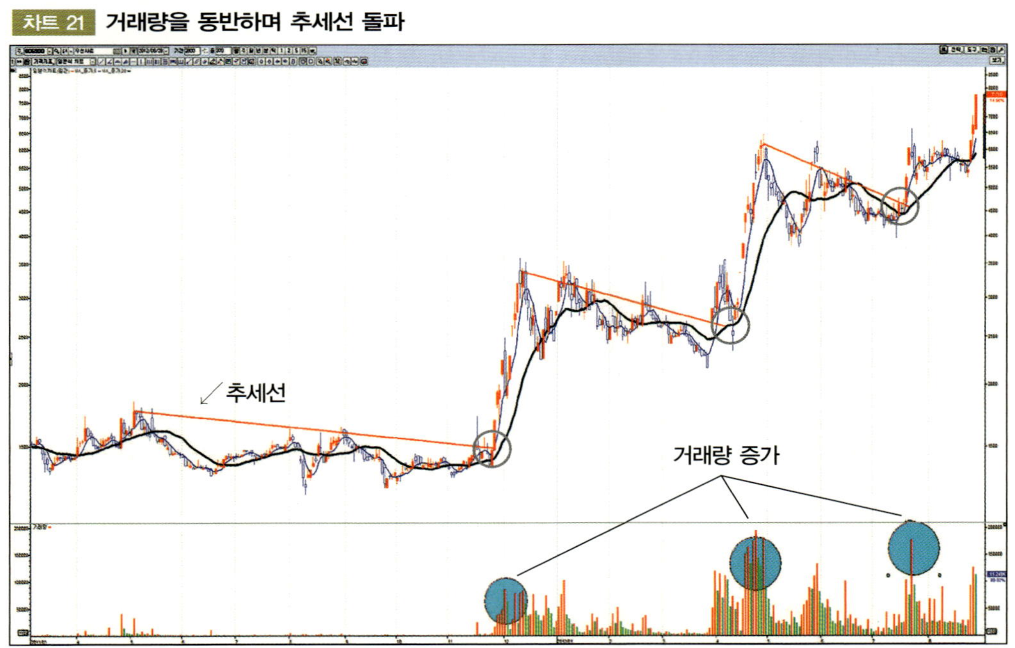

차트 21 거래량을 동반하며 추세선 돌파

이동평균선

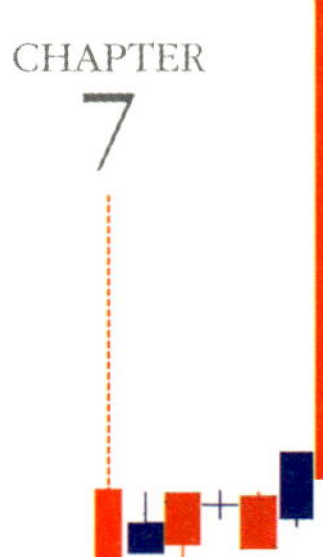

이동평균선은 투자에서 매우 중요한 역할을 한다. 봉차트와 함께 HTS에 그려지면서 차트가 완성된다. 봉차트가 바이올린이라면 이동평균선은 베이스처럼 뒤에 깔리면서 차트의 이해를 돕는다. 주가흐름을 한눈에 알려주는 봉차트, 추세를 잘 나타내주는 이동평균선은 주식투자시 꼭 배워야 할 주요지표이다.

이동평균선이란?

이동평균선이란 일정기간 동안 가격의 평균치(종가 기준)를 연결한 선으로 줄여서 '이평선'이라고 한다. 주로 주가 이동평균선이 활용되며, 거래량 이동평균선을 보조적으로 활용하기도 한다.

이동평균선은 투자에서 매우 중요한 역할을 한다. 봉차트와 함께 HTS에 그려지면서 차트가 완성된다. 봉차트가 바이올린이라면 이동평균선은 베이스처럼 뒤에 깔리면서 차트의 이해를 돕는다. 주가흐름을 한눈에 알려주는 봉차트, 추세를 잘 나타내주는 이동평균선은 주식투자시 꼭 배워야 할 주요지표이다.

이동평균선의 종류와 의미

이동평균선을 구하는 공식

5일선은 '5일 이동평균선'을 줄여서 부르는 말로 최근 5일간의 주가 평균을 의미한다. 최근 5일 동안 아래와 같이 주가(종가)가 형성되었다고 가정해 보자.

이동평균선을 구하는 공식

제 1일	제 2일	제 3일	제 4일	제 5일	평균
12,500원	12,900원	12,500원	12,000원	11,700원	12,320원

5일간의 가격을 모두 더해 5로 나눈 결과 12,320원이라는 가격이 나왔다. 따라서 5일 이동평균선은 12,320원에 위치하고 있을 것이다.

제6일째 되는 날의 가격이 정해지면 제1일의 가격이 빠지는 대신 제6일째의 가격이 포함되어 5일 이동평균선 값이 정해진다. 그렇기 때문에 5일선은 고정되어 있지 않고 매일 변하는 것이다.

그렇다면 20일 이동평균선은 어떻게 산출될까? 최근 20일의 주가를 모두 합해 20으로 나누면 된다. 투자자들은 5일, 20일, 60일, 120일 이동평균선을 주로 사용하며, 이동평균선은 차트에 자동으로 그려지므로 따로 산출할 필요는 없다.

이동평균선의 의미

주식시장은 토요일과 일요일을 제외한 주5일 동안 열린다. 5일 이동평균선은 5일의 평균이기도 하지만 1주일 평균이기도 하다.

그렇다면 20일 이동평균선은 어떤 의미일까? 증시는 매월 20일 가

량 열린다. 따라서 20일선은 최근 1개월의 주가 평균을 의미한다. 60
일선은 3개월로 1분기, 120일은 6개월 동안의 평균을 의미한다. 마지
막으로 200일선은 약 1년간의 평균을 의미한다.

이동평균선의 활용 1

5일선에서 120일선으로 갈수록 보다 오랜기간의 주가 평균을 나타낸
다. 따라서 5일선의 변화가 가장 크고, 120일선의 변화가 가장 작다. 5
일선이 역동적으로 움직이는 데 반해 120일선은 완만하게 움직인다.

〈차트 22〉는 봉차트와 이동평균선이 어우러진 삼성SDI 일봉차트
이다. 5일선은 주가의 변화에 민감하게 움직이지만 20일선은 5일선
보다 완만하게 움직이고 있다. 장기 이동평균선인 120일선의 상승각

차트 22 **삼성SDI 일봉**

도는 약 20~25도로 그 경사가 매우 완만함을 알 수 있다.

이동평균선의 이러한 특징을 이용해 단기 매매자는 5일선을 중시하며 중장기 매매자는 60일, 120일, 200일 이동평균선을 중시한다.

이동평균선의 활용 2

- **5일선 |** '생명선' 이라 불리는 5일선은 주가와 가장 밀접하게 움직인다. 이격(이동평균선과 주가의 차이 혹은 거리)이 생기는 경우도 가장 많고 주가와 떨어졌다가 다시 붙는 속도도 가장 빠르다. 따라서 이와 같은 5일선의 특징을 활용해 단기적인 주가흐름을 파악하거나 단기매매에 활용한다.

- **10일선 |** 10일선은 HTS에 설정된 경우도 있고, 사용자가 직접 넣어야 하는 경우도 있다. 급등주 매매자들은 흔히 10일선을 매도 기준선으로 삼는다. 급등한 주가가 10일선을 깨고 내려오면 매도하고, 깨지 않으면 지속 보유하면서 수익을 극대화한다.

- **20일선 |** '세력선' 이라 불리는 20일선은 주가를 관리하는 주체가 들어오고 나가는 기준선 역할을 한다. 20일선을 중시하는 투자자는 5일선을 무시한 채 주가가 20일선을 지지하는지 체크한다. 그러다가 20일선이 붕괴되면 매도로 대응한다. 반대로 지지부진하거나 하락하던 주가가 대량의 거래량을 동반하며 20일선을 강하게 돌파할 경우 주도세력의 입성으로 판단하고 매수로 대응한다.

- **60일선 |** 60일선은 '수급선' 이라 한다. 중장기적으로 상승하는 주식은 20일선을 깨는 경우는 자주 발생하지만 60일선은 잘 깨지 않는 특징이 있다. 주가가 60일선을 깨고 내려오면 주도세력의 이탈로 주가회복에 다소 시간이 걸릴 수 있다

- **120일선** | 120일선은 경기와 가장 밀접하게 연동되는 특징을 보여 '경기선'이라고도 한다. 경기가 좋을 때는 상승각도를, 경기가 나쁠 때는 하락각도를 보인다. 종합지수에서는 120일선의 각도로 경기흐름을 체크할 수 있다. 개별종목에서도 120일선을 기준으로 업종의 경기흐름을 체크할 수 있다. 주가는 경기에 6개월 선행한다. 120일선은 현재가 아닌 6개월 후의 경기를 반영한다. 따라서 120일선을 매매에 활용하기보다는 흐름(추세)을 체크하는 지표로 활용하는 것이 바람직하다.

- **200일선** | 필자는 200일선을 '활주로'라 명명했다. 주가의 비행과 착륙이 이 선을 중심으로 이뤄지기 때문이다. 주가 상승을 예견하는 강력한 이평선으로 급등하는 종목은 200일선에서 매집을 거친 후 하늘로 비행하는 경우가 많다.

  기업에 문제가 발생하지 않는 한 주가는 200일선을 기준으로 이륙하며 기름이 떨어져 착륙하더라도 200일선 근처에서 휴식을 취한다. 휴식을 취한 주가는 체력이 비축되면 다시 비행한다. 따라서 가장 안전하게 수익을 주는 이동평균선이라 할 수 있다.

  단, 주가가 200일선을 강하게 붕괴시키며 하락할 때는 해당 종목의 생명이 다했음을 알리는 신호로 받아들여야 한다. 기업에 심각한 문제가 발생했거나 글로벌경기가 침체국면으로 빠질 때 200일선이 붕괴된다. 200일선을 깨고 하락하는 주식에 미련을 갖기보다는 200일선에서 비행과 착륙을 반복하는 종목에 관심을 갖는 게 좋다.

200일선의 활용

200일선의 보다 자세한 의미와 활용법은 '4장 신가치투자로 평생 부자되기' 편 참조

골든크로스와 데드크로스

골든크로스는 20일선 아래에 있던 5일선이 20일선을 위로 뚫고 올라갈 때를 말한다. 60일선 아래에 있던 20일선이 60일선을 뚫고 올라갈 때도 골든크로스라고 한다.

반면 데드크로스는 20일선 위에 있던 5일선이, 혹은 60일선 위에 있던 20일선이 아래로 뚫고 내려갈 때를 말한다.

일반적으로 골든크로스는 주가에 청신호, 데드크로스는 주가에 적신호로 받아들인다.

골든크로스가 주가에 청신호인 이유는 골든크로스가 순차적으로 발생하면 역배열이 정배열로 전환되면서 하락추세가 상승추세로 바뀌어 본격적인 상승이 진행되기 때문이다. 반대로 데드크로스가 주가에 적신호인 이유는 데드크로스가 순차적으로 발생하면 정배열이 역배열로 전환되면서 상승추세가 하락추세로 바뀌어 본격적인 하락이 진행되기 때문이다

10배 상승하는 종목도 골든크로스에서 시작되며, 반토막이 난 주가도 데드크로스에서 시작된다. 따라서 골든크로스와 데드크로스는 주가의 방향을 예측하는 데 중요하다.

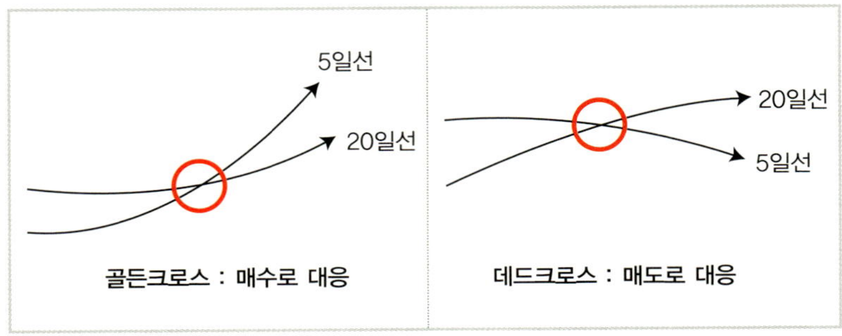

그린빌의 8가지 투자법칙

매수신호 4가지

① 이동평균선이 하향하다가 보합 또는 상승으로 전환하고 주가가 이동평균선을 상회하면 이는 매수신호를 의미한다.

② 주가가 상승하고 있는 이동평균선을 하회하고 있으면 매수신호이다(상승 중인 평균선보다 주가가 하락하더라도 평균선의 트렌드(방향)에 변화가 나타나지 않을 때는 결국 주가는 상승).

③ 이동평균선보다 높은 주가가 하락하였으나 평균선을 하회하지 않고 다시 상승하면 이는 매수신호이다(주가가 상승중인 평균선 위쪽에서 반락(反落)하더라도 평균선 밑으로 내려가지 않고 거꾸로 튀어오를 때에는 강력 매수).

④ 하락하고 있는 이동평균선 밑으로 주가가 급락하면 평균선으로 다시 상승할 것이 기대되므로 단기상승을 노려 매수할 수 있다.

그린빌의 매수 신호

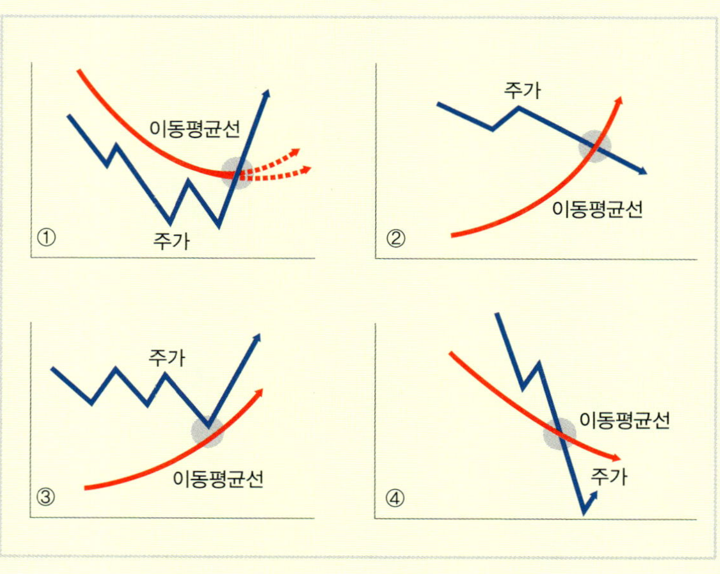

매도신호 4가지

① 이동평균선이 좀처럼 올라가려 하지 않고, 옆으로 진행하다가 주가가 평균선 밑으로 내려갈 때가 매도의 제1단계이고

② 하강 중인 이동평균선을 주가가 웃돌아도 평균선의 트렌드에 변화가 없을 때에 매도하며

③ 주가가 하강 중인 이동평균선 아래쪽에서 튀어오르더라도 평균선을 빠져나가지 못하고 반락하였을 때는 더욱 많이 팔아야 하며

④ 평균선이 올라가도 주가가 위쪽으로 크게 이탈되었을 때에는 자율반락할 것을 예상하여 매도할 수 있다.

그린빌의 매도 신호

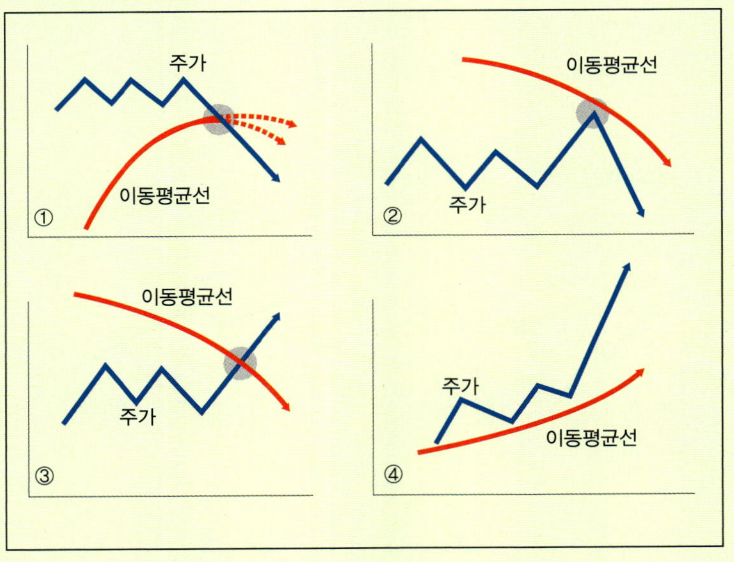

정배열과 역배열

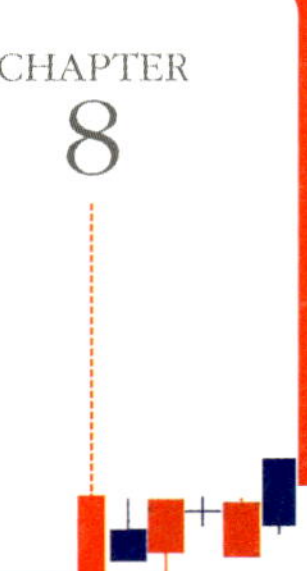

이평선의 위치에 따라 정배열과 역배열로 나눌 수 있다. 정배열에서 이평선은 지지선 역할을 하고, 반대로 역배열에서 이평선은 저항선 역할을 한다. 정배열 종목에 투자하느냐, 역배열 종목에 투자하느냐에 따라 투자자의 중장기 수익률이 크게 달라지므로 투자에 참고하면 유익하다.

이평선의 위치에 따라 정배열과 역배열로 나눌 수 있다. 정배열에서 이평선은 지지선 역할을 하고, 반대로 역배열에서 이평선은 저항선 역할을 한다. 정배열 종목에 투자하느냐, 역배열 종목에 투자하느냐에 따라 투자자의 중장기 수익률이 크게 달라지므로 투자에 참고하면 유익하다.

정배열

정배열은 5일선이 가장 위에 있고 순차적으로 20일, 60일, 120일선이 위치한 상태를 말한다. 정배열 국면에서 주가는 단기 이평선을 지지하며 상승하지만 단기 이평선이 붕괴되면 중기 이평선이, 중기 이평선이 붕괴되면 장기 이평선이 지지선의 역할을 하며 상승추세를

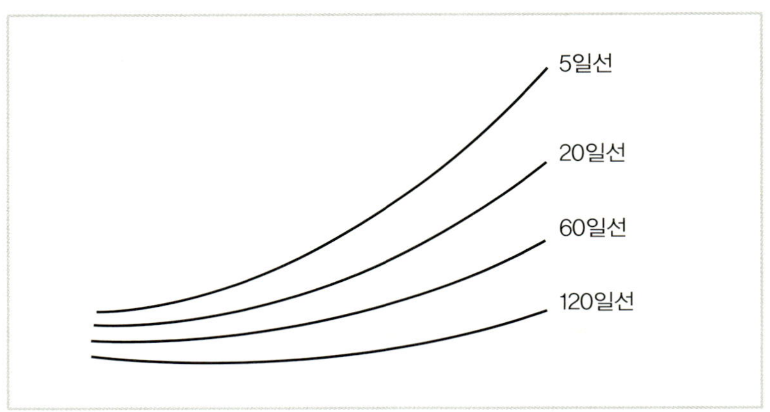

정배열의 경우(아모레G)

이어 나간다.

　정배열된 종목은 대부분 추세가 상승이다. 정배열로 상승하고 있는 아모레G 일봉을 보면 주가가 5일선을 이탈해도 바로 아래 위치한 20일선과 60일선을 지지하며 계속 상승추세를 이어가고 있다. 아모레G는 일봉, 주봉, 월봉이 모두 정배열 상태로 대시세를 분출했다. 글로벌 금융위기 이전의 조선주, 이후의 자동차주가 정배열로 상태로 꾸준히 상승했다. 특히 월봉까지 정배열 상태인 기아차는 오랜 기간 추세적으로 상승했음을 차트를 통해 알 수 있다.

정배열 종목의 매도 타이밍은?

너무 단기적인 이평선에 차익을 실현하기보다는 중장기 이평선을 믿고 가는 게 좋다. 20일선을 트레이딩선으로 잡았다면 주가가 20일선을 붕괴시키지 않는 한 지속적으로 보유한다. 20일선을 이탈하면 매도로 대응하고, 다시 20일선을 올라타면 매수로 대응한다. 이처럼 정배열 종목은 단기 이평선을 기준으로 매도하기보다는 중장기 이평선을 믿고 길게 보유하는 것이 좋다. 만일 60일선을 기준으로 거래하는 투자자라면 주가가 60일선을 붕괴시키지 않는 한 지속적으로 보유해야 한다. 그리고 어느 순간 주가가 60일선을 이탈하면 매도로 대응하고, 다시 주가가 60일선을 뚫고 올라가면 매수로 대응하면 된다.

역배열

역배열은 정배열과 반대로 120일선이 가장 위에 있고 순차적으로 60

일, 20일, 5일선이 위치한 상태를 말한다. 역배열 상태에서는 모든 이동평균선들이 저항선 역할을 한다. 따라서 주가 상승을 기대하기 어렵다. 역배열 종목은 반등만 나와도 본전에라도 팔고 싶은 투자자들의 매물이 출회되므로 추세를 전환시킬 강력한 상승 모멘텀이 없는 한 상승추세로의 전환이 쉽지 않다.

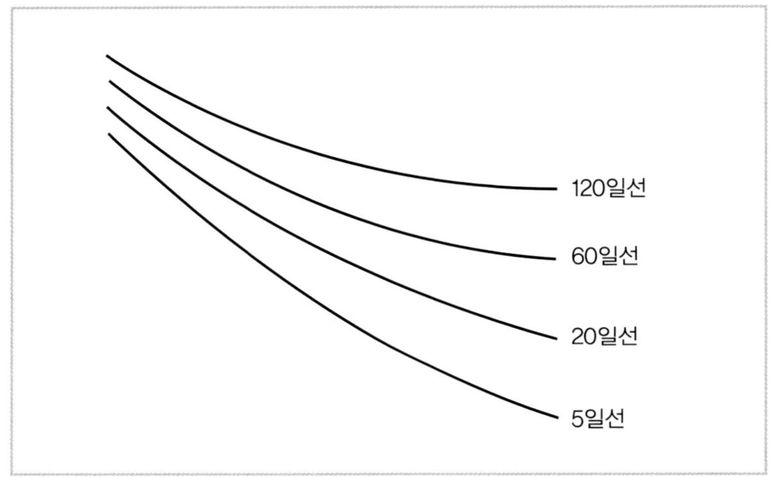

〈차트 24〉는 역배열 상태인 D사 일봉차트이다. 캔들이 대부분 이평선 아래에 놓여 있고 설령 주가가 이평선 위로 올라가더라도 금방 다시 아래로 내려가고 있다. 역배열 종목은 위에서 누르는 힘이 강해 섣불리 매수했다가는 큰 낭패를 보기 쉽다. 따라서 역배열 종목에 미련을 갖기보다는 정배열 종목으로 거래하는 것이 더 현명하다.

 역배열의 경우(D사)

정배열과 역배열 종목의 투자

역배열 종목의 짧은 상승기간에 투자하기보다는 정배열 종목에 오랜 기간 투자하는 것이 좋다. 그러나 개인투자자 중에는 역배열 종목을 오래 보유하고, 정작 정배열 종목은 조금만 올라도 이익을 실현하는 경우가 많다.

패턴

주가는 비슷한 흐름이 반복되어 나타나는 경우가 많은데 이를 패턴 또는 모형이라 부른다. 과거의 비슷한 패턴이 계속 지속되므로 패턴을 숙지하면 주가의 미래를 예측하고 대응할 수 있다. 패턴에는 추세가 반전되는 반전형 패턴과 추세가 지속되는 지속형 패턴이 있다.

패턴이란?

주가는 비슷한 흐름이 반복되어 나타나는 경우가 많은데 이를 패턴 또는 모형이라 부른다. 과거의 비슷한 패턴이 계속 지속되므로 패턴을 숙지하면 주가의 미래를 예측하고 대응할 수 있다. 패턴에는 추세가 반전되는 반전형 패턴과 추세가 지속되는 지속형 패턴이 있다.

- **반전형 패턴** : 헤드앤숄더형, 역헤드앤숄더형, 쌍봉형, 쌍바닥형, 원형천정형, 원형바닥형, V천정형, V바닥형
- **지속형 패턴** : 삼각형, 깃발형, 패넌트형, 쐐기형, 직사각형

패턴은 짧게는 1~2개월, 길게는 6개월 이상에 걸쳐 완성되므로 단기매매보다는 중장기 매매에 활용하는 게 바람직하다. 또한 패턴을

분석하기 위해서는 주가의 흐름을 관찰하는 습관이 필요하다. 패턴이 완성되기 전 미리 예측해 매매를 한다면 오히려 낭패를 볼 수도 있기 때문이다. 반면 패턴은 과거 오랜 기간 동안 반복되어 나타난 특성 때문에 잘 익혀두면 수익을 극대화하고 손실을 최소화하는 데 도움이 된다.

투자에 유익한 매매패턴

쌍바닥(이중바닥)형(하락→상승전환)

쌍바닥형은 주가가 하락해 1차로 반등에 성공한 뒤 다시 하락해 전저점 부근에서 지지가 되어 2개의 바닥을 형성하는 것이다. 바닥권에서 나타나는 패턴으로 쌍바닥을 형성하면 주가는 상승하는 경우가 많다. W자형 패턴이라고도 하며 왼쪽 저점보다 오른쪽 저점이 높아진 쌍바닥은 신뢰도가 더 높다.

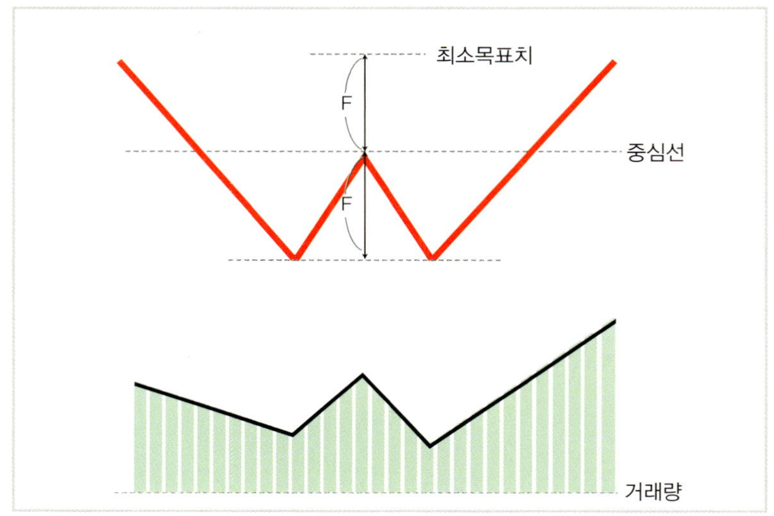

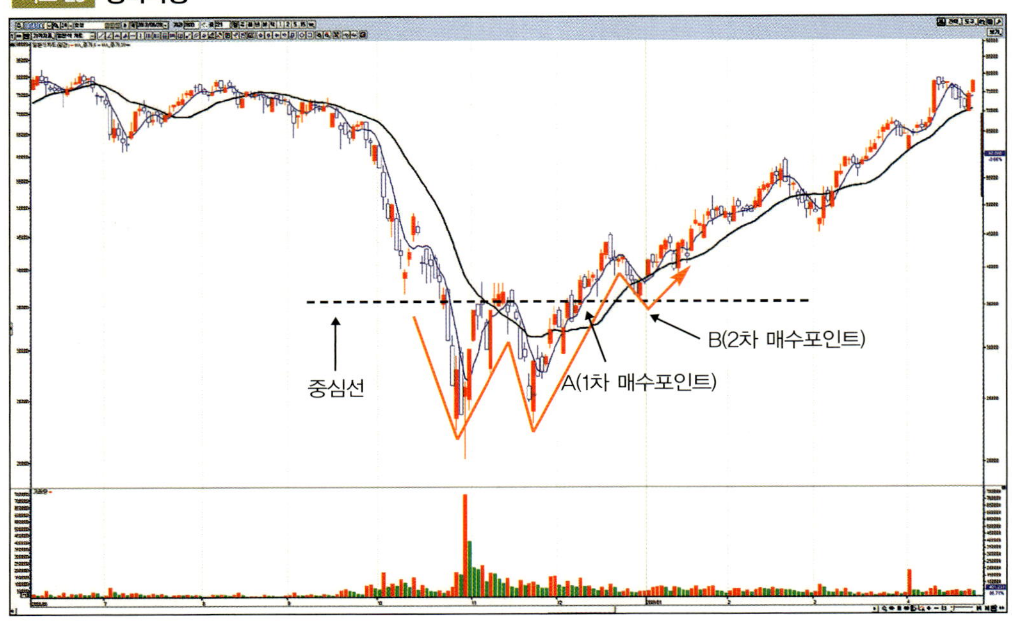

원형바닥형(하락→상승전환)

원형바닥형은 오랜 시간에 걸쳐 완성되며 중심선을 돌파한 시점부터는 강력하게 상승하는 특징이 있다.

원형바닥형은 주가가 반원을 그리며 바닥권을 벗어나 서서히 상승세로 전환하려는 패턴으로 판독하기가 쉽고 성공할 확률이 높다. 중심선을 상향 돌파 시에는 거래량이 급증하는 것이 특징이다.

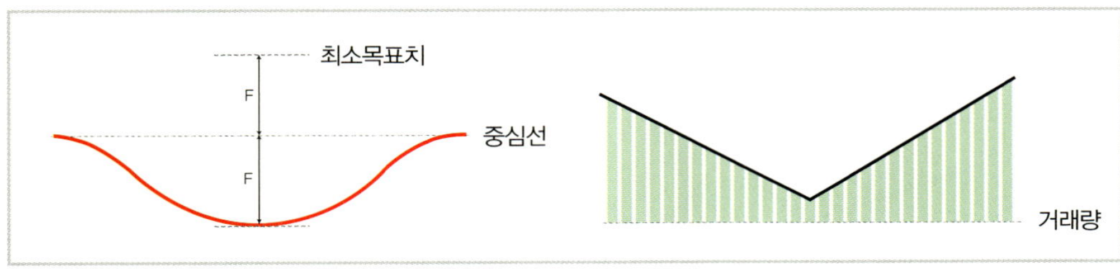

삼각형(상승지속 혹은 하락지속)

삼각형은 주가가 반복적인 등락을 하다가 그 등락폭이 줄어들어 삼각형 모양을 만드는 패턴으로 향후 추가 상승과 하락 중에서 한가지로 방향성이 정해지는 패턴이다.

삼각형에는 상승삼각형, 하락삼각형, 대칭삼각형이 있으며 주가가 힘의 응집을 보이는 삼각형의 꼭짓점에서는 상승 또는 하락으로 방향이 정해진다. 고점을 이은 선은 저항선 역할을, 저점을 이은 선은 지지선 역할을 한다.

삼각형의 오른쪽 꼭지점 부근은 향후 주가 방향의 중요한 변곡점이며 삼각형의 하단 지지선을 붕괴시킬 경우 강력한 하락으로 반전될 가능성이 높다. 반대로 상단 저항선을 뚫을 경우 강력한 추가 상승이 가능해진다. 따라서 조급하게 미리 매매하기보다는 방향이 정해진 후 매매에 참여하는 게 좋다.

① 대칭 삼각형

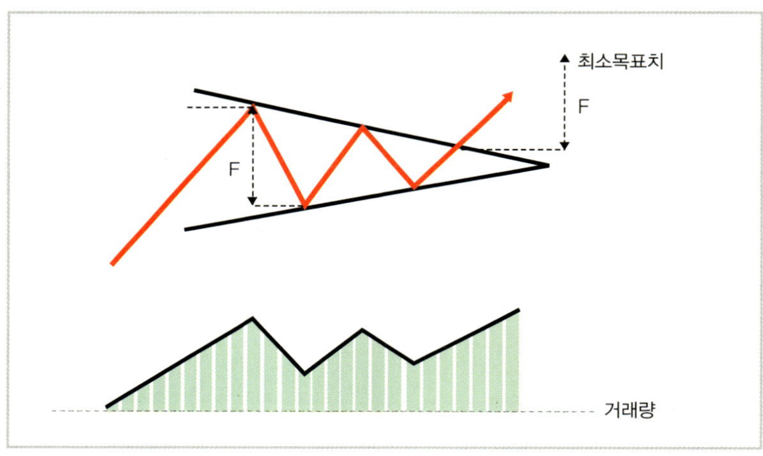

차트 27 대칭 삼각형

② 상승 삼각형

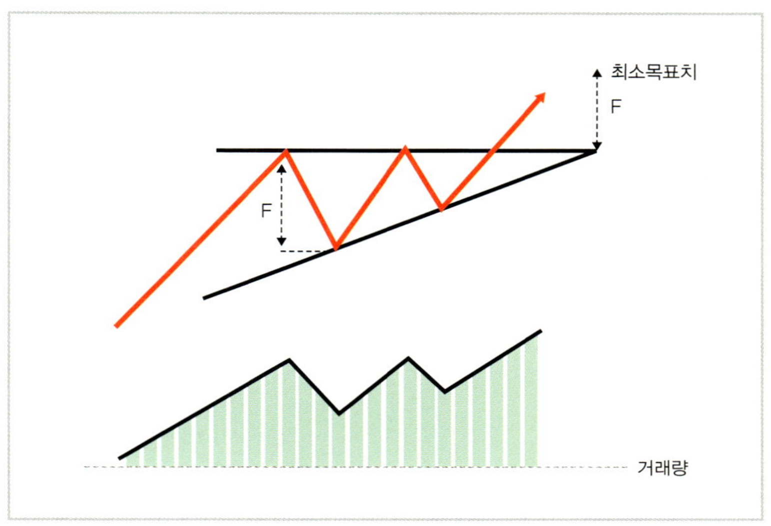

 상승 삼각형

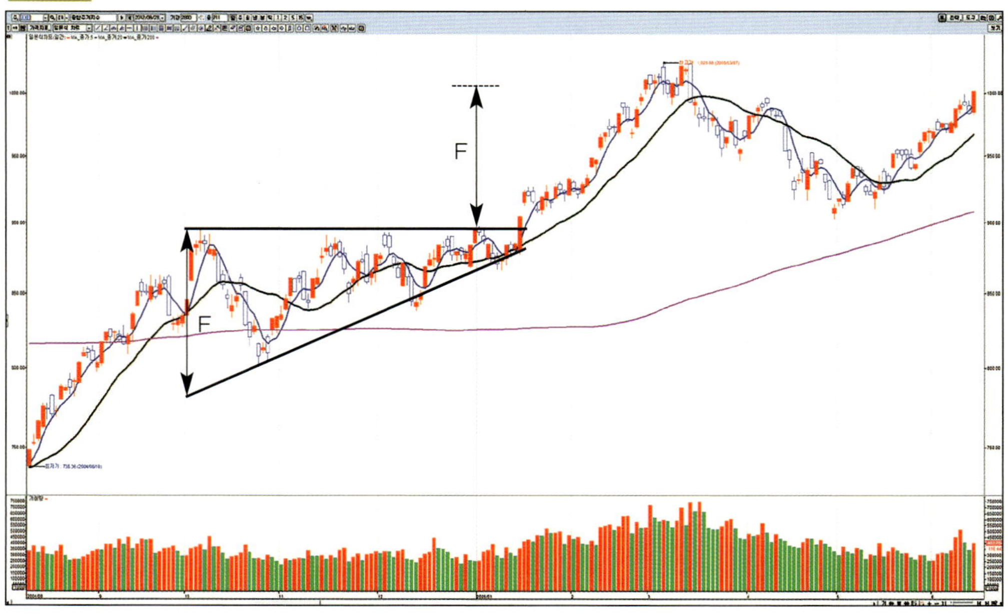

③ 하락 삼각형

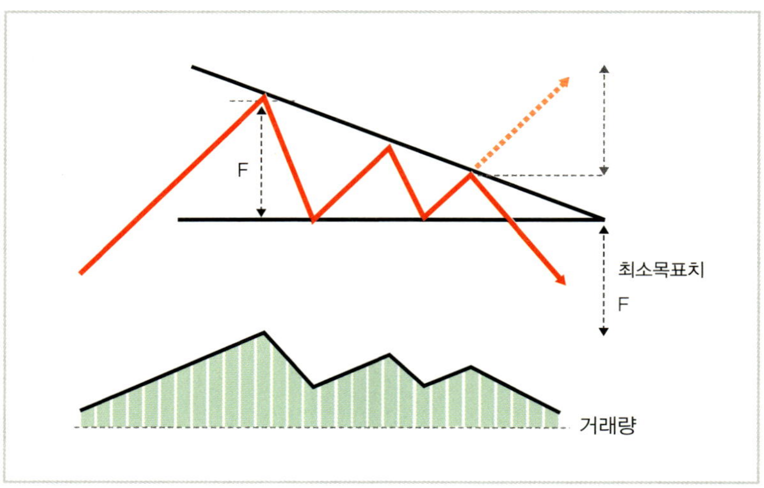

차트 29 **하락 삼각형**

④ 상승 쐐기형

쐐기는 '단단히 고정하다' '못을 박다' 의 뜻을 지니고 있다. 쐐기의
방향은 기존 추세와 반대방향으로 형성된다. 그리고 쐐기형의 형성
기간은 비교적 장기에 걸쳐 형성되며 보통 수주일에서 수개월에 걸
쳐 형성된다. 상승 쐐기형은 위아래 추세선이 모두 상승 기울기를 보
이며 아래 추세선의 기울기가 위 추세선의 기울기보다 가파르다. 상
승 쐐기형이 출현하면 주가 하락을 예고하는데, 하락추세의 연장을
암시하거나 때로는 상승추세의 마지막 국면에서 발생한다.

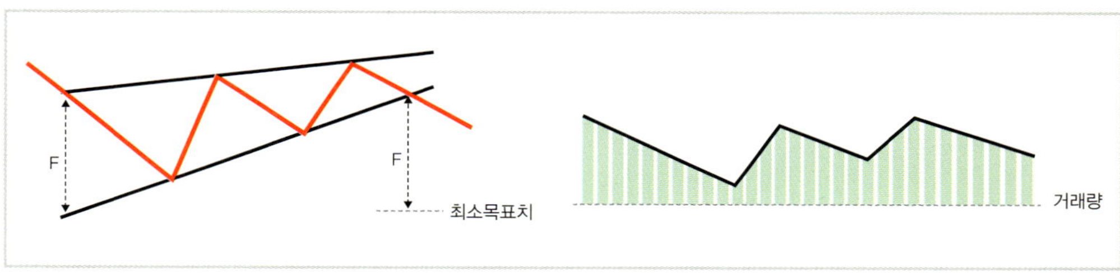

차트 30 상승 쐐기형

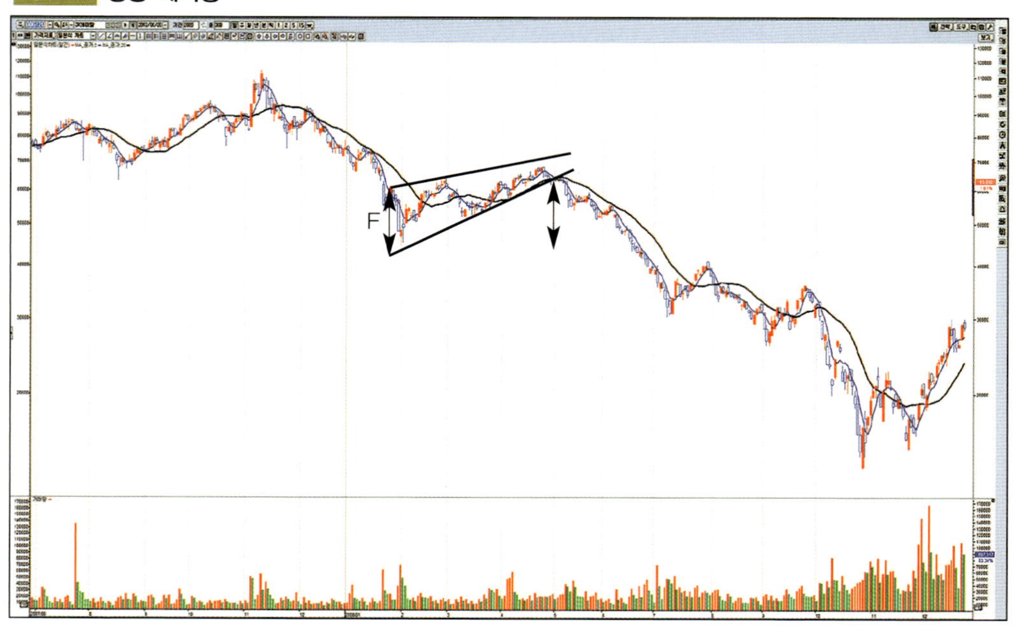

⑤ 하락 쐐기형

하락 쐐기형은 위아래 추세선이 모두 하락 기울기를 보이며 위 추세
선의 기울이가 아래 추세선의 기울기보다 가파르다. 하락 쐐기형이
출연하면 주가상승을 예고하는데, 상승추세의 연장을 암시하거나 때
로는 하락추세의 마지막 국면에서 발생한다.

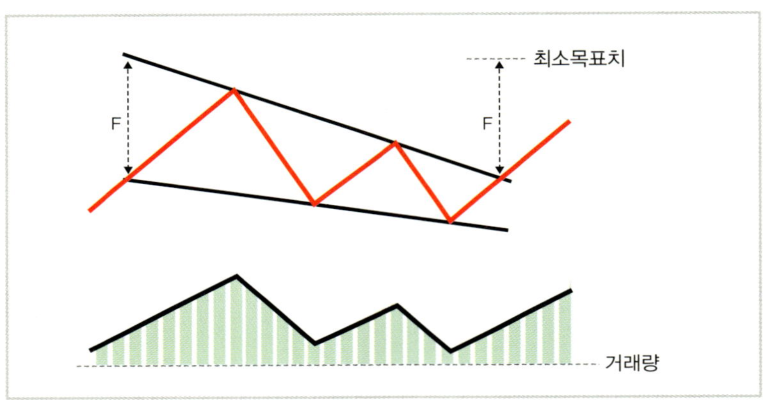

차트 31 하락 쐐기형

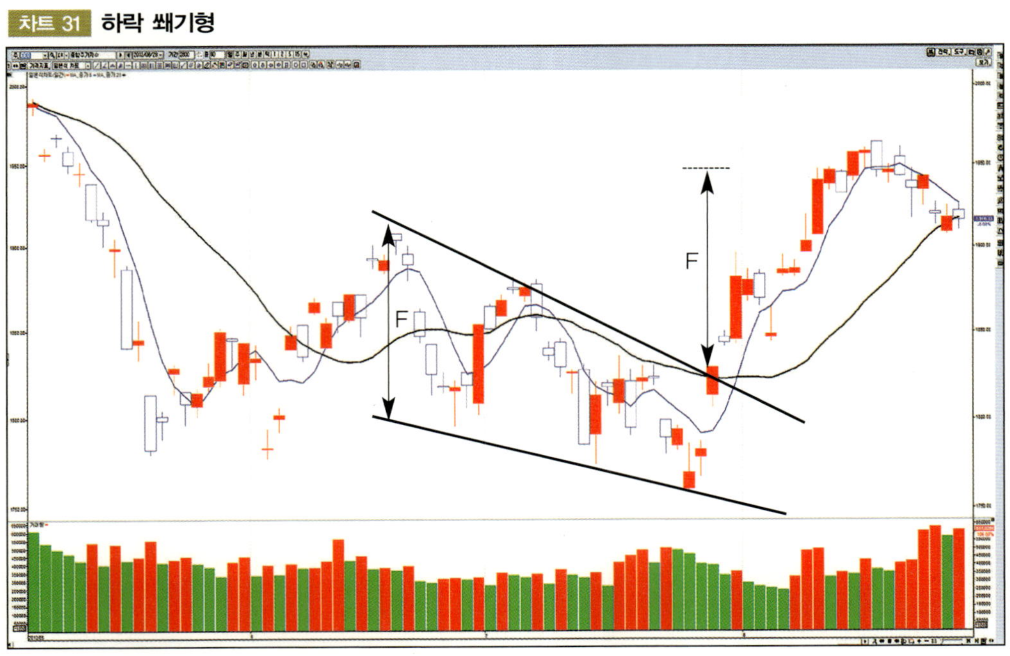

쌍봉(이중천정)형(상승→ 하락전환)

쌍바닥과 반대의 경우로 주가의 천정권에서 나타나는 패턴이다. 쌍
봉형은 상승추세에 있던 주가가 더 이상 상승하지 못하고 전고점 부
근 가격대에서 저항을 받으며 차트 모양이 2개의 고점을 형성한다.
M자형 패턴이라고도 한다. 쌍봉을 형성하고 나면 주가는 하락하는
경우가 많다. 주가의 하락반전을 암시하는 패턴으로 급등한 종목이
라면 쌍봉이 나오는지 유심히 관찰해야 한다.

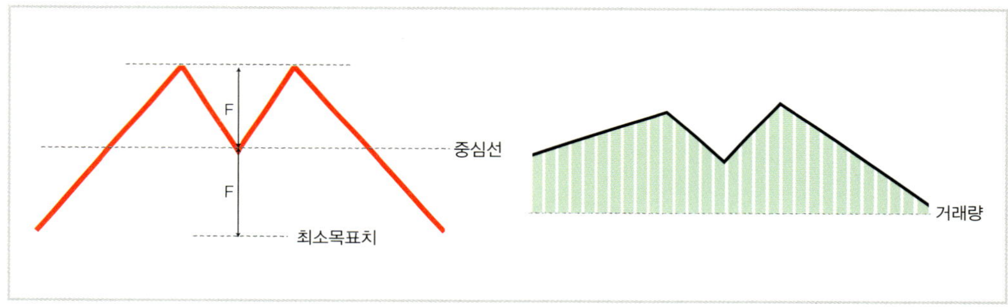

차트 18 **쌍봉형**

헤드앤숄더형(상승 → 하락 전환)

머리와 양어깨를 의미한다고 해서 헤드앤숄더형(Head & Shoulder)이
라 부른다. 헤드앤숄더형은 3개의 고점이 형성되며 가운데 고점이 가
장 높다. 헤드앤숄더형은 반전형 패턴으로 이 패턴이 고점에서 출현
하면 상승추세에서 하락추세로 전환된다.

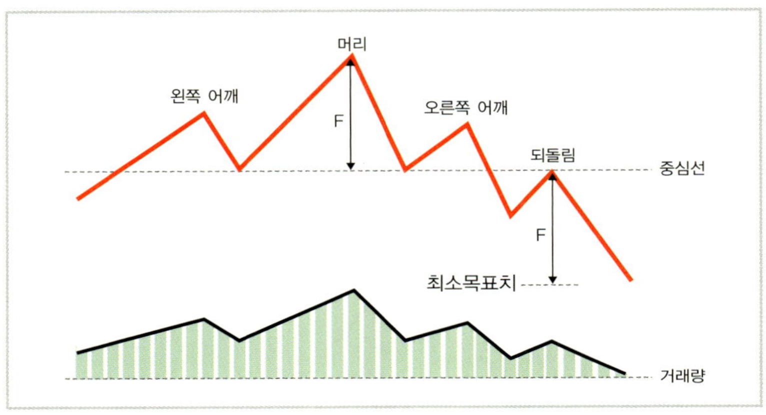

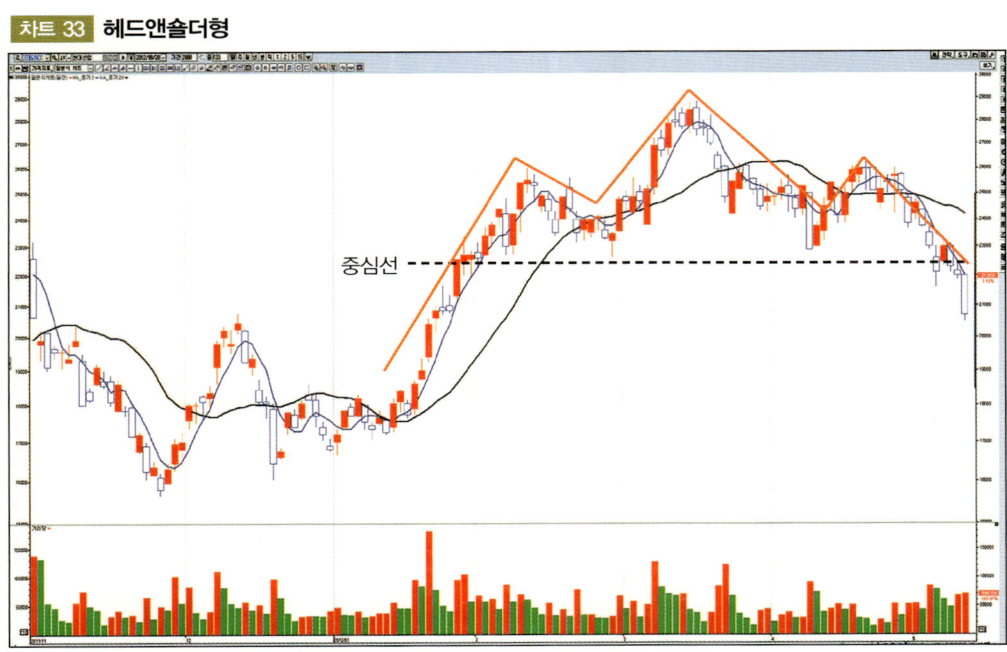

차트 33 헤드앤숄더형

역헤드앤숄더형(하락 → 상승 전환)

역헤드앤숄더는 헤드앤숄더와 정반대로 머리 부분이 가장 저점을 형성한다. 역헤드앤숄더형이 출현하면 하락추세에서 상승추세로 전환될 가능성이 높기 때문에 1차 지점에서 매수하지 못했다면 2차, 3차 지점에서 매수해야 한다. 그리고 헤드앤숄더와는 달리 패턴이 완성되어 갈수록 점차 거래량이 증가한다.

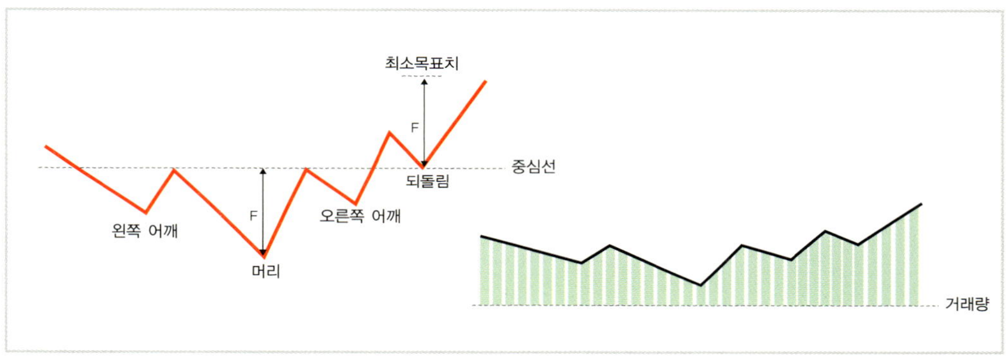

차트 34 역헤드앤숄더형

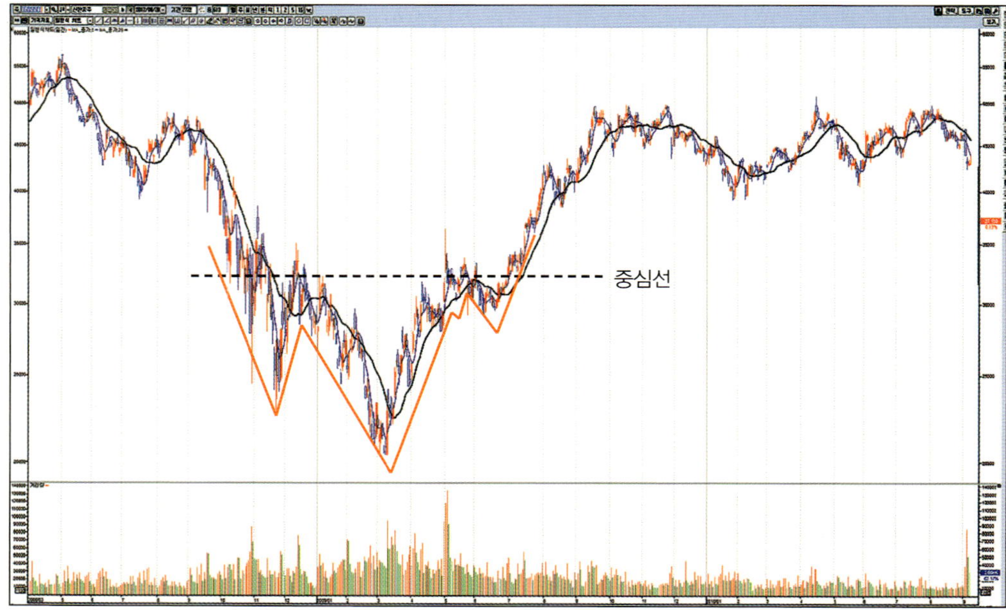

V자형(급락 → 빠른 회복)

V자형 패턴은 급반전 패턴이다. 급락 이후 다시 급등하여 가격의 복원력이 강하게 나타난다.

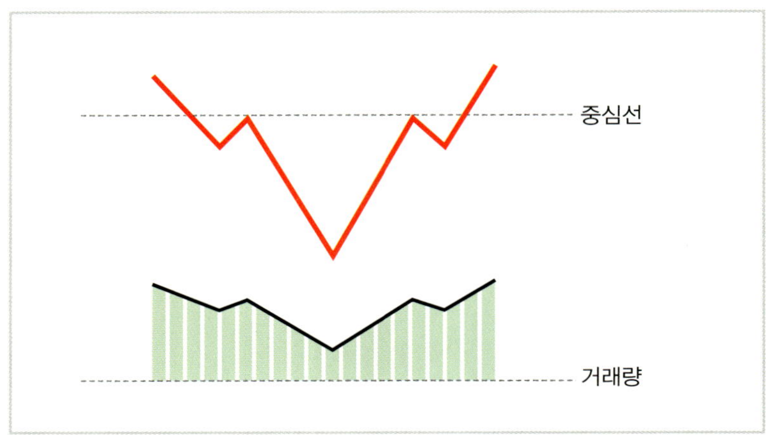

차트 35 V자형

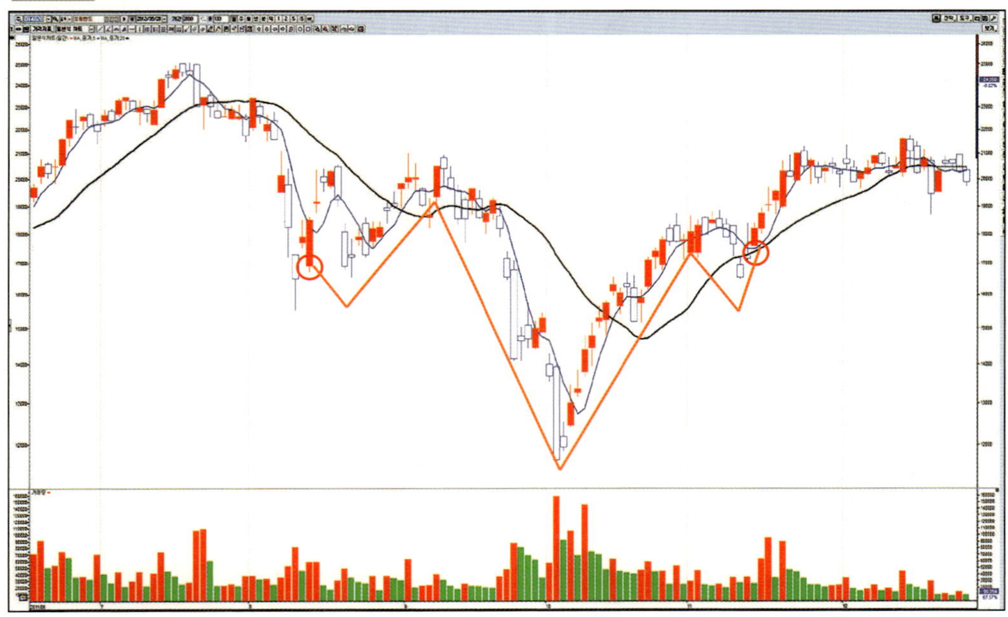

깃발형&패넌트형(상승 중 일시적인 하락)

깃발형과 패넌트형은 주가가 급상승할 때 발생하는 패턴이다. 급상승하는 중 일부 세력들이 차익물량을 다른 세력에게 넘기는 단계로 모양이 깃발과 패넌트와 비슷하다고 하여 붙여진 이름이다. 이 두 가지 패턴이 완성되기 위해서는 패턴이 성립되기 이전에 강한 상승세를 보여야 한다. 이 패턴들은 단기간에 형성되며 상승추세의 잠시 쉬어가는 국면에서 자주 발생한다.

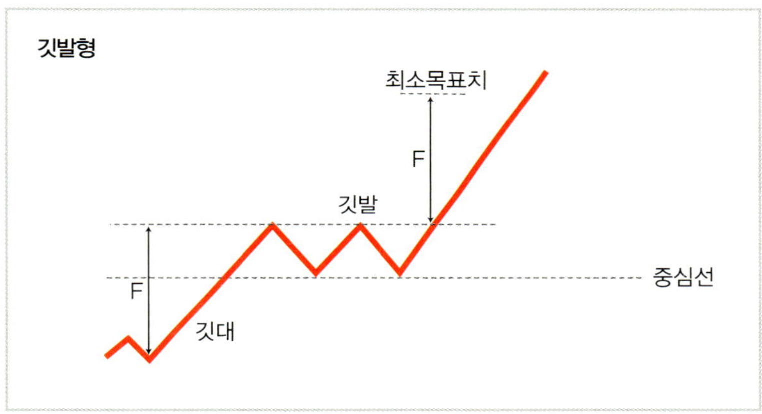

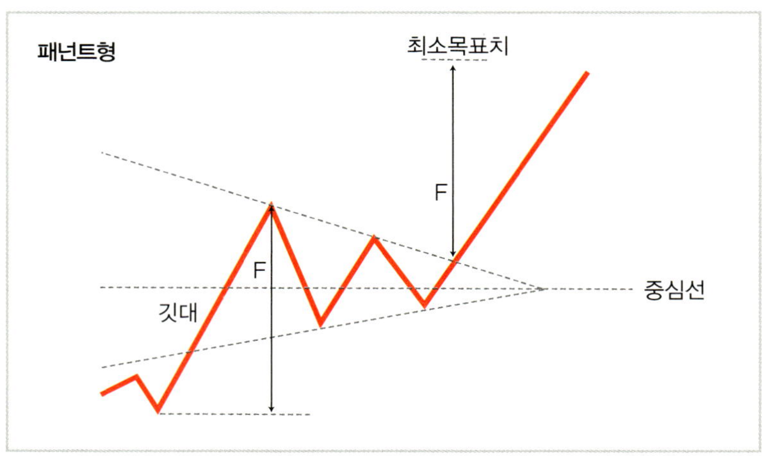

 깃발형

 패넌트형

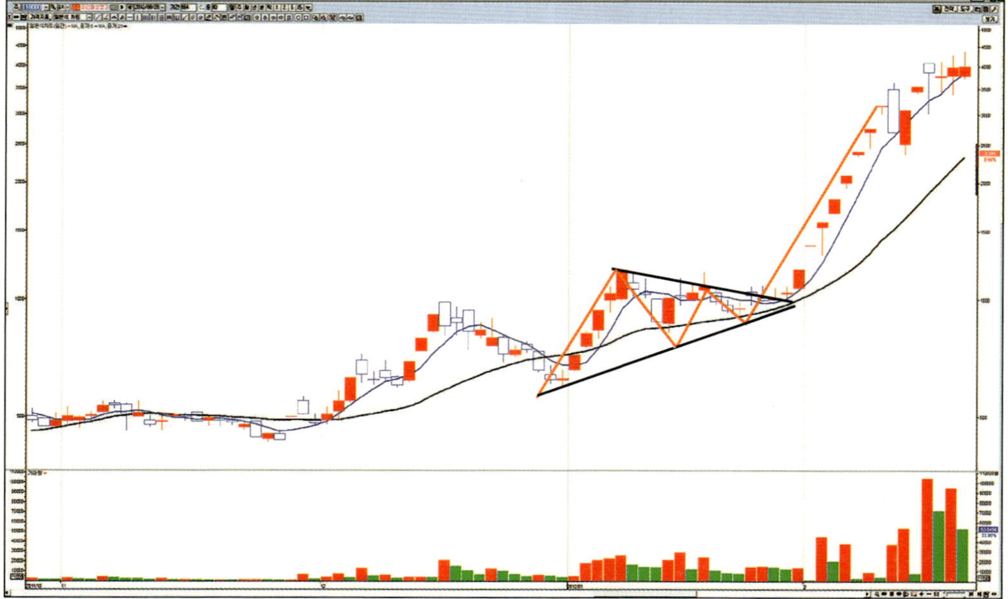

박스형(직사각형)

박스형이란 주가가 일정한 가격대 안에서 상승과 하락을 반복하며 횡보하는 패턴을 말한다. 위쪽은 저항선, 아래쪽은 지지선의 역할을 하며 매수 세력과 매도 세력의 힘이 비슷할 때 나타난다.

박스권에 대응하는 방법은 2가지가 있다. 먼저 박스권 하단에서 매수해 상단에서 매도한다.

두 번째는 박스권에서 횡보하던 주가가 박스권 상단의 저항선를 뚫고 상승할 때 매수로 대응하는 방법이다(1차 매수 포인트). 이때 거래량이 실린다면 추후 상승 가능성도 높아진다. 박스권 돌파 시 매수하지 못했다면 주가가 박스권 상단을 다시 지지 테스트하러 내려올 때 매수할 수 있다(2차 매수 포인트). 그러나 박스권에서 횡보하던 주가가 박스 하단을 깨고 내려갈 때는 매도해야 한다.

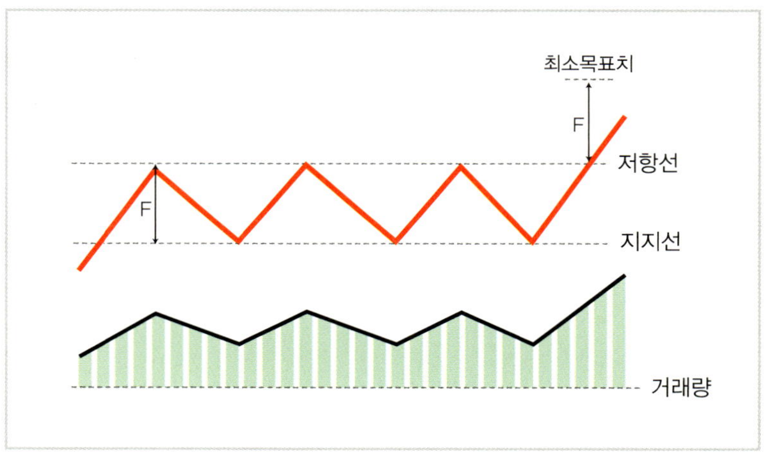

★ 바닥권 탈피형 패턴에 비해 주가의 고점에서 나타나는 천정형 패턴
   은 짧은 기간에 완성되는 특징이 있다.

★ 고점에서 큰 음봉이 발생하며 대량의 거래량이 수반될 때는 매도해
   야 된다.

보조지표

보조지표란 단어의 의미 그대로 보조로 활용하는 지표이다. 기본적 분석과 기술적 분석(캔들, 거래량, 이평선)이 주요 지표에 해당한다면, 보조지표는 그 외의 기술적 분석을 도와주는 도구들로 스토캐스틱, MACD, RSI, OBV 등이 있다.

보조지표란?

보조지표란 단어의 의미 그대로 보조로 활용하는 지표이다. 기본적 분석과 기술적 분석(캔들, 거래량, 이평선)이 주요 지표에 해당한다면, 보조지표는 그 외의 기술적 분석을 도와주는 도구들로 스토캐스틱, MACD, RSI, OBV 등이 있다. 보조지표를 참조하면 주요 지표만으로는 알 수 없는 다양한 신호를 포착할 수 있으므로 활용법을 잘 익혀두면 투자에 많은 도움이 된다.

스토캐스틱 Stochastic Oscillator(Fast, Slow)

스토캐스틱은 현재의 주가가 일정기간 동안 어느 수준에 위치하는지를 보여주는 지표이다. 스토캐스틱에는 Fast와 Slow 2개가 있으나 Fast는 변화가 너무 심하여 투자에 참고하기 어려우므로 Slow만을 참고하여 투자에 활용하는 게 좋다.

> 80 이상 : 과매수권 ➡ 80% 하향 돌파 시 매도
> 20 이하 : 과매도권 ➡ 20% 상향 돌파 시 매수

스토캐스틱이 20 이하로 내려가면 침체권 상태로 주가 상승이 임박했음을 예상할 수 있다. 반면 80 이상일 때는 과열 상태로 주가 하락이 임박했음을 예상할 수 있다.

차트 39 **스토캐스틱 이용 차트**

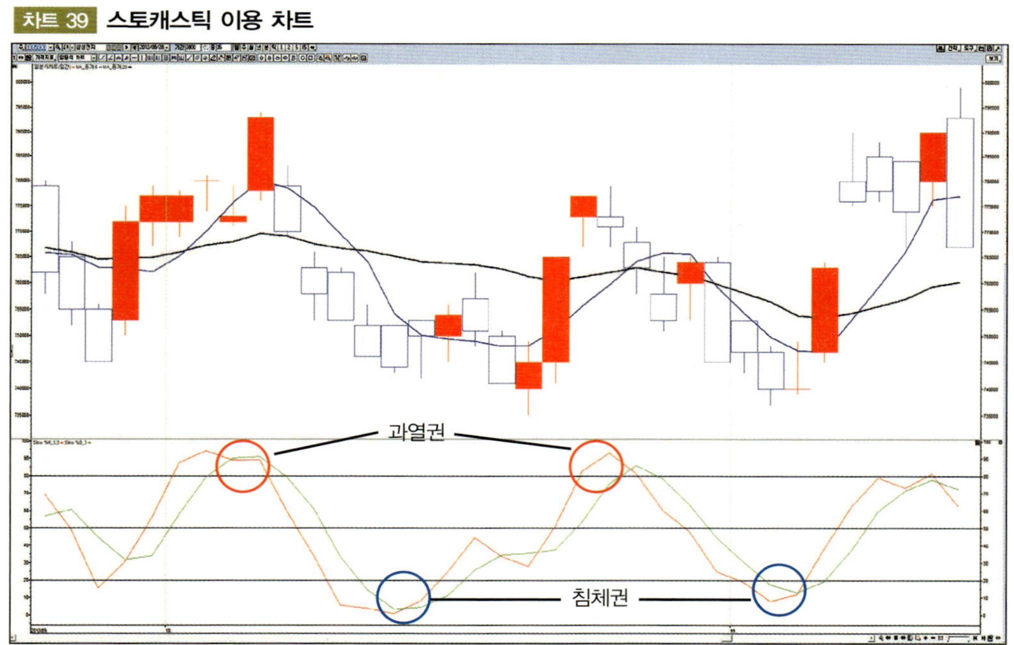

스토캐스틱 활용법

> %K가 %D를 상향 돌파 ➡ 매수
> %K가 %D를 하향 돌파 ➡ 매도

스토캐스틱은 주가에 너무 민감하게 반응하기 때문에 중장기 투자 보다는 단기투자에 활용하는 게 더 효율적이다. 스토캐스틱은 이동 평균선과 함께 활용하면 매매시점을 잡기가 훨씬 수월하다.

MACD

MACD는 단기 이동평균값에서 장기 이동평균값을 뺀 차이로 두 이동평균 사이의 관계를 보여주는 지표이다. 추세를 나타내주는 대표적인 보조지표로 주가의 변곡점을 찾아내는 데 활용한다. MACD는 개별종목보다는 지수나 대형주에서 신뢰도가 높다.

기준선(0선) 근처에서 발생하는 매수, 매도 신호는 신뢰도가 떨어진다.

> MACD선이 시그널 선 위로 돌파 ➡ 매수
> MACD선이 시그널 선 아래 돌파 ➡ 매도

MACD의 매커니즘

MACD는 두 개의 선이 움직이면서 매수신호와 매도신호를 발생시킨
다. 단, MACD는 중기 보조지표이므로 신호가 늦게 발생한다는 단점
이 있는데 이 단점을 보완하기 위해 두 선의 차이를 막대그래프로 나
타낸 MACD 오실레이터를 활용한다.

MACD선과 시그널선의 간격이 좁아지면 MACD 오실레이터가 짧
아지는데 이 때가 매매시점이다. 이는 단기와 장기 이동평균선의 이
격이 확대되면 다시 줄어드는 원리를 이용한 것이다.

기준선(0선)에서 멀어진 지점에서 신호가 발생할수록 신뢰도가 높
아진다. 급등한 지점에서 발생하는 매도신호, 급락한 지점에서 발생
하는 매수신호일수록 신뢰도가 높다.

MACD의 장점

개인투자자들은 일반적으로 과열권에서 매수하고, 침체권에서 매도한다. 즉 급등한 지점에서 매수하고, 급락한 지점에서 매도하는 우를 범한다는 것이다. MACD를 활용할 경우 신호에 따르기만 하면 되기 때문에 일반적인 개인투자자들과 반대로 투자할 수 있다. 역발상 투자를 가능하게 한다.

MACD는 추세를 나타내는 대표적인 보조지표로 상승추세가 확연한 종목에서 신호가 잘 들어맞는다. 저평가된 우량주를 선정해 상승추세로 전환된 시점에서 매수해 중장기 투자를 한다면 좋은 결과를 낼 수 있다.

RSI

RSI는 일정기간 주가의 상승폭과 하락폭을 비교해 수치로 보여주는 보조지표이다. RSI 값이 0%에 가깝다는 것은 하락강도가 상대적으로 강하다는 것이고 100%에 가깝다는 것은 상승강도가 상대적으로 강하다는 것을 나타낸다.

> 70 이상 : 과매수권 (과열국면) ➡ 매도
> 30 이하 : 과매도권 (침체국면) ➡ 매수

OBV

OBV는 거래량이 주가에 선행하는 원리를 이용한 보조지표로 뚜렷한 등락이 없는 주가의 방향을 예측하는 데 유용하다.

> OBV＝상승한 날 거래량 누계 － 하락한 날 거래량 누계
> (단, 가격변동이 없는 날은 제외)

주가가 하락하더라도 OBV선이 상향하고 있으면 주가상승을 예상할 수 있다. 반대로 주가가 상승하더라도 OBV선이 하락하고 있으면

주가 하락을 예상할 수 있다.

차트 42 **OBV선 이용 차트**

매수와 매도 타이밍

보통 천정에서는 매스컴에서 창사 이래 최대실적이라고 대서특필이 나오고, 바닥에서는 기업에 대한 안 좋은 기사가 연일 쏟아져 나온다. 바로 이러한 정보들 때문에 일반투자자들은 수익보다는 손실을 본다.

천정에 사지 않고 바닥에 팔지 않는다

일반 투자자들은 바닥이 오면 공포가 극에 달해 조금만 흔들어도 팔게 된다. 악재가 나와도 주가가 안 빠지면 매수 시점이고 좋은 정보가 나와도 주가가 올라가지 않으면 매도 시점이다.

보통 천정에서는 매스컴에서 창사 이래 최대실적이라고 대서특필이 나오고, 바닥에서는 기업에 대한 안 좋은 기사가 연일 쏟아져 나온다. 바로 이러한 정보들 때문에 일반투자자들은 수익보다는 손실을 본다.

나는 항상 다음처럼 강조해 왔다.

"세력의 개입을 확인하고 무릎에서 사서 꼭대기를 확인하고 8부 능선에서 파세요."

매수 원칙 – 언제 사야하나?

① 저평가된 종목을 발굴하여 정배열 상태에서 5일선과 20일선에서

　횡보 시 매수한다.

차트 43　진양제약 일봉

② 점상한가(바람구멍)로 급등한 후 가격과 기간 조정이 이어지며 거래량이 감소할 때 매수한다.

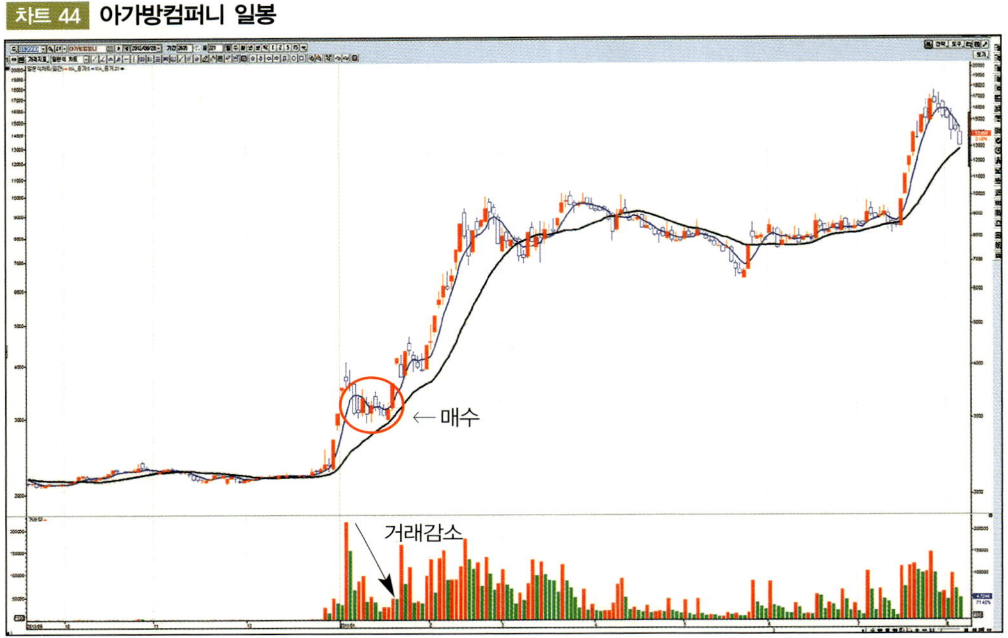

비관론이 극에 달할 때가 매수 시점이다

존 템플턴의 투자 원칙을 살펴보면, "비관론이 팽배할 때 투자하라. 강세장은 비관론 속에서 싹이 트고 회의론 속에서 자라나 낙관론과 함께 성숙하며 행복감이 최고조에 달했을 때 사라진다. 비관론이 최고조에 달했을 때가 바로 주식 매수의 적기이며 반대로 낙관론이 최고조에 이르렀을 때가 주식 매도의 적기이다."

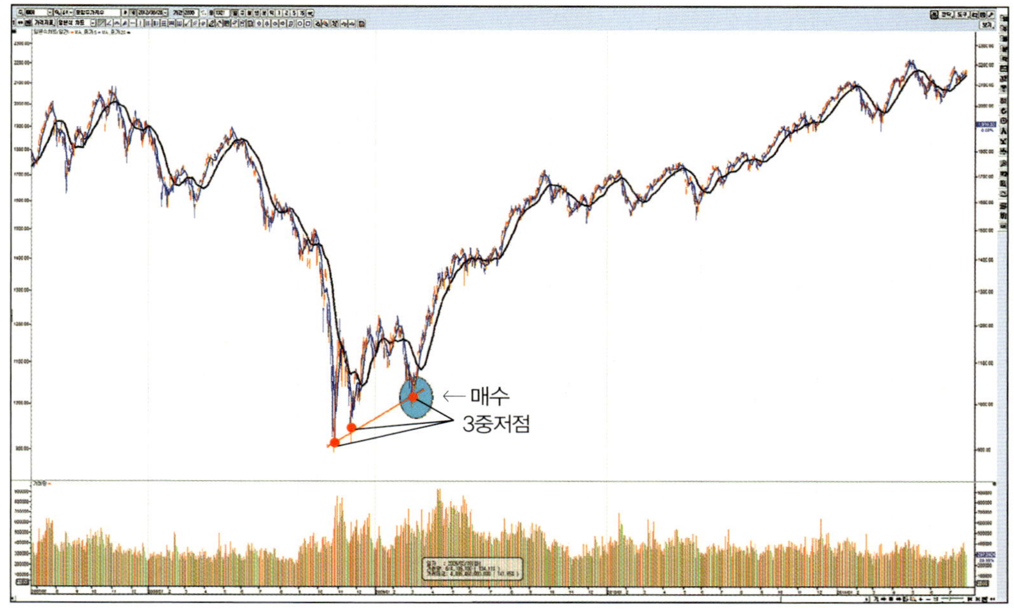

분할매수, 맘에 쏙 들더라도 한 번에 다 사지 않는다

'3·3·4 매수 원칙'

돌다리도 두드려보고 건너라는 옛말이 있듯이 주식투자는 신중을 기해야 한다. 실패를 피하기 위해서는 한 번에 매수하지 말고 분할로 매수해야 한다.

그래서 나온 것이 '3·3·4원칙' 이다. 간단하게 설명하자면 다음과 같다.

'1차로 30% 매수, 그 다음 주가 추이를 보면서 생각한대로 이루어

지면 2차로 30% 매수, 마지막으로 확실하면 3차로 40% 매수한다.'

이렇게 분할매수를 하면 심리가 안정되어 수익을 거둘 수 있다.

매도의 원칙

① 주가가 급등해 이동평균선이 정배열 상태로 간격이 일정하게 벌어
질 때 매도한다.

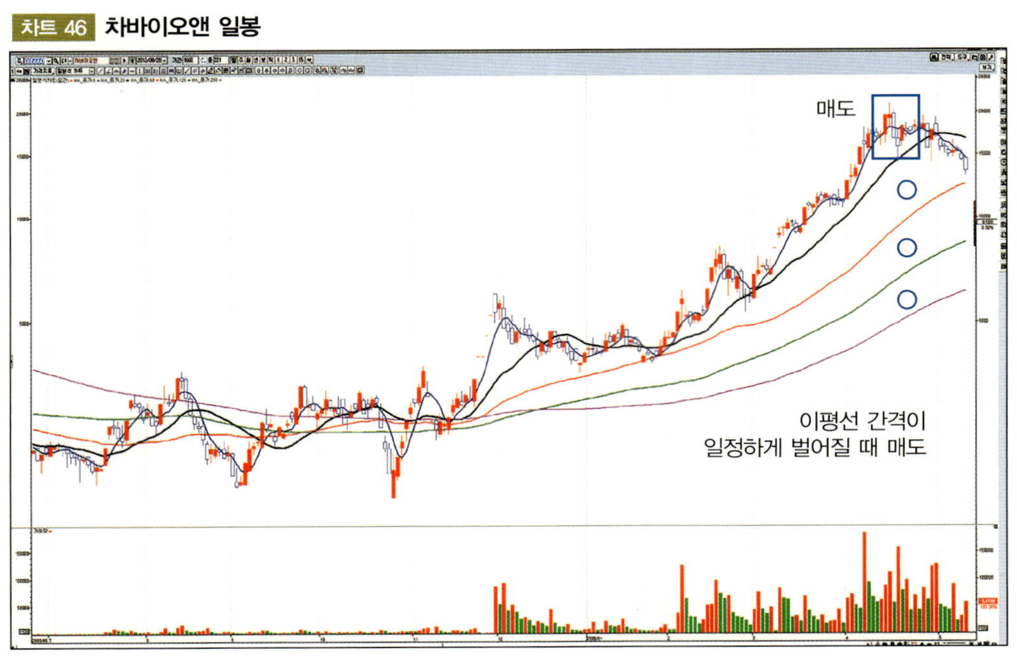

② 연속상한가를 가던 종목이 상한가를 못가면 일단 매도한다.

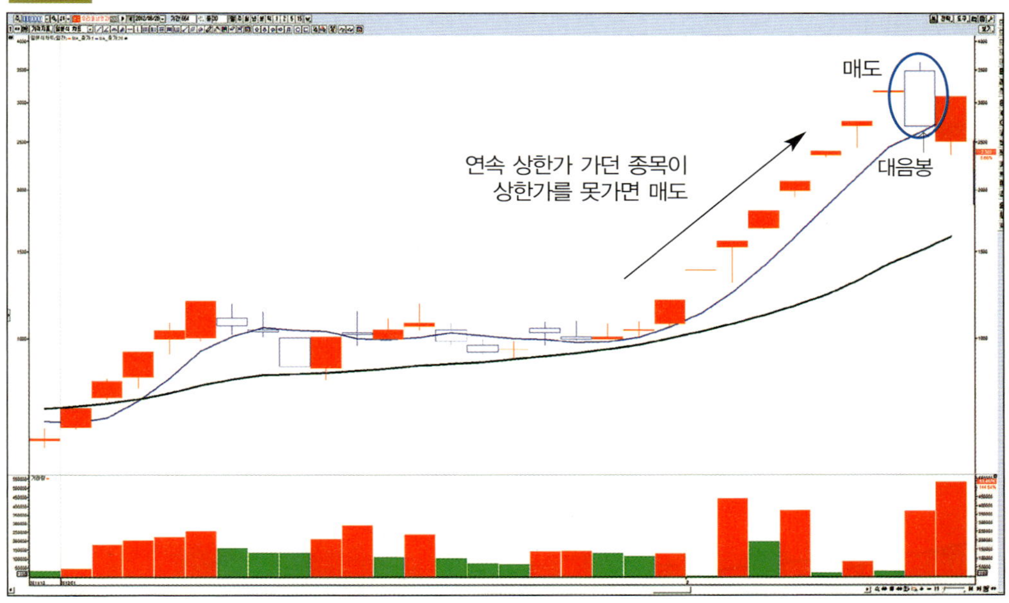

③ 창사 이래 최대실적, 기타 호재성 재료가 나오는데도 불구하고 주

　가가 더 이상 오르지 못하면 매도한다.

④ 주가가 고점에서 장대음봉이 출현하며 대량의 거래량이 분출될 때
매도한다.

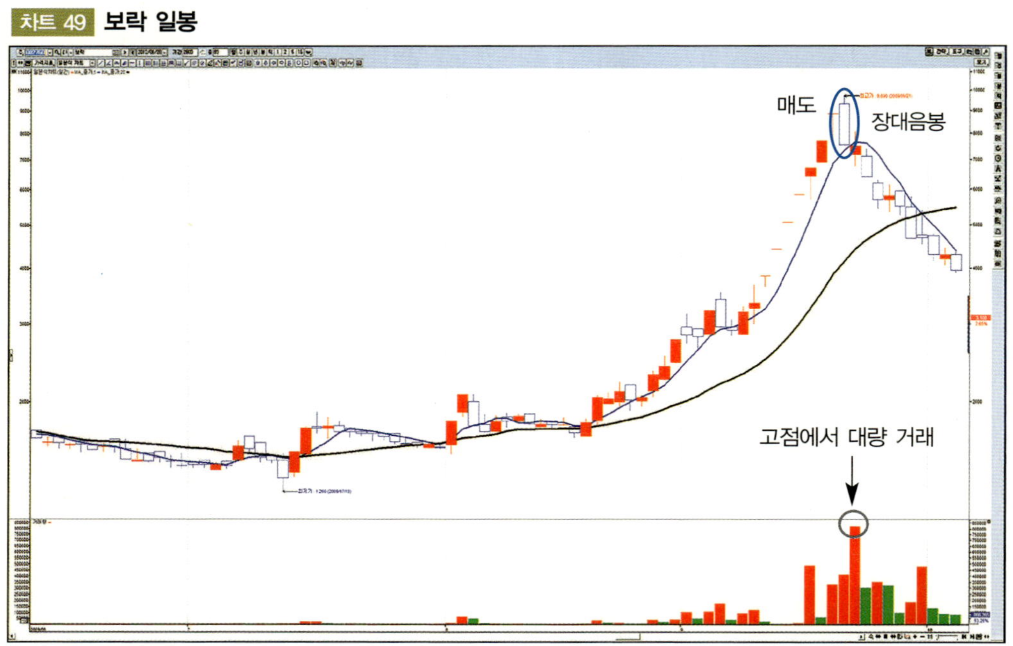

최고로 낙관적일 때가 가장 좋은 매도 시점이다

나는 실전매매에서 리딩을 하면서 보유종목인 알앤엘바이오를 2009
년 3월 3,500원에 매수 추천을 했고, 4월에 1만원대에 매도 사인을 내
서 대부분의 회원들은 매도했다. 하지만 한 회원은 주변에서 정보를
접하고 계속 상승이 가능할 것 같다며 보유를 주장하다가 매도 시점을
놓쳤다. 그는 그때 팔지 못한 것을 후회하고 있다. 매도 시점 당시 줄
기세포화장품 개발확대와 세계시장 진출을 위한 법인 설립 공시가 나

오면서 좋은 뉴스가 나왔었다. 단언하건대 주식은 사는 것도 중요하지만 파는 것이 더욱 중요하다. 불안해서 너무 일찍 팔아버리는 경우가 있고, 욕심 때문에 너무 끝까지 이익을 고집하다가 매도 시점을 놓치기도 한다. 따라서 "상황이 매우 비관적일 때가 매수 시점이고, 장밋빛 전망에 모든 것이 낙관적일 때가 매도 시점이다." 이 격언은 꼭 기억하라. 그리고 소녀처럼 왔다가, 토끼처럼 달아나는 기회를 잡아라.

SUMMARY

매수, 매도 타이밍

1. **천정에 사지 않고 바닥에 팔지 않는다**
   세력의 개입을 확인하고 무릎에서 사서 꼭대기를 확인하고 8부 능선에서 팔아야한다.

2. **[매수 원칙]**
   ① 저평가된 종목을 발굴하여 이동평균선 정배열 상태에서 5일선, 20일선 위에 주가가 위치해 있을 때 매수한다.
   ② 점상한가(바람구멍)로 급등한 후 가격과 기간조정이 이루어지며 거래량이 감소될 때 매수한다.

3. **비관론이 극에 달할 때가 매수 시점이다**
   우량주는 악재, 폭락이 나올 때 매수해야 한다.

4. **분할매수, 맘에 쏙 들더라도 한번에 다 사지 않는다**
   1차로 30% 매수, 그 다음 주가 추이를 보면서 생각한대로 이루어지면 2차로 30% 매수, 마지막으로 확실하면 3차로 40% 매수한다.

5. **[매도 원칙]**
   ① 이동평균선이 정배열 상태로 간격이 일정하게 벌어질 때 매도한다.
   ② 연속상한가를 가던 종목이 상한가를 못가면 일단 매도한다.
   ③ 창사 이래 최대실적, 기타 호재성 재료가 나오는데도 불구하고 주가가 더 이상 오르지 못하면 매도한다.
   ④ 주가가 고점에서 장대음봉이 출현하며 대량의 거래량이 분출될 때 매도한다.

6. **최고로 낙관적일 때가 가장 좋은 매도 시점이다**
   상황이 매우 비관적일 때가 매수 시점이고, 장밋빛 전망에 모든 것이 낙관적일 때가 매도 시점이다.

주식의 역사

주식의 탄생

17세기 유럽 국가들은 동인도 지역에서 향신료나 금을 운반하는 무역로 개척에 몰두했다. 특히 섬나라 영국은 육로를 개척하는 데 어려움이 많았고 그래서 영국을 비롯한 서유럽에 위치한 나라들은 바다를 이용한 운반에 착안하게 된다. 이른바 대항해 시대라고 말하며 이러한 과정에서 유럽 여러 나라에 동인도회사가 세워지게 된다. 동인도회사의 독점 무역권은 각 국가에게 막대한 이익을 주었지만, 한편으로 해상로를 이용한 운반에는 날씨와 해적의 약탈 등 많은 제약이 따랐다. 그러다 보니 사람들이 항로를 개척하고, 운반에 드는 비용을 선뜻 투자하는 것을 꺼려했다. 배가 침몰하거나 약탈이라도 당한다면 투자한 액수에 따라 하루아침에 파산도 가능하기 때문이었다. 돈이 모이지 않는다고 해서 동인도회사 입장에서 막대한 이익을 내는 이 사업에서 손을 떼기는 더욱 어려웠다.

동인도회사는 결국 오늘날 주식의 기원이 된 '증권'을 발행해 많은 사람들로부터 자금을 모으기 시작했다. '위험을 나눠진다'는 해법. 여기에 투자한 사람들은 해상 독점무역로에 대한 이윤을 받았는데, 배당금의 형태를 띠었다. 이것이 오늘날 증권시장의 유래이다.

동인도회사는 자본 유치가 수월해졌고, 투자자들은 회사가 무역로 개발에 실패할 시에는 자신이 투자한 금액만큼만 손실이 나기 때문에 위험 부담도 그만큼 적었다. 이처럼 증권발행의 본래 목적은 배당금에 있었다.

그러다가 시세라는 게 생기게 되었다. 출항했던 배가 풍랑을 만나 침몰했다는 소문이 퍼지기 시작하면 증권을 들고 있던 사람들이 앞다퉈 낮은 가격에라도 증권을 팔고 싶어 했고, 그 배의 증권은 폭락하였다. 반대로 이미 동인도의 무역로를 개설했고, 본국으로 무사히 돌아오고 있다는 소문이 퍼지면 너나없이 이 배의 증권을 사려고 하는 바람에 시세가 폭등을 했다. 동서양의 해상무역이 날로 번창하자 1602년 네덜란드의 암스테르담에 세계 최초의 증권거래소가 설립되었다.

미국증시의 역사

주식의 기원은 유럽이었으나 현재 세계 주식시장을 쥐락펴락 하는 곳은 월스트리트를 중심으로 한 미국이라 할 수 있다. 18세기 중반 지금의 월스트리트가 위치하고 있는 맨하탄 쪽에는 유럽에서 들어오는 수입품을 하역하는 선착장이 있었다. 이곳에서는 물품 대신 송장을 근거로 거래가 이뤄졌다. 은으로 만든 막대를 사용해 거래를 했는데 이것이 곧 뉴욕 증시의 시작이다. 이 전통에 따라 아직도 뉴욕 증시는 주가를 소수점이 아닌 1/8 단위로 표기하고 있다. 유럽과 마찬가지로 미국 역시 다른 곳과의 무역에서 주식의 첫발이 내디뎌진 셈이다.

1789년 미국 정부는 막대한 남북전쟁 비용을 조달하고자 최초로 정부 채권을 발행했고 뒤이어 은행과 보험사들이 거래에 참여하기 시작했다. 미국 증시는 투기를 등에 업고 고공비행을 지속하였으나 1929년 대공황을 만나면서 주가폭락이 발생하였다. 이때 미국은 증권감독원을 설치하여 주식시장의 안정을 기하였다. 현재 세계 증시의 중추 역할을 하는 뉴욕증권거래소(NYSE)는 1792년에 설립되어 약 200년 이상의 역사를 이어오고 있다.

중국증시의 역사

중국의 주식 역사는 그리 길지 않다. 일본의 경우 1878년에 동경증권거래소가 설립되었고, 한국은 1956년에 현대적 의미의 증권거래소가 설립되었다. 그러나 중국의 경우에는 이보다 한참 늦은 1990년에 중국 본토인 상해와 심천에 증권거래소가 설립되어 채 30년이 되지 않는 역사를 갖고 있다.

중국정부가 주식시장을 탄생시킨 배경은, 사회주의 개혁에 드는 비용을 국가예산보다는 우량한 국영기업을 공개하여 주식시장을 통해 흘러들어오는 자금을 사용하려는 목적에서였다. 처음 상해와 심천에서 거래되던 주식은 오직 중국 자국민만이 거래할 수 있는 A주뿐이었다. 외국인이 거래할 수 있는 주식인 B주는 1992년부터였다.

중국증시의 역사는 비록 짧지만 그렇기 때문에 오히려 미국이나 유럽, 한국, 일본에 비해 훨씬 큰 성장 잠재력을 갖고 있다고 볼 수 있다. 다 자란 청년기가 아니라, 이제 막 쑥쑥 크는 유소년기이기 때문이다.

중국은 1978년 개혁과 개방노선을 채택한 뒤 매년 10%를 오르내리는 급성장을 이어오고 있다. GDP 기준 중국은 2000년에 이미 1조 달러를 넘어서며 세계 제 7위의 경제대국의 반열에 올랐으며, 2005년에는 세계 6위에 올랐다. 최근에는 중국을 미국과 더불어 G2라 부를 만큼 중국경제가 세계경제에서 차지하는 비중은 절대적이다.

중국의 주식시장은 본토와 홍콩으로 나뉜다. 본토의 경우 상해와 심천에 각각 주식시장이 개설되어 있고, 중국 본토기업들이 홍콩시장에도 상장되어 있다. 본토의 경우 내국인만 거래가 허용되는 A주식 시장과 외국인 전용인 B주식 시장이 상해와 심천에 각각 개설되어 있다. 홍콩의 경우 홍콩항생, 홍콩H주로 나뉜다. H주식은 대부분 우량주들로 구성돼 투명성이 상대적으로 높은 데다 에너지·소재·산업재 등의 업종이 차지하는 비중이 70%를 넘어 중국 경제의 성장 동력을 가장 잘 반영하고 있다. 이에 따라 외국인들은 대부분 이 H주식에 투자하고 있다. 항생은 중국 정부와 국영 기업이 최대 주주로 참여해 홍콩에 설립된 기업들의 주식을 말한다.

차트 50 **중국상해 월봉**

2009년 10월에는 심천에 중소기업거래소, 일명 차스닥(Chasdaq)이 개장되면서 미국의 나스닥, 한국의 코스닥처럼 중소기업과 벤처기업에 자금을 조달하는 시장이 열렸다.

중국의 주식시장은 상장기업 수만 해도 2천 개가 넘고 시가총액도 수천조 원에 이른다. 시장규모로는 한국과 대만을 이미 넘어섰으며, 아시아에서는 일본에 이어 2위의 규모를 자랑한다. 중국 본토와 홍콩증시를 포함하면 중국의 주식시장 규모는 언제라도 미국을 앞설 기세이다.

한국증시의 역사

증시 역사의 최초 사건들

우리나라 증권시장의 모태는 뼈아픈 역사를 담고 있다. 1896년 설립된 인천 미두취인소는 우리나라 최초의 조직적인 시장으로 평가받고 있다. 1876년 강화도 조약 이후 일본은 쌀 부족 문제를 해결하기 위해 인천항을 조선의 쌀 수출기지로 만들 목적으로 미두장을 설립했다. 말이 쌀 수출기지지 사실상 일본이 우리 자본을 수탈하는 본거지였다. 우리나라 연평균 쌀 수확량의 절반이 이곳을 통해 일본으로 반출되었다.

일본은 이곳을 한국인의 돈을 합법적으로 빼앗는 투기장으로도 활용했는데, 당시 선물로 거래된 미두장에서 거래금액의 10%를 보증금으로 미두중개점에 예치하고 이를 담보로 쌀을 사고 팔았다. 결제일에 쌀값이 오르면 이익을 보고 내리면 손해를 보는 방식이었다. 결제일 전이라도 사고팔 권리는 있었다. 이때 시세 차익을 이용해 큰 돈을 벌 수도 있었다. 문제는 보증금만 있으면 많은 양의 쌀을 확보했다가 적당한 시기에 팔아 한몫 챙길 수 있다는 인식이 퍼지며 점차 투기장으로 변질됐다는 데 있다. 소문이 전국으로 퍼지자 각 지방의 부호들이 이곳으로 몰려들어 투기를 일삼았다. 일본인이 퍼뜨린 그럴싸한 헛소문도 한몫했다. 하지만 투기에 눈이 멀어 미두장에 들어왔던 많은 한국인들이 패가망신하는 사례가 속출했다. 이때 "논밭은 동양척식주식회사에 다 빼앗기고, 얼빠진 부자들의 낟곡과 돈 뭉치는 미두 바람에 몽땅 날린다"는 말이 유행했을 정도이다.

우리나라 최초의 주식회사는 한성은행(1897년 설립, 조흥은행의 전신)과 천일은행(1899년 설립, 우리은행의 전신)이며, 우리나라가 국채를 최초로 발행한 해는 1905년으로 200만원의 국채를 발행했다. 그러나 이들 증권은 거래되지 않았고, 최초의 거래가 이뤄진 것은 일본인이 본국에서 가져온 유가증권을 우리나라에서 현금화 하는 과정에서 일본인들 사이에 증권거래가 일어났다. 그리고 당시 대륙침략의 준비에 몰두하던 일본은 우리나라의 가내공업이나 수공업을 기계공업으로 전환하면서 주식회사 형태의 기업이 생기기 시작했다. 주식회사가 증가하면서 주식중개인과 도매상이 생기고 자연스럽게 증권시장이 형성되었다. 이후 경성주식현물거래소 등이 설립되었다.

명동에 현대적 의미의 증권거래소 최초 설립

현대적인 의미의 증권거래소가 한국에 최초로 설립된 시기는 1956년이었다. 하지만 한국전쟁 이후라는 시대적인 상황 때문에 상장회사도 투자자도 거의 없어 거래는 미미했다. 이때 거래된 주식은 상업은행, 조흥은행, 저축은행, 흥업은행, 대한해운공사, 대한조선공사, 조선운수, 경성전기, 남선전기, 경성방직, 대한증권거래소, 한국연합증권금융 등 12개 기업이었다.

한국증시의 본격적인 시동

한국증시의 본격적인 발전은 1960년대 말부터 이뤄졌다. 1968년 '자본시장

육성에 관한 특별법'과 1972년 '기업공개 촉진법'이 재정되면서 기업의 상장이 점차 증가했다. 최초 12개뿐이던 상장기업은 1968년 34개, 1974년 104개로 증가했다.

1960년대 200억원에 미치지 못하던 거래대금은 1970년대 들어 연간 1조원을 돌파했다. 오늘날 하루 거래대금도 되지 않는 금액이었으나 그 발전은 대단히 비약적인 것이었다. 1978년에는 '건설주 파동'이 일어 증권사 지점장들이 자살하고 실직자들이 양산되는 등 사회문제가 되기도 하였다.

대폭등과 대폭락

1980년대는 민주화와 더불어 세계화, 시스템 전산화 등으로 한국증시는 급성장을 거듭했다. 경제발전으로 인해 일반인들이 투자에 눈을 뜬 것도 증시 성장의 원동력으로 작용했다. 1985년을 분기점으로 한국은 유가, 금리, 달러가치 하락이라는 '3저 현상'에 힘입어 활황기를 맞이했다. 1985년 163포인트였던 종합주가지수는 1989년 3월 1,000포인트를 돌파하기에 이르렀다. 이 기간 동안 소위 트로이카라고 하여 '건설, 증권, 무역' 3개 업종이 증시를 주도했다. 증권주는 70배가 넘는 상승을 보이기도 했다.

그러나 1989년 하반기부터는 주가 대폭락이 일어나 1990년 9월에는 566포인트로 거의 반토막이 됐다. 주식투자자들은 주식이 계속 오를 것이라는 군중심리에 휩싸여 묻지마 투자를 감행했다. 결국 당시 신용으로 주식을 샀던 투자자들은 주식을 팔아도 증권사에서 빌린 돈을 갚지 못하는 '깡통계좌'를 경험해야 했다.

외국인 주식투자 허용과 PER, PBR 혁명

1992년 1월부터 종목당 10% 이내에 한해 외국인에 대한 한국증시 참여가

가능해졌다. 외국인들은 이전까지 인기종목이었던 대형주 대신 시장에서 버림받고 있던 PER이 낮은 종목들을 사들였다. 국내 투자자들은 외국인의 이런 투자행태를 이해하지 못했다. 당시 외국인의 장바구니를 채웠던 종목들은 한국이동통신(현 SK텔레콤), 대한제당, 태광산업, 대한화섬 등이었고 이후 한국증시의 황제주로 군림하기 시작했다. 이를 계기로 저PER주에 대한 인식이 생기면서 업종 및 종목의 차별화가 나타나기 시작했다.

1993년부터는 일명 자산주라 부르는 저PBR 종목이 급등했다. 당시 자산주 열풍의 선두에 있던 종목은 20일 연속 상한가를 이어가기도 했다. 자산주 열풍이 분 이유는, 부동산 가치의 재평가와 함께 금융실명제로 인해 비실명화된 거액의 자금이 보다 안전한 자산가치 우량종목으로 몰려들었기 때문이다.

자산주 열풍이 끝나자 1994년부터는 우량주 시대가 열렸다. 엔고와 금리인하, 유가하락이라는 신3저 시대와 맞물려 경기호황과 함께 실적장세가 열렸다. 삼성전자, 현대차, 포스코 등 국내를 대표하는 기업들의 주가가 크게 올랐다.

주가 차별화도 이때부터 시작되었다. 예대마진 축소로 이익이 감소한 은행들이 주식에 눈을 돌리면서 우량주에 배팅하였다. 이때를 기관화 장세라고도 한다. 기관들에 의한 우량주 시대가 정점을 찍고 하락세로 돌아서자 화려한 개별종목 시대가 열렸다. 10배 이상 급등은 흔한 현상일 정도였다.

IMF와 회복

하지만 국제화 단계에서 삐끗하게 되어 1997년 IMF 사태가 발생했다. 1995년부터 수출이 부진하기 시작하였고, 1996년에는 사상 최대의 경상수지 적자를 기록했다. 주가도 600포인트대로 떨어지자 정부는 주가부양책을 시행하지만 효과가 없었다. 많은 기업들이 부도 혹은 법정관리에 들어섰고, 무엇보다 돈을 공급하는 은행주들이 액면가 이하로 붕괴되었다. 1997년 다소 호전되던 경제지표는 태국 등 동남아에서 금융위기가 터지고, 급기야 7월 기아차 부도사태가 터지면서 급속히 악화되었다. 10월에는 한국의 국가신용등급이 하향되었고, 환율은 800원대에서 2,000원 근방까지 치솟았다. 이때부터 외국인의 한국탈출이 시작되었다. 각종 악재성 리포트가 쏟아지면서 외국인들은 무차별적으로 주식을 매도했다. 이후 한국증시는 하락을 거듭해 1998년에는 200포인트대까지 떨어졌다.

이와는 별도로 1996년에는 한국증시에 선물과 코스닥시장이 도입되었다. 선물은 IMF 기간 동안 주가 하락을 방어하는 유용한 수단으로 각광을 받기도 했다.

1998년 이후 금리인하와 더불어 주가는 다시 상승하기 시작했다. 환율이 제자리를 찾아가고, 기업의 수출이 늘었으며, 세계경제도 빠른 회복세를 보였다. 미국의 경제호황도 이어졌다. 1998년 하반기에는 증권주들이 수십, 수백 배 폭등을 기록했으며, 건설주의 폭등도 이어졌다. 주가는 1999년 7월 사상 세 번째로 1천포인트를 넘어서면서 IMF를 잊게 만들었다.

IT혁명과 버블 붕괴

1990년 후반부터 미국에서 시작된 IT혁명은 한국에서도 IT 관련 기업의 폭등을 불러왔다. 정부는 IMF 조기졸업을 위해 벤처를 육성했고, IT 기업이 많은 코스닥 시장은 광풍이 불었다. 새롬기술(현 솔본)은 6개월 동안 무려 760배가 상승했을 정도로 IT혁명은 버블을 일으켰다.

하지만 버블은 오래가지 못했다. 미국 나스닥이 역사적인 고점을 찍고 2000년 3월을 정점으로 코스닥 시장도 급락을 경험했다. 꿈 같은 상승에 젖어 있던 개인투자자들은 주가가 다시 오를 것이라는 막연한 환상에 사로잡혀 물타기를 시도했다. 하지만 코스닥은 1년도 지나지 않아 6분의 1 토막이라는 상상 이상의 폭락을 하였고, 이 과정에서 투자자들은 돌이킬 수 없는 손실을 입고 말았다. 거래소도 반토막이 나기는 마찬가지였다.

이러한 대재앙 속에서도 한 떨기 꽃이 피고 있었으니, 바로 신가치주로 불리던 '롯데칠성, 태평양, 신세계' 등 내수우량주였다.

9.11 테러와 내수경기 활황

2001년에는 9.11 테러로 종합주가지수가 하루만에 12.02% 떨어지는 사상 초유의 사태가 발생했다. 하지만 이 또한 전진을 위한 일보 후퇴였다. 이후 탄탄한 내수경기를 바탕으로 주가상승이 시작되어 2002년 4월 943포인트를 찍었다. 이 당시 세계경제는 비록 좋지 않았지만 한국경제는 2002년 월드컵 특수와 신용카드에 의한 소비를 발판으로 내수경기는 호황이었다. 2001년 하반기부터는 부동산도 급등하면서 대출이 급격히 증가하였다. 모두가 개인소비를 자극하는 일련의 사건들이었다.

하지만 빚은 언젠가는 폭탄으로 돌아오기 마련이다. 내수경기는 곧 벽에 부딪혔고, 소비도 급격하게 둔화되었다. 기업실적 악화는 당연한 결과였고, 주가 하락도 당연한 수순이었다.

한국증시 재평가

2002년 4월부터 2003년 3월까지 하락하던 코스피지수는 한국 주식시장에 대한 재평가가 이루어지면서 다시 상승으로 전환하였다. 재평가에 대한 기대로 한국의 대표적 기업인 삼성전자와 현대차, 포스코 등에 대한 경쟁력이 제고되었고, ROE 혁명이 일어나기도 했다. 하지만 이러한 호재도 2004년 4

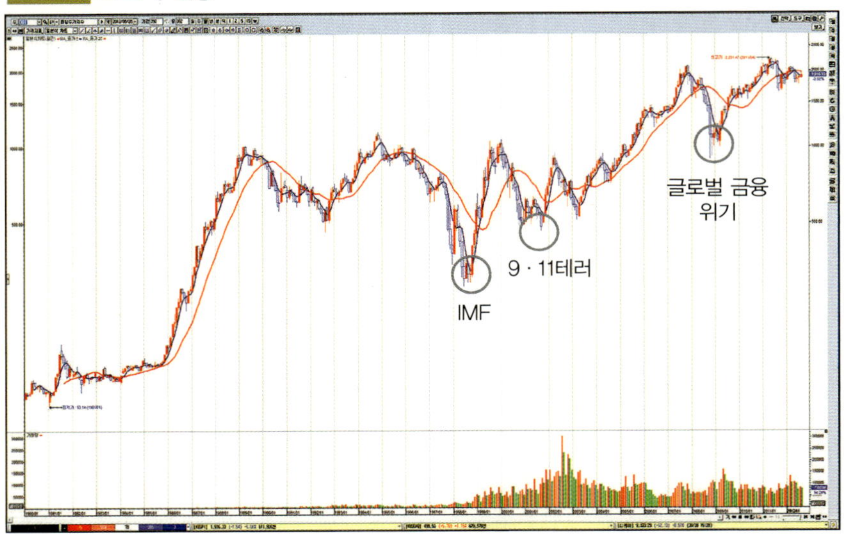

월 단행된 중국의 긴축정책 발언과 대통령 탄핵이라는 악재를 만나며 상승
이 마무리되었다.

펀드 열풍, 역사적인 박스권 돌파

2004년부터 소위 적립식이라 불리는 펀드 열풍이 시작되었다. 2005년 3월
종합주가지수는 1,000포인트를 다시 넘어섰고, 잠시 호흡을 고른 후 재차
상승해 박스권을 완전히 돌파하면서 1,400선에 근접했다. 여기에는 펀드 열
풍과 더불어 기업의 실적개선, 세계증시 상승이 영향을 미쳤다.

　이후 한국증시는 2007년 7월 2,000포인트 돌파라는 신기원을 이루어냈
다. 그해 11월에는 최고점인 2085포인트를 기록했다.

　한국증시에 뜨거운 여름이 지나자 다시 겨울이 왔다. 2008년 말 발생한
글로벌 금융위기로 인해 세계증시는 폭락을 거듭했고, 한국증시도 892포인
트까지 하락하며 지독한 겨울을 견뎌야 했다. 하지만 겨울이 지나자 다시 봄

과 여름이 왔다. 한국증시는 다시 폭등을 시작해 2011년 4월을 기점으로 역사적인 고점인 2,231포인트를 기록했다. 이후 한국증시는 유럽의 재정위기 등의 여파로 숨을 고르며 미래를 향한 힘찬 도약을 준비하고 있다.

한국 증시의 역대 주도주

1975~1978	건설주
1985~1986	대형 우량주
1986~1988	금융, 건설, 무역
1991~1992	저PER 주
1993~1994	블루칩
1999~2000	IT, 벤처
2003~2007	조선, 중공업, 철강, 태양광
2004~2005	바이오
2008~2011	자동차, IT, 화학, 정유

주식의 역사를 통해 우리가 배울 수 있는 점은 무엇일까? 첫째 주식은 본래 활황기와 침체기가 반복되므로 중장기적인 전략으로 맞서야 한다. 둘째 신용거래는 금물이다. 하락과 폭락이 존재하는 주식시장에서 신용거래 또한 그동안의 수고를 한순간에 수포로 돌리는 함정이 되기도 한다. 셋째 주도주에 몸을 맡겨야 한다. 그래야 수익률이 극대화되고, 주가의 침체기에도 피해를 최소화할 수 있다. 넷째 주식시장은 흐름의 연속이며 흐름을 알아야 거시적인 안목으로 투자가 가능해진다. 호황을 알아보는 단서는 금리(유동성)와 기업실적, 경상수지 등이다. 주식 트렌드가 어디를 향해 가고 있는지 파악해야 한다. 돈이 공급되고 있는지 회수되고 있는지도 중요한 사안이다. 이처럼 거시적인 안목을 키우기 위해서는 국내경제뿐만 아니라 세계경제를 이해해야 한다. 이 모든 것을 공부하기 어려운 투자자들은 반드시 전문가의 의견에 귀를 기울여야 한다. 다섯째 대가들의 말과도 일맥상통하는 것으로,

증시에 비관이 팽배할 때 과감히 투자를 시작하고, 투자자들이 온갖 장밋빛 환상에 젖어 있을 때는 쉴 준비를 해야 한다. 마지막으로 증시에 비록 겨울이 잠시 찾아오기도 하지만 결국 발전과 상승을 거듭한다는 사실이다. 역대 투자 대비 수익률에서 주식을 뛰어넘는 재테크 상품은 존재하지 않았다.

주식이야말로 미래를 대비하는 가장 완벽한 재테크 수단이다. 한국을 비롯한 미국, 중국 등 각종 종합지수의 수십 년간의 흐름을 보면 쉽게 알 수 있는 대목이다.

돈의 역사

화폐의 역사

먼 옛날 인류는 자기가 필요한 것을 스스로 만들거나 구해 쓰는 자급자족 생활을 해왔다. 그러다가 자신의 물건을 주고 대신 남의 물건을 얻는 물물교환이 일어났다. 그러나 물물교환에는 몇 가지 단점이 있었다. 내가 주고 싶은 물건을 받고, 내가 받고 싶은 물건을 줄 사람을 찾기가 어려웠고, 그런 사람을 만났더라도 값어치가 서로 맞지 않아 교환에 어려움을 겪었다. 물물교환의 불편을 덜기 위해 생긴 게 바로 '돈'이다.

돈은 금속화폐→명목화폐→전자화폐 순으로 발전하였다. 금속화폐는 금화, 은화, 동화 등 적은 양으로도 고유의 가치를 가지는 화폐였다. 명목화폐는 화폐의 소재가치가 액면가치보다 낮은 화폐로 은행권과 주화가 있다. 우리가 흔히 사용하는 지폐와 동전이 여기에 해당한다. 전자화폐는 IC칩이 내장된 플라스틱 카드나 컴퓨터 등의 매체에 화폐가치를 전자기호로 저장한 화폐를 말한다. IC카드형(몬덱스, 비자캐시 등)과 네트워크형(E-캐시, 사이버캐시 등)이 여기에 속한다.

돈은 룰렛처럼 계속 돌고 돈다. 돈에는 언제나 흐름이 있고, 돈이 가는 곳에는 돈이 만들어내는 풍성한 열매가 열리기 마련이다. 돈의 역사에서 우리가 배워야 할 점은 바로 어디에서 어떤 열매가 열릴 것인가가 될 것이다.

은행의 탄생과 고리대금업의 성행

은행(Bank)이라는 단어의 어원은 이탈리아의 베니스와 제노바 등지에서 상인들이 야외 걸상(이탈리아어로 Banchi) 위에 앉아 거래를 했던 것에서 유래되었다. 당시 이탈리아를 비롯한 유럽은 어두웠던 중세를 벗어나 상업혁명이 도래했다. 유럽은 바다 밖으로 급속하게 팽창해 갔으며, 무역과 신용이 생겨나고, 현대적인 지불수단의 기원이 된 어음이 발행되었다. 이때 중소 상인들에게 자금을 빌려주고 이자를 받는 행태가 유행했고, 은행이 탄생하였다.

14세기 유대인들은 고리대금으로 막대한 부를 축적했다. 박해를 피해 유대인이 선택할 수 있는 몇 안 되는 직업이 바로 고리대금이었으나, 그럼에도 불구하고 이들 고리대금업자들은 악마로 불렸다.

15세기에는 메디치 가문이 등장했다. 메디치 가문은 국내외에 수많은 지점을 두고, 리스크가 높은 고액을 대출하였으며, 고도의 투기적인 투자를 감행했다. 오늘날 은행과 비슷한 형태로 볼 수 있다.

유럽의 시대

1492년 콜럼버스가 신대륙이라 불리는 아메리카를 발견했다. 이로 인해 먼 거리를 오가는 해상무역이 발달했고, 매년 1,000~1,500kg에 이르는 막대한 양의 금이 신세계에서 스페인으로 유입되었다. 포르투갈은 인도네시아 지역을 지배하면서 수도 리스본은 향료의 주요 허브가 되었다. 암스테르담도 뒤를 이어 곧 금융의 중심지로 떠올랐다. 영국은 해가 지지 않는 나라로 불릴 만큼 지구 곳곳에 식민지를 개척하고 돈을 흡수하였다.

이처럼 유럽은 세계의 돈을 마치 블랙홀처럼 빨아들였다. 인류의 문명이 시작된 메소포타미아와 인도, 중국 등 아시아 시대에서 유럽 시대로 인류의 역사, 곧 돈의 역사가 뒤바뀌는 순간이었다. 이처럼 돈은 역사의 흐름을 따라 강물처럼 한곳으로 흘러들어갔다.

유럽으로 흘러들어간 돈은 좀체로 빠져나오지 않고 유럽경제의 르네상스를 이끌었다.

돈은 다시 유럽에서 미국으로

20세기에 접어들며 먼저 위기를 겪은 곳은 미국이었다. 1906~1907년 사이 미국은 뉴욕 주가대폭락과 대공황을 만나 은행의 위기가 시작되었다. 다우지수는 100포인트를 상회하며 호황을 누렸지만 대공황을 겪으며 거의 괴멸 상태에 이르렀고, 100여 개의 은행이 파산되는 아픔을 겪었다.

1914년 유럽에 제1차 세계대전이 일어났고, 독일은 전쟁 기간 동안 9번에 걸쳐 1천억 마르크가 넘는 전쟁채권을 발행했다. 독일의 통화시스템은 붕괴되었으며, 인플레이션이 발생했다. 1917년 전쟁에 참여한 미국은 연합군의 대량구매로 큰 이익을 남겼다.

1933년 히틀러의 집권과 이어진 제2차 세계대전은 돈의 흐름을 바꾸는 결정적인 계기로 작용했다. 막대한 전쟁비용과 거의 모든 경제기반이 폐허로 변한 대부분의 유럽 국가 경제는 바닥까지 떨어졌다. 미국은 높은 국가부채 속에서도 성장이 지속되었다.

1944년 전쟁의 막바지에 미국의 휴양지 브래튼우즈에서는 44개국이 모여 유럽의 재건과 새로운 세계통화질서에 대해 논의했다. 새로운 시스템인 고정환율제가 도입되었고, IMF와 세계은행이 설립되었으며, GATT(관세 및 무역에 관한 일반 협정)체제가 출범되었다. 1947년에는 미국의 마샬플랜에 의해 미국 자본이 서유럽 재건을 위해 유입되기도 하였다. 이는 유럽경제의 회복을 도왔다.

두 차례의 세계대전을 거치며 미국은 경제적, 군사적으로 영국을 추월하면서 세계 제 1위의 강대국의 위치에 올랐다. 바야흐로 미국의 시대, 돈이 미국으로 이동하는 시대가 열린 것이다.

또다시 돈은 브릭스(Brics)로

브릭스(Brics)라는 단어가 처음 사용된 것은 2003년으로 미국의 증권회사인 골드먼삭스가 브라질(Brazil) · 러시아(Russia) · 인도(India) · 중국(China) 등 4개국의 영문 머리글자를 따 브릭스라 명명했다.

이들 4개국은 1990년대 말부터 빠른 성장을 거듭하면서 새로운 신흥경제국으로 주목받기 시작했다. 이들 4개국은 공통적으로 인구가 많고, 국토가 광활하며, 풍부한 자원을 보유하고 있지만, 경제적으로는 낙후됐던 국가였다.

경제대국으로 성장할 수 있는 요인을 두루 갖춘 이들 4개국은 세계 인구의 40%가 훨씬 넘는 27억명(중국 13억, 인도 11억, 브라질 1억 7000만, 러시아 1억 5000만)의 인구를 보유하고 있으며, 따라서 막대한 내수시장이 형성될 수 있고, 노동력 역시 막강하였다.

실제로도 브릭스 4개국은 2000년 이후 수요와 구매력이 빠른 속도로 증가하고, 외국인 투자와 수출 호조로 인해 높은 경제성장을 거듭하고 있다.

브라질은 경제성장과 함께 2014년 월드컵과 2016년 올림픽 개최지로 선정되면서 경제성장을 인정받고 있다. 구소련이 붕괴되고 자본주의를 도입한 러시아는 풍부한 자원을 바탕으로 경제성장을 이뤄냈다. 특히 중국은 계속 10% 내외의 경제성장률을 보이며 비상하고 있다. 인도 역시 정보기술(IT) 강국으로 떠오르며, 중국을 이을 세계경제의 동력으로 지목되고 있다(2010년 12월 남아공이 공식 회원국으로 가입).

선진국을 비롯한 세계 각국은 브릭스 4개국의 막대한 시장을 선점하기 위해 치열한 경쟁을 벌이고 있다. 경제 전문가들은 2030년 무렵이면 이들이 세계 최대의 경제권으로 도약할 것으로 예상하고 있다.

그리고 이머징마켓으로

이머징(Emerging) 마켓이란 말 그대로 '떠오르는 시장', '신흥시장'으로 해석할 수 있다. 1981년 글로벌 투자전문가 앙트완 반 아그마엘이 아시아 지역에 투자하기 위한 사모펀드 '신흥시장 성장펀드'를 론칭하면서 이머징마켓이라는 단어를 처음으로 사용했다. 주로 금융시장, 좁게는 자본시장 부문에서 새로 급성장하는 시장을 의미할 때 사용한다.

이머징마켓은 개발도상국 가운데 상대적으로 경제성장률이 높고 산업화가 빨리 진전되고 있는 나라들로 한국을 포함한 동남아시아, 라틴아메리카, 동유럽 등으로 나눌 수 있다. 특히 중국 · 말레이시아 등 10%대가 넘는 경제성장을 하고 있는 국가를 비롯해 싱가포르 · 홍콩 · 타이완 등 주로 아시아 국가들이 각광을 받고 있다.

돈의 흐름을 알면 주식투자의 미래가 보인다

여기서 우리가 알 수 있는 사실은 돈의 흐름이다. 현대에 이르러 돈은 선진국에서 개발도상국으로, 저성장국가에서 고성장국가로 흘러간다. 그래야만 흘러들어간 돈이 부풀려져 풍성한 열매를 맺을 수 있기 때문이다. 이 과정에서 해당 국가의 통화가 팽창하고, 기업의 실적이 개선되며, 국가경제가 좋아져 주식시장이 활황기를 맞이한다.

돈의 흐름은 비단 국가 대 국가에만 있는 것은 아니다. 한 국가 내에서도 돈은 성장잠재력이 높은 곳으로 이동하게 되어 있다. 이를 미리 파악하고 돈을 먼저 이동시켜 놓는 투자자가 바로 현명한 투자자일 것이다.

3장
시장을 읽는 기술

시장을 읽는 법

200일선은 장기선으로 주가의 추세를 분석할 때 기준으로 사용하는 중요한 이동평균선이다. 200일선이 우상향일 때는 주식을 보유하고 반대일 경우에는 주식시장에서 관망하여야 한다. 주가가 200일선 아래에 있는 종목들은 분석종목에서 제외하며 200일선 위에 있는 종목군으로 압축해서 신가치투자에 부합하는 종목들로 투자해야 한다.

시장판단의 기준들

시장을 읽는 순서

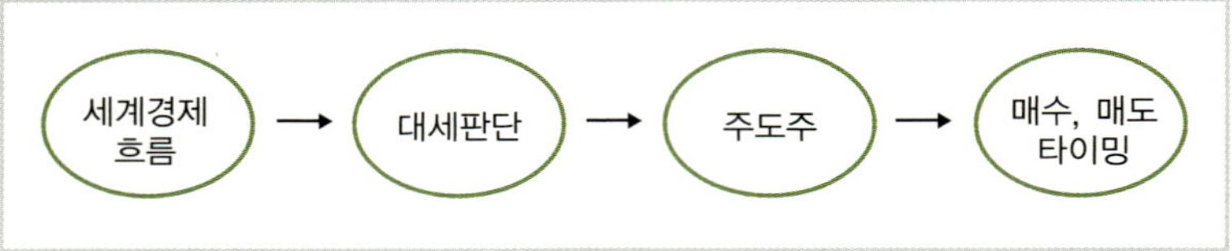

200일선 우상향

200일선은 장기선으로 주가의 추세를 분석할 때 기준으로 사용하는 중요한 이동평균선이다. 200일선이 우상향일 때는 주식을 보유하고 반대일 경우에는 주식시장에서 관망하여야 한다. 주가가 200일선 아래에 있는 종목들은 분석종목에서 제외하며 200일선 위에 있는 종목군으로 압축해서 신가치투자에 부합하는 종목들로 투자해야 한다.

차트 52 오리온 일봉

거래대금과 거래량

거래대금

거래대금을 파악하면 매매할 종목을 선정할 수 있다.

2012년 기준 거래대금이 4조원 이하일 경우에는 그동안 소외되었던 저가주, 관리주, 부실주가 움직이는 경향이 강하고 거래대금이 5~6조 일 경우에는 개별주 및 중소형주들이 움직이고 7조원 이상일 때는 우량주 및 블루칩이 움직인다.

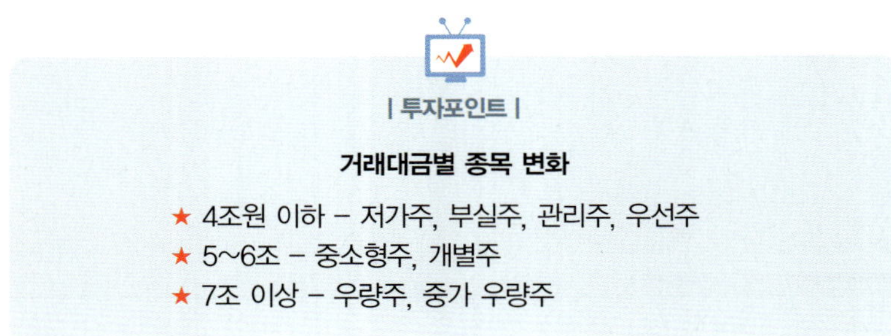

거래대금 확인

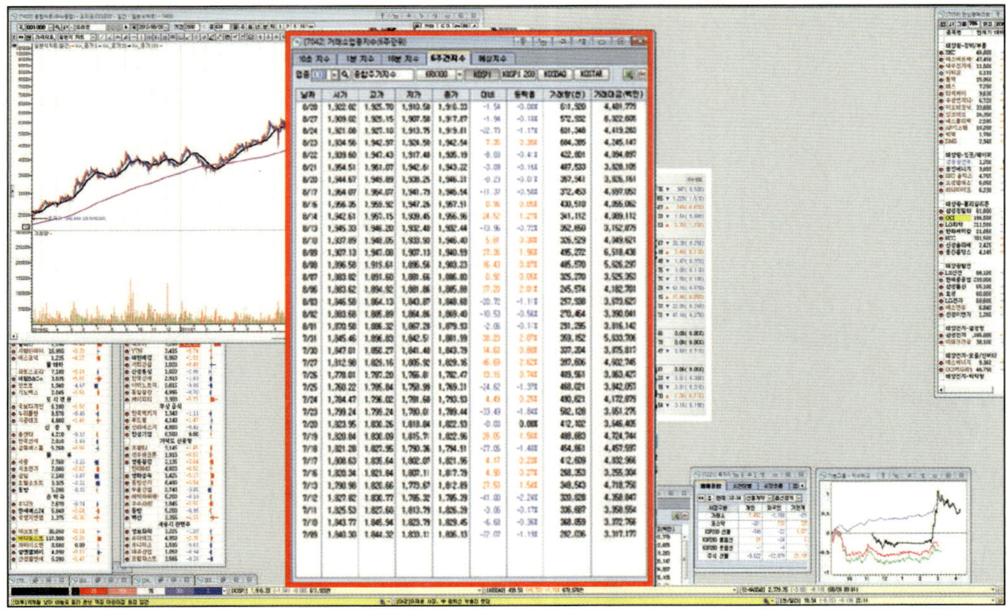

② 거래량

거래량이란 매수세와 매도세가 힘을 겨루며 체결된 주식의 총수를
나타낸다. 주가가 상승하면 거래량이 늘어나는 경우가 많고 주가가
하락하면 거래량이 줄어드는 경우가 많다. 단, 급등하는 종목은 거래
량이 폭발적으로 늘어나면서 주가가 상승하고, 급락하는 종목 또한
거래량이 늘어나면서 주가가 하락한다.

매매주체별 거래동향

매매주체별 동향을 파악하면 종목이 보인다. 주식시장은 세 사람이
고스톱을 치는 경우로 비유할 수 있다. 그러므로 세 주체 중 매수 여
부에 따라서 종목을 선정할 수 있다. 주로 개인투자자들은 급등 가능

매매주체 확인

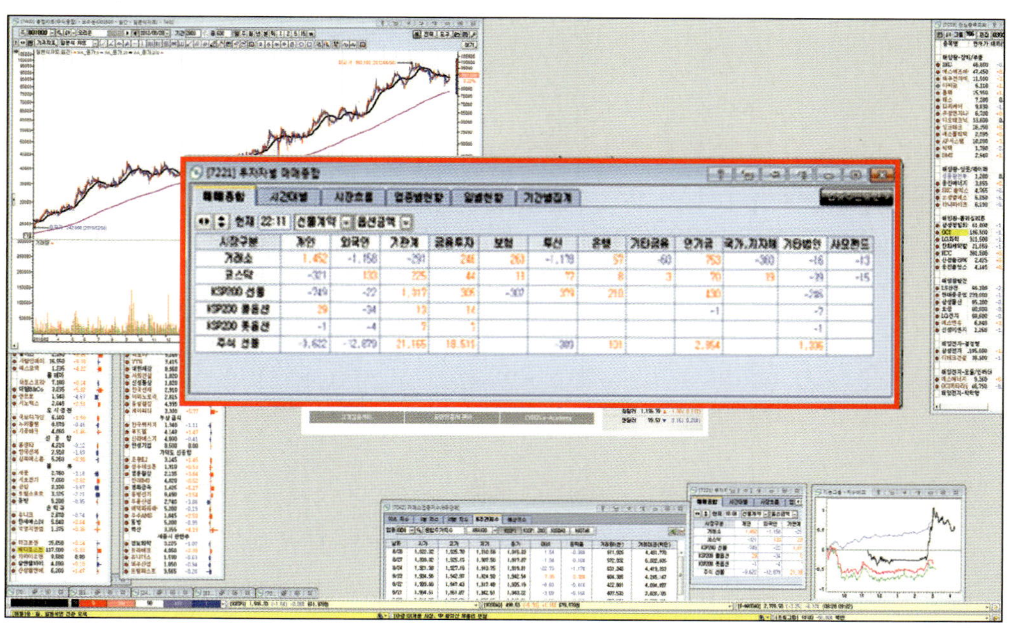

성이 있는 개별주 위주로 매매하고, 외국인과 기관은 거래대금과 주식수가 많은 대형주 위주로 매매한다.

개인투자자들이 매수할 때에는 우량주보다는 덩치가 적은 중소형주 및 개별주 쪽으로 매매를 하면 시장의 에너지가 부족할 때 매우 유리하다.

수급주체란?

증시에서 대표적인 수급주체는 개인과 기관, 외국인 투자자를 꼽을 수 있다. 일반적으로 대형주, 우량주일수록 기관과 외국인이 주로 매매하고, 소형주나 급등주일수록 개인투자자들이 주로 매매한다. 증시를 움직이는 힘을 가진 수급주체는 외국인과 기관투자자이다. 외국인과 기관투자자는 강력한 자금력을 바탕으로 증시를 움직일 수 있는 힘을 가지고 있으므로 시장의 변화를 알기 위해서는 개인보다는 외국인과 기관투자자의 수급을 잘 살펴야 한다.

① 수급을 눈여겨 본다

HTS상의 투자주체별 매매동향 화면을 통해 외국인, 기관, 개인투자자의 매매동향을 알 수 있다. 특히 외국인과 기관이 지속적으로 매집하는 종목과 업종은 향후 상승 가능성이 높으므로 계속 주시해야 한다.

② 주도세력 : 외국인인 경우

대세 상승 중인 기아차의 주봉 차트를 보면 외국인의 수급을 나타내는 실선이 아래에 보인다.

외국인의 수급을 보면 기아차의 상승과 맥을 같이 한다는 사실을 한눈에 알 수 있다.

외국인이 계속 매수하자 주가도 지속적으로 상승하고 있다. 따라서 기아차의 수급 주체는 바로 외국인이라는 사실을 알 수 있다. 기아차는 실적호전을 모멘텀으로 외국인이 매수하면서 결국 주도주로 부상했다.

③ 주도세력 : 기관인 경우

〈차트 54〉는 2007년까지 시장을 주도했던 태양광 테마주의 대장인 OCI 주봉 차트이다. OCI는 기관에 의해 움직이는 대표적인 종목으로 테마주이면서도 주도주의 모습까지 갖춘 흔치 않은 종목이다. 기

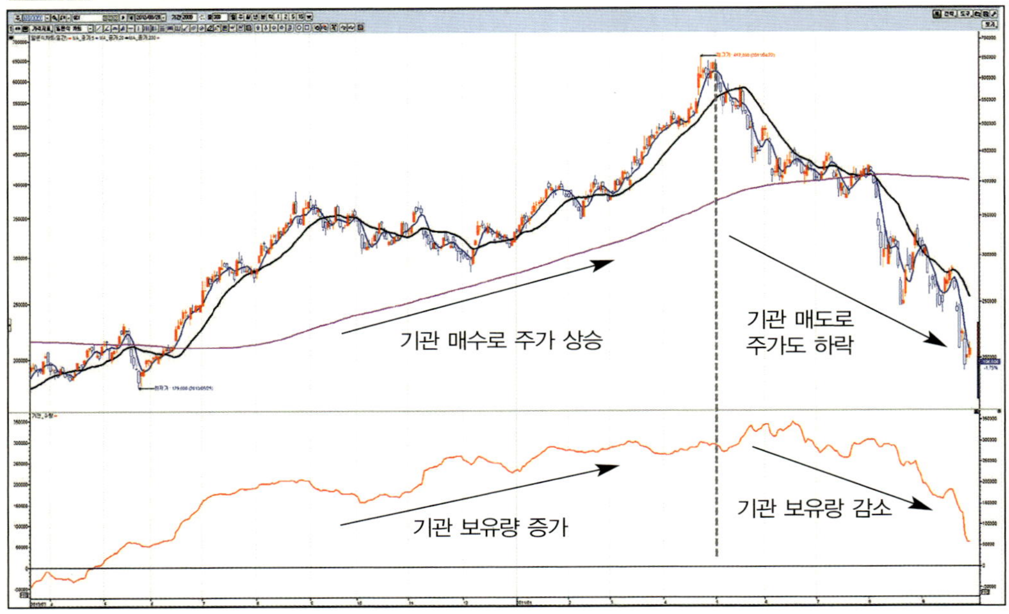

관들이 사들이면서 큰 상승을 이뤄냈다. 테마주의 속성상 단기간에 큰 상승을 시현했다. OCI는 기관투자자들에 의해 주가가 결정될 확률이 크다.

조셉 그린빌의 법칙

조셉 그린빌의 법칙을 이용해 현 시장의 위치 및 종목 대응법을 알아보자. 200일선은 그린빌의 법칙이라고 할 수 있다. 비행기가 이착륙하듯이 주가도 200일선을 기준으로 이착륙을 하기 때문에 활주로라 명명했다.

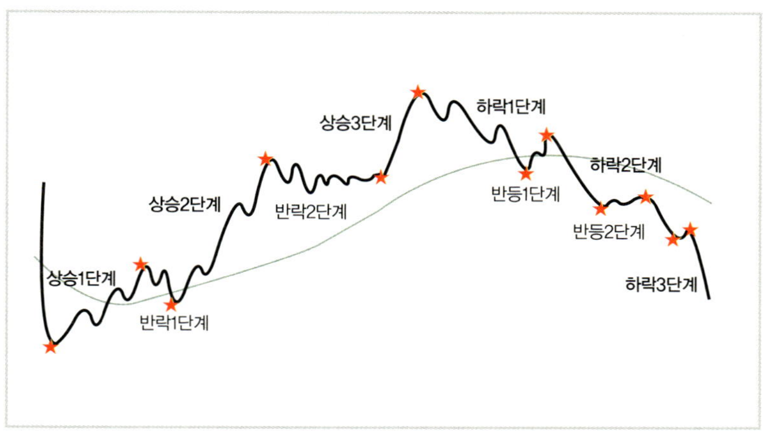

봄이 왔는데 꽃샘추위가 왔다고 해서 도로 겨울로 돌아가지 않는다. 시장시계의 지표는 어떠한 사건 사고가 일어난다 하더라도 되돌리지 못한다. 고로 자연의 법칙이다.

① 상승 1국면

- 10년 대바닥
- 거래량 대량 매집된 주식
- 불황기를 맞은 주식
- 상승기간은 3~6개월
- 정부정책으로 상승했던 종목은 제외

② 상승 2국면

- 최초 상승부터 15개월 전후가 제 2국면
- 상승 1국면에서 상승했던 종목이 200일선 위에서 협띠를 형성

- 정배열 상태를 유지하여 시세 분출이 없었던 종목

- 상승 1국면에서 상승폭이 적었던 정책수혜주

③ 상승 3국면

- 200일선 위에서 수렴하면서 정배열 상태를 유지하고 있는 자산 우량주 압축 매매

  → 200일선 밑에 있는 종목은 제외

- 상승 3국면은 때에 따라서는 없을 수도 있기 때문에 매매에 신중을 기해야 한다.

- 상승주기는 30개월 지속되며 하락주기는 16~22개월간 지속된다. 전체주기는 48~54개월간 지속된다.

- 최초의 바닥으로부터 24개월 되는 지점이 시작점이다.

④ 하락 1단계

- 급격한 가격 조정이 이루어진다. (3개월 동안에 50% 하락)

- 상승시세가 끝나고 공매도주를 찾는 데 주력해야 한다.

- 공매주 선정후보는 200일선을 하향돌파한 주식이다.

- 공매는 하향시세 1단계 후 반등기에 대개 공매가 이루어진다.

⑤ 하락 2단계

- 반등기간에 반등 국면이 크게 일어나는 경우가 일반투자자들이 가장 속기 쉬운 구간이다.

- 주식은 급격하게 폭락하며 가격조정이 이루어진다.

- 신저가 종목이 서서히 보이기 시작한다.

- 경제 악화 뉴스가 서서히 나타나기 시작하며 정부는 경기불황이 없을 것이라고 발표한다.

⑥ 하락 3단계

- 부정적인 뉴스들이 점점 늘어나고 시세는 지속 하락하며 주식은 신저가를 지속한다.
- 일급 투자자들은 공매도를 중지하고 200일선과의 이격이 큰 종목들을 서서히 저점매수 한다.
- 시세의 기간표를 관찰하여 48~54개월이 되었는지를 체크한다.
- 저가주들 대부분은 이미 폭락을 했으므로 우량주만이 최저가를 도달한 여유를 남겨놓고 있다.

엘리어트 파동

엘리어트 파동은 현시장의 위치를 파악할 수 있는 지도와 같은 역할을 한다.

엘리어트는 "주가는 상승5파와 하락3파에 의해 끝없이 순환한다"고 주장했다. 실제로 엘리어트는 자신의 이론으로 1937~1938년 사이의 월스트리트 폭락을 정확히 예측했다. 게다가 그의 이론을 연구한 해밀튼 볼튼은 1966년 다우지수가 525선까지 하락할 것이라고 예측해 그대로 맞추었다. 이처럼 역사적으로 검증이 됐으니 엘리어트 파동은 실전매매에서 신뢰하고 이용할 수 있다.

엘리어트 파동 모형도

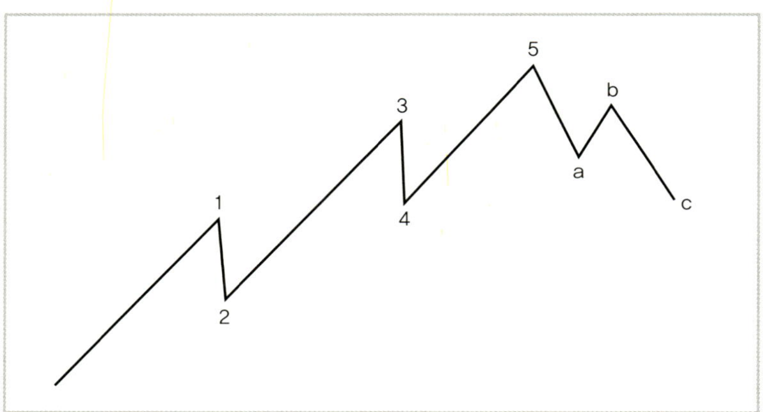

차트 55 **엘리어트 파동의 모델**

엘리어트 파동론 요점

- 삼라만상의 자연의 법칙
- 위치를 파악하는 지도와 같다

- 피보나치 수열

- 황금분할 (0.382 0.5 0.618)

- 절대 불가침의 법칙

  → 1번 파동 밑으로 내려가서는 안 된다

  → 3번 파동이 제일 짧을 수 없다

  → 4번 파동은 1번 파동과 겹칠 수 없다

    예외) 중소형주들은 오버랩핑이 일어나기도 한다.

  → 파동의 법칙(모양, 균형, 조화)

  → 변화의 법칙(조정파동) : 2파가 61.8%, 4파는 38.2% 조정되고,

    2파가 38.2%, 4파는 61.8% 조정

호재, 악재 반영 여부

지속적인 악재가 나오는데도 불구하고 주가가 하락하지 않는다면 조만간 저점구간인 바닥이 찾아온다. 반면에 계속된 호재가 나오는데도 불구하고 주가가 상승하지 않는다면 조만간 고점을 찍고 하락한다.

해외시장의 정배열, 역배열 여부

우리나라 시장은 이미 글로벌 시장으로 변모했기 때문에 해외시장의 영향을 많이 받는다.

그래서 전세계 시장의 흐름을 살펴야 하며 상승흐름을 지속하는지 하락흐름을 지속하는지를 체크하고 정배열과 역배열 상태에서 주식 투자 여부를 결정해야 한다.

향후 돈의 흐름이 미국에서 아시아로 이동하므로 중국뿐만 아니라 신흥국 주가도 주목할 필요가 있다.

 그리스 월봉

 태국 월봉

신고가 나는 업종

신고가란 전고점을 뚫고 과거에 없었던 최고 가격을 기록한 것을 말한다. 시세의 긴 흐름에서 볼 때 신고가의 출현은 본격적인 상승 신호인 경우가 많으므로 신고가 종목은 예의 주시할 필요가 있다.

차트 58 에이블씨앤씨 일봉

코스피 PER 기준

IMF 이후, 소비진작을 위해 정부에서 신용카드 발급 문턱을 낮게 설정하였고 이로 인해 무분별한 카드발급의 결과 카드연체비율 및 금액이 치솟았다.

이 때문에 2003년도 당시 상당수의 카드사들이 적자에 시달려야만 했고 특히 당시 시장점유율 1위 카드사였던 LG카드사는 연체대금이 과도해 대기업조차 감당하지 못할 만큼 부도위기를 맞았었다.

카드사태 이후 코스피 PER

2003/09	8.45
2003/08	9.71
2003/07	9.12
2003/06	8.03
2003/05	7.58
2003/04	7.17

2005년초 북한 외무성이 핵보유를 선언하면서 코스피 PER이 저평가 국면인 7배에 도달하며 절호의 매수기회를 주었다.

북한 핵보유 선언 이후 코스피 PER

2005/10	9.24
2005/09	9.76
2005/08	8.68
2005/07	8.89
2005/06	8.15
2005/05	7.84
2005/04	7.37

글로벌 금융위기는 2008년 9월 미국 투자은행 리먼브러더스 파산으로 시작되었으며 이는 미국 역사상 최대 규모의 기업 파산이었다.

리먼브라더스 파산은 서브프라임모기지(비우량주택담보대출)의 후유증으로, 우려만 무성했던 미국발 금융위기가 현실화된 상징적인 사건이었다. 리먼사태는 악성 부실 자산과 부동산 가격 하락으로 가치가 떨어지고 있는 금융상품에 과도하게 차입해 발생했다. 리먼 사태의 영향으로 우리나라를 비롯한 전 세계로 위기가 확산되면서 코스피 PER가 8배에 도달하여 역시 절호의 매수기회를 주었다.

리먼사태 이후 코스피 PER

2009/03	9.01
2009/02	8.47
2009/01	9.26
2008/12	8.99
2008/11	8.57
2008/10	8.84

프로그램매매란?

프로그램매매를 이해하려면 현물과 선물을 먼저 알아야 한다.

코스피를 예로 들자면 현물은 코스피200지수이며 선물은 코스피200지수를 거래하는 파생상품이다. 만기가 되면 코스피200지수인 현물과 선물지수가 서로 같아지지만 만기 전에는 현물과 선물가격 간에 차이가 발생한다. 이 가격 차이를 이용해 미리 컴퓨터에 입력한 프로그램에 따라 현물과 선물을 동시에 매매하는 것을 프로그램매매라고 한다.

외국인이나 기관투자자들은 모든 종목을 일일이 모니터링할 수 없기 때문에 컴퓨터에 미리 정보를 입력해 시장 상황에 따라 일괄적으로 거래한다. 프로그램 매매 대상은 KOSPI200 종목이다.

국내 증시에서 프로그램 매매는 주로 외국인과 기관투자자가 선호한다. 시장의 평균수익률을 앞서기는 어렵지만 시장수익률에 크게 뒤지지 않는 수익을 무위험으로 취할 수 있기 때문이다.

주도주

주도주란 무엇인가?

주도주란 시장을 이끌어가는 업종이나 종목을 말한다. 길게는 수년 동안 큰 시세를 분출하고, 짧게는 수개월 동안 강한 상승을 이뤄낸다. 주도주는 경기 사이클과 동행하는 특징이 있다. 경기가 살아나면서 주도주가 부각이 되고 경기 사이클이 끝날 때까지 주도주의 상승이 이어진다.

정책과 깊은 연관성을 맺고 있다

주도주는 정책과도 깊은 연관이 있다. 현정부가 중점적으로 시행하는 정책은 수년에 걸쳐 지속적인 투자가 이뤄지므로 주도주로 부각될 가능성이 크다. 따라서 현정부의 특징과 주요 정책을 파악해야 하고, 정책과 관련해 새로운 입법이 어떻게 일어나는지도 잘 관찰해야 한다.

주도주는 미국의 정책 사이클과도 관계가 있다. 미국의 정책은 전세계에 막대한 영향을 미치기 때문에 국내증시도 미국의 정책 변화에 따라 주도업종이 재편되는 경향이 매우 강하다.

종합주가지수는 주도주와 동행한다

주도주는 강하고 길게 오르는 특징이 있다. 상승은 길고 조정을 짧아 투자자에게 큰 기쁨을 선사한다. 투자자와 애널리스트, 증권전문가들이 주도주를 찾기 위해 안간힘을 쓰는 이유가 바로 여기에 있다. 어떤 업종이 차기 주도주가 될 것인가는 언제나 증권가의 화두이다.

주도주는 시장을 이끌어가므로 주도주가 상승하면 지수도 오르고 주도주가 하락하면 지수도 내린다. 주도주는 상승장에 나타나며 주도주의 상승세가 다하면 지수도 하락추세로 전환된다.

주도주 공략법

주도주는 매매하지 않더라도 항상 관심종목으로 편입해 시장흐름을 체크해야 한다.

전고점 돌파 후 눌릴 때가 매수 기회이다. 주도주라고 해서 조정 없이 매일 상승하지는 않는다. 급격한 상승 후에는 반드시 조정구간을 거치기 마련인데 이때를 이용해 매수해야 한다. 최적의 매수 시점은 음봉 2~3개로 하락하면서 거래량이 감소할 때이다. 이때를 이용해 주도주를 매수해야 한다. 일반적으로 거래량이 감소하면서 음봉이 2~3개 나오며 조정을 보일 때가 매수 타이밍이다.

주도주는 전고점을 강하게 돌파한 주가가 음봉을 보이면서 20일선에 근접했을 때 매수해야 한다. 장대양봉으로 급등하면 가급적 추격매수는 자제해야 하며, 전고점을 강하게 돌파한 후 20일선 눌림목에서 안전하게 주도주를 편입하는 것이 좋다.

테마주

테마주의 상승은 주도주에 비해 일시적인 경향이 높다. 하지만 상승 폭발력이 매우 강해 개인투자자들이 무척 선호한다. 실적이 뒷받침된 테마주는 수익내기 쉽지만 기대감만으로 급등하는 테마주는 결국 급락하므로 매매를 자제해야 한다.

대장주 위주로 매매

테마주는 보통 3~5개, 많게는 수십 개 종목으로 묶여 비슷한 방향성을 가지며 상승과 하락을 반복한다. 이 중 테마를 선도하는 종목을 대장주라 하며, 대장주의 방향에 따라 테마주의 생명이 결정되는 경우가 많다. 대장주는 상승률도 가장 강하며 조정 시 하락률도 가장 적기 때문에 테마주에 투자하려면 대장주에 투자하는 게 좋다.

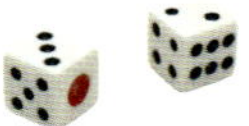

잃지 않고 부자되는 투자원칙

늙은 시세는 건너뛰고 젊은 시세를 사라

과거 지독한 시세를 냈던 종목은 다음 시세가 나기까지 많은 시간이 걸린다. 혹은 아예 사라지기도 한다.

2003년~2007년까지의 주도주는 조선, 중공업주, 2008~2011년까지는 차화정(자동차, 정유화학), 기아차, 삼성전자, LG화학 등이었다.

한번 큰 시세를 낸 종목은 이미 세력이 빠져 나간 종목이다. 산이 나오면 들판이 나오고, 오랜 기간이 흘러야 매물이 소화된다. 따라서 다시 시세를 내려면 많은 시간이 필요하다는 점을 잊어서는 안 된다. 그래서 나는 누누이 대시세가 난 종목, 조선업과 중공업은 피하라고 2009년 이후 늘 조언을 했었다. 2012년 8월 지금은 바닥 대비 10배 이상 상승한 기아차를 피하라고 조언하고 있다. 혹시 이후 상승이 있다 하더라도 이미 큰 시세를 냈기 때문에 더 큰 시세는 어렵기 때문이다.

그런데 몇몇 투자자들이 이 점을 간과하여 고통을 겪는 것을 심심치 않게 보게 된다. 개인투자자들은 고점 대비 하락한 가격만을 생각하며, 대시세 난 종목을 매수함으로써 많은 시간을 보내지만 가격은 좀처럼 오르지 않는다. 문제는 고통이 여기서 그치지 않는다는 점이다. 한번 대시세가 난 종목은 결국 감자를 당하거나 상장폐지가 되기도 한다.

그래도 우량주의 경우에는 시간이 지나면 매물소화 과정을 거쳐서 다시 상승하는 경우가 드물게나마 있다. 그러나 개별주의 경우는 정부정책과 관련된 테마를 형성하고, 단기적인 시세차익을 노린 세력들에 의한 급등이다. 그러므로 과거의 정권과 더불어 종목도 수명을 다한다.

연도별 주도주

1970년대	건설주(삼환기업)
1980년대	증권주(대우증권)
1990년대	IT(SK텔레콤)
2000년대	코스닥(솔본)
2005년	바이오(산성앨엔에스)
2003~2007년	조선주, 중공업(STX)
2008~2011년	스마트폰, 자동차(삼성전자, 현대차)
2011년	개별주 장세
2012년	개별주 장세 진행 중

미수, 신용, 대출을 금지하라

"주식투자는 여윳돈으로 해야 한다."

이 말은 아무리 강조해도 지나치지 않다. 모름지기 여윳돈으로 주식투자를 해야 급등락에도 개의치 않고 편안한 투자가 가능하다. 주식투자에서 돈을 잃는 투자자들을 보면 무모하게 베팅을 하는 경우가 많다.

지금 이 순간에 사지 않으면 마치 못살 것 같은 조급함과 큰돈을 벌려는 욕심이 화를 부르게 된다. 이 때문에 미수, 신용, 대출을 하게 되고, 조금만 하락하면 투매해 버리는 우를 범한다. 이런 과정을 반복하면 계좌는 계속 마이너스가 날 수밖에 없다.

현재 개인 비중이 높은 코스닥 종목을 보면 많은 종목들이 신용이 걸려있는 것을 확인할 수 있다.

여기서 많은 투자자들이 간과하고 있는 것이 있다. 신용물량이 많은 종목들은 신용물량이 소화되기 전까지는 상승이 어렵다. 게다가 지금은 HTS로 신용물량을 확인할 수 있어 신용으로 매수하는 것은 내 패를 보여주고 카드게임을 하는 것과 같다.

그러므로 주식투자는 대박에 대한 환상을 버리고 미수, 신용, 대출은 절대로 하지 말아야 한다. 여윳돈으로 저평가된 우량주를 분할 매수해 본연의 가치를 찾아갈 때까지 길게 보유하는 것이 정석투자이다.

분산투자, 분할매수, 비중을 지켜 매수하라

"계란을 한 바구니에 담지 말라"는 격언이 있다. 이 말은 분산 투자의 중요성을 잘 말해주고 있다. 대박의 욕심에 한 종목에 올인하다 보면 오히려 리스크 관리가 잘 되지 않아 심리가 흔들리게 되어 있다.

존 템플턴 역시 분산투자를 잘 활용했다. 그는 2차 세계대전 때 1달러 미만에 거래되는 104개 기업의 주식을 사들였다. 이후 얼마 지나지 않아 4개 종목을 뺀 100개 기업에서 큰 수익을 거두었다. 존 템플턴은 여러 종목에 분산 투자하여 위험부담을 최소화한 것이다.

나 역시 실전매매에서 회원들에게 매일 포트폴리오 구성의 중요성을 강조한다. 아무리 좋은 종목이라도 한 종목에 비중을 많이 실으면 심리적인 압박을 받아 민감하게 반응하게 된다. 그러므로 분산투자, 분할매수, 비중조절의 원칙을 철저히 지켜야 한다."

사업하듯 투자하라

최고의 투자자인 워렌 버핏은 투자마인드에서 가장 중요한 점은 바로 기업의 오너처럼 생각하는 것이라고 강조했다. 그는 투자를 할 때 단순히 주식을 사는 것에 그치지 않고 기업을 소유한다는 생각을 가져야 한다고 역설했다. 버핏은 여기서 더 나아가 투자자들이 기업의 오너처럼 생각하고 경영하기를 원했다.

나 역시 주식투자는 사업가의 마인드로 접근하라고 조언해 왔다. 모름지기 사업가에게 배우는 자세로 주식은 투기가 아닌 투자를 해야만 성공할 수 있다. 워렌 버핏은 주식투자는 직접 사업을 벌이는 것과 마찬가지라고 생각하고 경기변동을 유리하게 활용함으로써 안전마진을 추구하는 것이라고 했다. 또한 그의 이러한 생각이 100년이 지나도 여전히 투자의 근본 이념으로 남아 있을 것이라고 했다.

시장에 비관이 팽배할 때 저가에 매수하라

'바겐헌터(저가매수)' 하면 바로 떠오르는 전설적인 투자자는 바로 존 템플턴이다. 그는 시장이 비관적일 때 매수하는 바겐헌터(Bargen Hunter) 전략으로 유명하다. 그에 따르면 증시의 폭락은 바겐헌터들에게는 10년에 한두 번 올까말까 한 기회라는 것이다. 그는 되풀이되는 증시 버블과 대폭락의 사이클을 간파해 냈다. 그리고 기회를 포착해 바겐헌터 전략을 펼쳐 엄청난 수익을 거두었다.

우리 투자자의 경우는 어떻게 하면 될까. 시장 가치보다 저평가된 종목을 발굴하여 지속적인 관찰하에 시장흐름과 맞는 종목을 선정하는 안목을 키워야 한다. 그리고 시장이 하방으로 많이 흔들릴 때 저점에서 물량을 모아가는 전략을 펼쳐야 한다. 특히 악재로 투매가 나와서 급락할 때가 절호의 매수 기회이므로 이때 저점에서 매수하며 물량을 늘려야 한다.

다시 한번 강조한다. '모든 사람이 하락에 대한 공포심을 가질 때 존 템플턴의 역발상적인 생각으로 바겐헌터가 되어라.'

씨앗을 뿌리고 바로 캐면 쪽박이다

주식시장에서 돈을 벌기란 쉬운 일이 아니다. 헝가리 출신의 세계적인 주식투자자 앙드레 코스탈리니는 말했다.

"주식에서 번 돈은 고통의 산물이다."

투자자들이 농부가 되었다고 가정해 보자. 그러면 어떻게 해야 할까? 좋은 씨앗을 골라 밭에 뿌리고, 씨앗이 싹트도록 기다려야 한다. 싹이 나면 솎아주고, 잡초를 제거해서 열매를 잘 맺게 해야 한다. 여기에서 중요한 점은 싹이 날 때까지 기다리는 것이다. 빨리 열매를 맺게 하고 싶어 일찍 싹이 트게 하다가는 농사를 망치게 된다.

주식도 이와 마찬가지이다. 워렌 버핏이 주주들에게 보낸 서한을 보면, 소액투자자를 위한 원칙이란 게 있다. '거래를 남발하지 말라' '과도한 거래가 결국 고비용으로 이어지면서 흥분과 고비용은 투자자의 적이다'

그의 스승 벤자민 그레이엄도 같은 생각이었다. 증권사는 주된 수입원인 수수료를 얻기 위해서 잦은 매매를 권유할 수밖에 없다. 이들의 정보는 투기를 부추기는 경우가 태반이라고 비난했다.

주식을 거래할 때는 손익에 상관없이 매수, 매도할 때 모두 수수료가 부

 아이에스동서 월봉

 아이에스동서 일봉

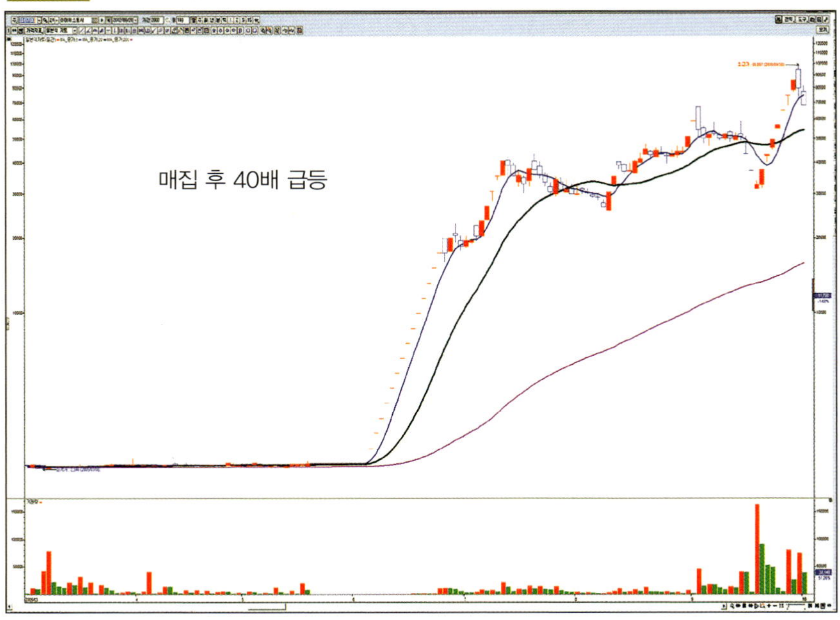

과된다. 거기에 매도할 때는 0.3%의 세금이 추가된다. 결국 잦은 매매는 증권사만 배불리는 결과가 된다.

그러므로 현명한 투자자라면 잦은 매매는 가급적 지양하고 대주주와 사업한다는 마인드로 좋은 주식을 매수해 장기로 보유해야 한다.

실전매매 당시 2003년 7월 대량의 거래로 세력이 매집된 것을 확인한 뒤에 매수한 종목이다. 현재는 권리락이 이루어진 가격이지만 매매 당시 2004년 7월경에 1만원에 매수하여 그해 12월경 8000원에 손절매를 하였다. 매집된 것을 확인하고 매수한 종목이면 시세가 이루어질 때까지 보유해야 함에도 불구하고 그러지 못했다. 세력들이 상승 시키려고 흔드는 마지막 지점에서 손절매로 급등의 시세를 놓친 아쉬운 종목이다.

〈차트 60〉은 이후 급등한 아이에스동서의 일봉차트이다.

일단 매집이 되고 저평가된 종목을 매수하였다면 시세가 분출될 때까지 기다려야만 급등시세를 만끽할 수가 있다. 아이에스동서는 손절매한 지점으로부터 5개월 뒤에 무려 40배 급등했다.

부정된 정보와 뉴스를 당장 차단하라

신문이나 뉴스에 나오는 기사는 가치가 거의 없다. 왜냐하면 큰 세력들은 저점에서 매집해 놓은 주식을 호재성 뉴스를 발표하면서 매도하기 때문이다. 개인투자자들은 이 사실을 전혀 모른다. 그래서 남들이 하는 대로 따라했다가 번번이 손실을 입는다. 개인 투자자들은 뒤늦게 뉴스나 정보를 통해 한발 늦은 매수를 함으로써 항상 위험에 노출되어 있다.

글로벌 금융위기 당시 모기지 사태로 인해 국내 종합주가지수가 폭락했을 때 나는 좋은 기회가 왔음을 확신했다. 그래서 2009년 3월 종합주가지수

가 1,000P 아래에서 3중 바닥을 형성할 때 이데일리 증권방송에서 아래와 같이 외쳤다.

"눈과 귀를 막고 2세에게 주식을 사서 물려주자."

미래를 연구하면 종목이 보인다

우리나라를 대표하는 삼성전자 이건희 회장은 미래 먹거리인 신수종사업에 대해 역설하였다. 신수종사업이란 미래산업을 이끌어나갈 만큼 유망한 신사업을 뜻한다. 기존 사업을 유지하면서 지속적인 기업의 성장을 위해 새로운 미래 주력사업을 찾는 것이다. 한편, 2010년 5월 11일 신수종 사업으로 태양전지, 자동차용 전지, 발광다이오드(LED), 바이오제약, 의료기기를 선정하고, 2020년까지 이에 대한 투자를 할 계획을 발표했다.

1990년 SK텔레콤 사장은 앞으로 10년 후에 초등학생들도 핸드폰을 들고 다니는 시대가 올 것이라고 예상했다. SK텔레콤 주가는 1990년대 초 약 5천 원에서 2000년도에는 540만원까지 급등했다. 이처럼 다가올 미래를 연구하면 종목이 보이고 이를 잘 활용하면 부자가 될 수 있다.

또한 중국은 12차 5개년 계획중 7대 신성장산업을 5년 내 세계 1위로 키우겠다고 발표했다. 관련 업종으로는 신에너지, 전기자동차, 신소재, 차세대 IT, 에너지 절감 및 환경보호, 바이오 첨단장비 등이다.

앞으로는 알약 하나를 먹고서 100년을 사는 시대가 도래할 것이다. 가돌리늄 원소는 75년 동안 효력을 발휘하여 이러한 꿈의 세계가 실현 가능하게 될 것이다. 또한 옷을 갈아입을 필요 없이 저절로 세탁이 되고, 보온, 보냉이 자동으로 이루어지며, 빛의 색에 따라 옷의 색이 저절로 변한다고 미래학자들은 말하고 있다. 앞으로는 로봇, 나노, (신약)바이오, 환경에너지, 해양식물, 육류배양 등의 분야가 새로운 미래의 먹거리가 될 것으로 예상된다.

차트 62 **SK텔레콤 월봉(1990~2000)**

원금 보전하고 두 배 벌 수 있는 투자 원칙

1. **늙은 시세는 건너뛰고 젊은 시세를 사라**

   한번 큰 시세를 낸 종목은 이미 세력이 털고 나간 종목이다.

2. **미수, 신용, 대출을 금지하라**

   여윳돈으로 주식 투자를 하지 않으면 심리 불안으로 투자 손실이 나기 쉽다.

3. **분산투자, 분할매수, 비중을 지켜 매수한다**

   종목 매수비중을 우량주는 15–20%, 개별주는 10% 이내로 하여 3회 분할매수하는 전략이 좋다.

4. **사업하듯 투자하라**

   주식투자도 사업이다. 사업가에게 배워라.

5. **시장에 비관이 팽배할 때 저가에 매수하라**

   모든 사람이 하락에 대한 공포심을 느낄 때, 존 템플턴의 바겐헌터(저가 매수자)의 역발상적인 생각으로 과감하게 저가매수해야 한다.

6. **씨앗을 뿌리고 바로 캐면 쪽박이다**

   현명한 투자자라면 잦은 매매를 그만두고 투자를 해야 한다.

7. **부정된 정보와 뉴스를 차단하라**

   세력들은 호재성 기사를 발표하면서 저점에서 매집한 주식을 일반투자자들에게 매도하므로 뉴스와 신문기사를 조심해야 한다.

8. **미래를 연구하면 종목이 보인다**

   미래에는 에너지, 환경, 바이오, 로봇, 나노 등의 산업들이 부상할 것이다.

대가들에게 배우는 투자의 지혜

지구상에서 주식투자로 가장 많은 돈을 번 인물은 워렌 버핏이다. 그런 버핏에게도 스승이 있었으니 바로 벤저민 그레이엄이다. 버핏은 평소 "우리는 그레이엄이 심은 나무 밑에서 휴식을 취한다"고 할 만큼 그레이엄을 존경했다.

1. 앙드레 코스톨라니

유럽 증권계의 거목

앙드레 코스톨라니는 헝가리 출신의 주식투자 달인으로 "주식투자는 심리게임이다"는 명언을 남겼다. 투자자의 90% 이상이 탐욕과 공포를 이기지 못하고 심리전에서 패하는 현실을 보면 그의 말은 새겨들을 필요가 있다.

'Mr.주식' 또는 '주식투자의 달인'으로 불린 코스톨라니는 18세라는 이른 나이에 주식투자를 시작했다. 그의 전공은 철학과 예술사였지만 그는 무려 80년을 주식투자자로 살았다.

돈, 뜨겁게 사랑하고 차갑게 다루어라

코스톨라니는 전세계를 무대로 주식, 채권, 외환, 원자재 등에 투자해 35세에 은퇴를 할 만큼 많은 돈을 벌었다. 은퇴 후에는 작가와 초청강사로 활약하였다.

그의 역작으로 남아 있는 「돈, 뜨겁게 사랑하고 차갑게 다루어라」는 출간되자마자 베스트셀러 1위를 차지했고 아직까지도 투자자들에게 많은 영감을 주고 있다. 그의 또 다른 저서인 「투자는 심리게임이다」「실전 투자강의」「투자의 비밀」 등도 꾸준히 사랑 받고 있다.

투자는 심리게임이다

코스톨라니에 의하면 주가는 장기적으로는 기업가치에 수렴되지만, 단기적으로는 수급의 영향을 더 받고, 수급은 바로 투자심리에 의해 좌우되므로 심리를 아는 것이 주식투자에서 매우 중요하다고 말했다.

주식투자는 90%가 심리전이므로 투자에 임할 때 소신을 잃어서는 안 되며, 남들과 반대로 투자할 것을 강조했다. 따라서 코스톨라니는 대중이 투자에 열광할 때를 오히려 매도 타이밍으로 여겼다.

금리는 반드시 체크해야 한다

코스톨라니는 금리의 중요성을 역설했다. 금리를 내린다는 소식이 들리면 지체 없이 주식시장으로 달려가라고 말했다. 왜냐하면 금리가 시장의 모든 것을 반영한다고 믿었기 때문이다.

반면 지나간 통계를 믿고 투자하는 많은 투자자들에게는 경고의 메시지를 보냈다. 강한 호재와 악재는 순식간에 증시를 역전시키기 때문에 지나간 통계에 사로잡히면 낭패를 볼 수 있다.

엉덩이가 무거운 사람이 돈 번다

코스톨라니는 진지한 사고와 전략 없이 시세변동에 오락가락해서는
안 되며, 고객들을 단기투자자로 만들기 위해 온갖 수단을 동원하는
증권사에 현혹되지 말 것을 당부했다. 결국 주가의 단기적인 움직임
에 휘둘릴 필요가 없다는 조언이다.

단기매매로 큰 돈을 번 투자자가 없듯이, 그는 머리가 좋은 투자자
보다는 엉덩이가 무거운 투자자가 결국 승자로 남기 때문에 장기투
자야말로 모든 거래방법 중 최고의 결과를 낳는다고 역설했다.

앙드레 코스톨라니가 남긴 명언

- 증권시장은 90%가 심리학으로 이루어진 예술영역이다.
- 빚을 지지 않아야 자신의 생각을 온전히 따를 수 있다.
- 투자자는 미친 군중과 컴퓨터로부터 멀리 떨어져야 한다.
- 주식을 사기로 했다면 언제 살 건지가 더 중요하다.
- 놀라 당황하거나 신나 들떠 있는 심리가 상승과 하락을 만든다.
- 단위면적당 바보가 가장 많은 곳이 증권사 객장이다.
- 장기투자야말로 모든 거래방법 중 최고의 결과를 낳는다.
- 모든 사람의 입에 주식투자라는 말이 오르내릴 때가 주식에서
  빠져 나와야 할 때다.
- 폭락은 갑작스럽고 격렬하게, 상승은 티 안 나고 부드럽게 온
  다.
- 섬세한 직관과 본능을 가진 여자의 말 한마디도 주의 깊게 들어
  야 한다.

2. 고레카와 긴조

일본 주식시장의 승부사

대기업의 오너나 땅 부자가 줄곧 소득 1위를 기록했던 일본에서 1983
년 5월 주식투자로 소득 1위를 한 투자자가 있었으니 바로 일본 주식
시장의 대 승부사 고레카와 긴조(是川銀藏)이다.

고레카와는 84세의 나이에 개인투자자 신분으로 스미토모 금속광
산에 투자해 무려 200억엔을 벌어 일본 열도를 깜짝 놀라게 했다.

파란만장한 유년시절

1897년 일본 효고현에서 출생한 고레카와는 젊은 나이에 이미 청년
사업가로 큰돈을 벌고 이름을 날렸으나 결국 파산하였고, 21세에는
260명을 거느린 '오사카 신철아연 도금회사' 사장이 되었으나 1927
년 대공황으로 끝내 도산하였다.

3년간 도서관에서 공부에 매진

고레카와는 3년간 도서관에서 세계경제를 연구했으며, 자본주의 경
제의 본질과 경제변동의 큰 리듬을 파악했다. 그는 공부를 하는 동
안, 전철표를 살 돈이 없어서 걸어다니고 점심 먹을 돈이 없어서 물
로 배를 채우며 공부를 했다. 그렇게 힘든 상황에서도 공부에 매진
한 결과, 고레카와는 아내가 만들어준 70엔으로 주식시장에서 1년
만에 100배 수익을 올렸고 고레카와 경제연구소를 설립하기에 이르
렀다.

사업가의 기질 덕분에 2차 세계대전을 예측한 그는 광산회사와 제철소를 세워 사업을 했지만 일본 패전으로 재산을 모두 몰수당하고 결국 그의 나이 63세에 다시 주식시장으로 복귀했다.

고레카와가 투자의 잣대로 삼은 것은 '거북이 삼원칙' 이었다. 그 내용은 ① 수면 아래에 있는 우량한 종목을 선택하여 기다릴 것, ② 경제와 시세의 동향으로부터 항상 눈을 떼지 말고 스스로 공부할 것, ③ 욕심을 버리고 수중의 자금 범위 내에서 행동할 것 등이었다.

고레카와 긴조의 투자철학

고레카와는 저평가 우량주를 쌀 때 매수해 가치가 주가에 반영될 때까지 보유했다. 그는 아무도 관심을 갖지 않는 소외주에서 보석을 발굴했는데 '일본시멘트' '도와공업' '스미토모금속광산' 등이 바로 그 예이다. 또한 그는 대중심리에 한발 앞서 투자하는 역발상 투자를 강조했다.

고레카와 긴조의 투자원칙

① 수면 아래에 있는 우량한 종목을 골라 느긋하게 기다려라.

② 경제, 시세의 동향으로부터 눈을 떼지 말고 스스로 공부하라.

③ 욕심을 버리고 수중의 자금 안에서 행동하라.

④ 종목은 자신이 공부하고 판단해서 골라라.

⑤ 2년 후의 경제 변화를 스스로 예측하고 경제와 시세의 대국관을 가져라.

⑥ 주가에는 타당한 수준이 있으므로 탐욕을 내지 말라.

⑦ 주가는 결국 실적으로 결정되기 때문에 인위적인 시세는 멀리 하라.

⑧ 예측불가능한 사태 등 리스크에 대비하라.

3. 벤저민 그레이엄
가치투자의 아버지, 워렌 버핏의 스승

지구상에서 주식투자로 가장 많은 돈을 번 인물은 워렌 버핏이다. 그런 버핏에게도 스승이 있었으니 바로 벤저민 그레이엄이다. 버핏은 평소 "우리는 그레이엄이 심은 나무 밑에서 휴식을 취한다"고 할 만큼 그레이엄을 존경했다.

그레이엄이 활약하던 1920년대에서 1930년대는 미국의 증권시장이 매우 혼탁했고, 대부분의 주식투자는 내부정보나 루머에 의존했다. 이런 상황에서 그레이엄은 기존의 진부한 투자법에서 탈피하여 과학적인 투자법을 고안해 냈다.

지구상에서 주식투자로 가장 많은 돈을 번 인물은 워렌 버핏이다. 그런 버핏에게도 스승이 있었으니 바로 벤저민 그레이엄이다. 버핏은 평소 "우리는 그레이엄이 심은 나무 밑에서 휴식을 취한다"고 할 만큼 그레이엄을 존경했다.

가난한 아이에서 인기 애널리스트로

1894년 영국에서 태어난 그레이엄은 불우한 어린 시절을 보냈다. 대학졸업 후에는 자산운용사에 취직해 조사보고서를 쓰거나 기업분석을 맡았고 1917년에는 애널리스트로 명성을 떨쳤다. 1928년부터 1956년까지 28년간은 컬럼비아 대학 비즈니스 스쿨 야간부에서 강의를 맡아 인기를 모았다.

불후의 명작 저술

벤저민 그레이엄은 1934년 데이비드 도드 교수와 함께 「증권분석」을
출간했고, 1949년에는 국내에서도 번역되어 투자자들의 교과서이자
필독서로 자리잡은 「현명한 투자자」를 출간했다.

초기 투자자 시절 기술적 분석에 심취했던 버핏은 그레이엄이 집
필한 「현명한 투자자」를 읽은 후 기술적 분석을 완전히 포기하고 그
레이엄의 강의를 듣기 위해 컬럼비아 대학으로 학적을 옮겼다. 이렇
게 하여 두 사람의 소중한 인연이 시작되었다.

안전마진

안전마진이란 기업의 적정가치와 현재주가와의 차이를 말한다. 기업
의 적정가치가 3만원인데 현재주가가 2만원이라면 안전마진은
10,000원이며 저평가 종목이라 할 수 있다. 그레이엄은 시가총액이
순유동자산보다 작은 주식에 투자할 것을 권고하였다. 순유동자산
은 유동자산에서 유동부채를 뺀 수치를 의미한다. 이 매매기법은 간
단하지만 수십 년 동안 검증된 기법이기도 하다.

그레이엄의 투자철학

그레이엄은 일반투자자들이 주식투자를 할 때는 여러 업종에 걸쳐
분산해서 투자하고, 매수한 후에는 혹여 주가가 하락하더라도 인내
심을 잃지 말고 계속 보유해야 한다고 충고했다.

그리고 성장주는 미래를 정확하게 예측하기 어렵다는 이유로, 첨
단 기술주는 주가가 실제 오른 기업이 거의 없다는 이유로 피하는 것
이 좋다고 조언했다.

벤저민 그레이엄의 매도 기준

① 주가가 50% 상승하면 매도한다.

② 매입 후 2년 후에 매도한다. 단, ①②번 중 먼저 충족된 기준에
   따라 매도한다.

③ 무배당이 실시되면 매도한다.

④ 기업실적이 대폭 줄어들었을 때는 주가가 새로운 매수 목표가
   의 50% 이상이면 매도한다.

4. 워렌 버핏
오마하의 현인

살아있는 전설

1956년 단돈 100달러로 주식투자를 시작해 순재산을 400억 달러 넘
게 늘려 세계 2번째의 부자가 된 사람, 바로 오마하의 현인이라는 칭
송을 받는 워렌 버핏이다. 버핏은 1930년 미국 네브라스카주 오마하
에서 태어났다. 어렸을 때부터 수치에 밝았고 독서를 좋아했다. 13살
때 신문배달로 번 돈으로 중고게임기 사업을 했고 고등학교 때는 부
동산 투자로 큰 수익을 냈다.

워렌 버핏의 스승

버핏의 스승은 가치투자의 대가인 벤저민 그레이엄과 필립 피셔이
다. 그레이엄에게서는 재무제표로 안전한 기업을 고르는 계량적 분
석을, 피셔로부터는 경영자, 조직 등을 감안해 기업을 발굴하는 질적

분석을 배웠다.

벤저민 그레이엄의 「현명한 투자자」와 필립 피셔의 「위대한 기업에 투자하라」를 읽고 이들을 직접 찾아가 제자가 되었으니 주식을 향한 버핏의 열정을 알 수 있다. 아울러 책 한 권이 사람에게 주는 영향력이 얼마나 대단한지 알 수 있다.

10년을 보유할 자신이 없다면 단 10분도 보유하지 말라

버핏은 내재가치보다 저평가된 주식을 저가에 매수해 장기투자하는 가치투자를 실천했다. 10년을 보유하지 않을 주식은 단 10분도 보유하지 않겠다는 마인드로 기업을 꼼꼼히 선정했다.

"야구경기의 타자처럼 자신이 좋아하는 위치에 공이 올 때까지 언제나 기다릴 수 있다는 것이 개인투자자들의 강점"이라며 버핏은 좋은 매수기회가 올 때에만 투자하라고 충고했다.

제1조 '돈을 잃지 마라.' 제2조 '제1조를 철저히 지켜라'

버핏의 첫 번째 주식투자 원칙은 '돈을 잃지 마라', 두 번째 원칙은 '첫째 원칙을 지켜라' 이다. 이처럼 그는 주식투자로 큰 돈을 벌겠다는 욕심을 버리고 리스크 관리에 만전을 기했다.

버핏은 "단기매매는 결국 수익률을 갉아 먹을 수밖에 없다", "고수익은 자주 사고팔아서가 아니라 소수종목을 잘 선정해 장기보유하면서 그 기업의 성장을 지켜볼 때 보장된다"고 역설했다.

돈을 모으는 것은 눈덩이를 굴리는 것

버핏은 하루라도 빨리 투자세계에 뛰어들 것을 강조했다. 가급적 빨리 투자해야 시간의 힘을 이용해 큰 수익을 낼 수 있기 때문이다. 그는 이렇게 말했다.

"돈을 모으는 것은 눈덩이를 언덕 아래로 굴리는 것과 매우 비슷합니다. 눈덩이를 굴릴 때는 긴 언덕 위에서 하는 것이 중요하죠. 눈은 잘 뭉쳐진 것을 사용해야 하며 처음 시작할 때는 작은 눈덩이가 필요합니다."

워렌 버핏의 종목선정 기준

- 자기자본이익률이 높은 기업
- 투명하게 경영하는 기업
- 현금화가 가능한 이익을 내는 기업
- 독점적 사업을 지녀 가격 선도자의 입장에 있는 기업
- 천재가 아니라도 경영할 수 있는 사업을 영위하는 기업
- 향후 실적을 예측할 수 있는 기업
- 정부의 규제를 받지 않는 사업을 영위하고 있는 기업
- 재고 수준이 낮고 자산 회전율이 높은 기업
- 주주 중심으로 경영하는 기업
- 다른 기업이 매출이 늘어났을 때 수입을 얻는 기업

초보투자자가 명심해야 할 투자원칙

① 마치 사업을 하듯 주식투자를 하라.

② 돈을 잃지 마라는 제1 원칙을 반드시 지켜라

③ 손절매가 안 되면 손을 잘라라.

④ 빚내서 주식투자하지 마라.

⑤ 절대 감정적으로 주식을 거래하지 마라.

5. 존 템플턴
영적인 투자가

1달러 미만에 거래되는 종목들로 잭팟

제2차 세계대전이 발발한 직후인 1939년 어느 날, 지질탐사회사에서 근무하던 20대의 젊은 존 템플턴은 증권사에 전화를 걸어 1달러 미만에 거래되는 모든 종목을 100달러어치씩 주문을 내라고 했다.

그는 대부분의 주식들이 헐값에 거래되고 있어 절호의 매수기회라 판단하고, 한 종목당 100달러어치씩 104개의 종목을 매수해 4년 후에 4배 이상의 큰 수익을 거두었다.

존 템플턴의 가치투자 전략

템플턴의 투자 전략은 가치 있는 주식을 가장 싼 가격에 매수하는 것이다. 매수 이후에는 내재가치가 주가에 반영될 때까지 인내심을 가지고 보유했다가 이익을 실현하는 것이 그의 투자 전략의 전부이다.

그는 "강세장은 비관 속에서 태어나 회의 속에서 자라며 낙관 속에서 성숙해 행복 속에서 죽는다. 최고로 비관적일 때가 가장 좋은 매수 시점이고 최고로 낙관적일 때가 가장 좋은 매도 시점이다"라는 명언을 남겼다.

보유종목은 많을수록 좋다

개인투자자들은 한 번의 투자로 큰 돈을 벌겠다는 욕심으로 한 종목
에 모든 자금을 투입한다. 하지만 대부분은 수익은커녕 결국 투자한
돈을 모두 잃고 주식시장을 떠난다.

템플턴은 아무리 철저히 종목을 분석했다고 하더라도 주가가 어떻
게 흘러갈지 알기가 어렵기 때문에 보유종목 숫자를 늘려 위험을 철
저히 분산하는 것이 좋다고 강조했다.

글로벌 주식에 눈을 돌리다

템플턴의 주식투자 핵심포인트는 저평가된 주식을 발굴하는 데 있
다. 그래서 그는 나라에 관계없이 세계에서 가장 싼 주식을 찾기 위
해 노력했다. 그는 한국, 일본, 중국 등 아시아에서도 주식투자로 큰
수익을 올렸다.

실제로 1997년 한국에 외환위기가 닥쳐 국내 주식시장이 폭락하
자 대부분의 투자자들이 증시를 외면하였다. 하지만 템플턴은 삼성
전자, 한국전력 등과 같은 우량주를 적극 매수해 상당한 시세차익을
올렸다.

영적인 투자자, 존 템플턴

템플턴은 엄청난 부를 축적했으면서도 항상 도덕적인 삶을 살았다.
그의 저서나 강의 대부분은 종교·도덕·삶 등에 집중되어 있는데
'다른 사람에게 봉사하라' 는 그가 남긴 필생의 메시지 중 하나이다.

"삶이 당신에게 어떤 것을 가져다 주느냐보다 당신이 어떤 자세로
살아가느냐에 따라 당신의 삶은 결정된다. 당신에게 주어진 환경은

당신의 삶에 색칠을 할 수 있다. 하지만 그것이 어떤 색깔이 될 것인지 선택하는 건 당신의 마음이다"라는 메시지도 남겼다.

존 템플턴의 가치투자 전략

① 위기는 곧 기회다.

② 대부분의 투자자들이 두려움 속에서 매도할 때, 그때 매수하라.

③ 증시가 급락할 때는 스스로에 대한 확신과 용기가 필요하다.

④ 복리의 힘을 간과하지 마라.

⑤ 주식을 매수하기 가장 좋은 타이밍은 증시에 선혈이 낭자할 때다.

⑥ 약세장에서 승부를 걸어라.

⑦ 스스로의 능력을 믿고 자신의 행동이 옳다고 확신하라. 그래야 위기를 극복할 수 있다.

⑧ 가장 적절한 매수 타이밍은 자신의 판단이 사사로운 일에 영향받지 않을 때다.

6. 피터 린치

월가의 전설

46세에 은퇴하다

피델리티 펀드매니저 피터 린치는 가정에 충실하고자 46세에 돌연히 은퇴를 선언했다.

그가 운용했던 마젤란펀드는 1977년 1,800만 달러에서 그가 은퇴한 시점인 1990년에는 140억 달러로 증가했다. 이는 연평균 30%에 이르는 놀라운 수익률이며 이 기간 S&P500지수 연평균 상승률 15.8%과 비교해도 두 배에 달하는 성과이다.

하루도 쉬지 않고 종목 발굴

피터 린치는 노력만 한다면 보통 사람들도 얼마든지 10루타(10배, 텐배거) 종목을 찾을 수 있다고 강조했다. 그는 비록 기독교신자였지만 좋은 기업을 찾기 위해 일요일에도 출근할 정도의 워커홀릭이었다.

이해하기 쉬운 회사가 완벽한 주식

린치는 이해하기 쉬운 회사야말로 가장 완벽한 종목이며, 쓰레기처리와 같이 남들이 혐오하지만 일상생활에 꼭 필요한 사업을 하고 있는 기업이 10루타 후보로 제격이라고 말했다.

그리고 "사람들이 부동산에서 돈을 벌고 주식에선 돈을 잃는 데는 다 이유가 있다. 그들은 집을 선택할 때는 몇 달을 고민하지만 주식은 몇 분 안에 선택을 끝내버린다"며 투자자들의 잘못된 투자습관을 지적했다.

파생상품 NO, 장기투자 OK

린치는 전문가가 아닌 이상 파생상품 거래로 성공하기는 불가능하며 오히려 가장 빠른 파산의 지름길이라고 말했다. 파생상품 거래에 있어서 세계 1위를 달리고 있는 한국 주식투자자들이 새겨들어야 할 말이다.

아울러 개인투자자들에게 장기투자의 중요성을 역설했다. 그는 "주가 하락은 놀라운 일이 아니라 단지 일상적인 일이다. 사고 싶던 주식의 가격이 떨어지면 저가매수의 기회로 생각해야 한다"고 조언했다.

피터 린치가 생각하는 '완벽한 주식' 이란?

- 따분하거나 우스꽝스럽게 들리는 사업을 한다.
- 뭔가 혐오감을 불러일으키는 성질의 사업을 한다.
- 분리 독립된 자회사다.
- 기관들은 보유를 거부하고, 애널리스트들도 관심을 갖지 않는다.
- 소문이 무성하다.
- 뭔가 침울하게 만드는 원인이 있다.
- 성장이 전혀 없는 업종이다.
- 남들이 거들떠보지 않는 틈새에 위치해 있다.
- 사람들이 그 회사의 물건을 꾸준히 산다.
- 테크놀러지를 사용하는 업체이다.
- 내부자들이 자사주를 산다.
- 회사에서 자사주를 되사들이고 있다.

7. 필립 피셔
성장주 투자의 아버지

워렌 버핏의 스승

필립 피셔는 벤저민 그레이엄 다음으로 워렌 버핏에게 영향을 많이 준 사람이다.

성장주 투자의 아버지라 불리는 피셔는 1950년대 최초로 성장주(growth stocks)의 개념을 월가에 소개했고, 벤저민 그레이엄과 함께 현대적인 투자이론의 창시자로 손꼽힌다.

위대한 기업을 고르는 방법

벤저민 그레이엄은 투자대상을 찾을 때 재무제표 등을 중시했지만 피셔는 기업의 질(Quality)에 더 집중했다. 그는 경영자의 능력과 미래에 대한 계획, 연구개발 역량 등을 꼼꼼히 체크해 기업을 발굴했다.

피셔는 오랜 연구 끝에 위대한 기업은 장기간에 걸쳐 매출액, 순이익이 업종평균보다 훨씬 높게 성장했음을 알게 되었다. 그리고 현재의 PER(주가수익비율)보다 향후 몇 년간의 PER이 더 중요하다는 사실을 깨달았다.

가장 큰 손해는 너무 일찍 파는 것

피셔는 주식투자에서 볼 수 있는 가장 큰 손해는 훌륭한 회사를 너무 일찍 파는 것이라고 강조했다. 그에 따르면 위대한 기업은 장기적으로 최소 수 배의 주가상승이 기대되는데 굳이 너무 서둘러 이익을 실현할 이유가 없다는 것이다.

실제로 그는 1950년대에 투자했던 텍사스 인스트루먼트 주식을 무려 40여년이 지난 1990년대에 팔았고, 역시 비슷한 시기에 매수했던 모토롤라 주식은 최근까지 보유하고 있었던 것으로 알려져 있다.

피셔는 주식투자에서 볼 수 있는 가장 큰 손해는 훌륭한 회사를 너무 일찍 파는 것이라고 강조했다. 그에 따르면 위대한 기업은 장기적으로 최소 수 배의 주가상승이 기대되는데 굳이 너무 서둘러 이익을 실현할 이유가 없다는 것이다.

주식, 언제 사고 언제 팔 것인가?

주식투자를 하는 사람들에게 언제나 화두는 살 때와 팔 때다. 투자할

종목을 발굴하는 것과 사고파는 시기를 결정하는 것은 주식투자자가
평생 안고 가야 할 과제이다.

피셔는 성장성이 뛰어난 주식이 단기 악재로 인해 싼 값에 거래될
때를 좋은 매수 시점이라 말했다. 그리고 매수 시점에 실수를 저질렀
거나 매수 근거가 점차 희박해질 때, 혹은 더 좋은 주식이 나왔을 때
가 매도 시점이라고 말했다.

투자자가 저지르지 말아야 할 열 가지 실수

- 과대포장하는 기업의 주식은 매수하지 말라.
- 훌륭한 기업이 단지 장외시장에서 거래된다고 해서 무시해서는
  안 된다.
- 사업보고서의 '표현'이 마음에 든다고 해서 주식을 매수하지 말라.
- 순이익에 비해 주가가 높아 보인다고 해서 앞으로의 추가적인
  순이익이 이미 주가에 반영됐다고 속단하지 말라.
- 너무 적은 호가 차이에 연연해 하지 말라.
- 너무 과도하게 분산 투자하지 말라.
- 전쟁 우려로 인해 매수하기를 두려워해서는 안 된다.
- 관련 없는 통계 수치들은 무시하라.
- 진정한 성장주를 매수할 때는 주가뿐만 아니라 시점도 정확해
  야 한다.
- 군중을 따라가지 말라.

8. 제시 리버모어

가장 위대한 개인투자자

15세에 단돈 5달러를 밑천으로 주식투자를 시작해 1929년 대공황 때는 무려 1억 달러(지금의 약 2조 원)를 벌어들여 경이적인 수익률을 올린 리버모어는 역사상 가장 위대한 투자자로 인정받고 있다.

위대한 투자자의 탄생

리버모어는 증권회사에서 칠판에 주가를 기록하는 일부터 시작했다. 그는 쉬지 않고 꿈틀대는 주가에 완전히 매료되어 밤늦게까지 주가의 패턴을 찾아내려고 노력했다.

사설증권회사에서 주식투자를 처음 시작한 리버모어는 '10% 손절매 원칙'을 지키며 꾸준히 돈을 벌었다. 그의 나이 20세 무렵에는 적극적인 매매 스타일과 엄청난 거래규모로 '꼬마 노름꾼'이라는 별칭까지 얻었다.

실패를 성공의 거울로 삼다

사설증권회사에서 승승장구한 리버모어는 뉴욕에 있는 증권회사에서 거래를 했다. 그러나 잦은 매매와 충동적인 거래, 달라진 게임룰 등으로 막대한 손실을 입었지만 항상 자신의 매매내역을 통해 실패의 원인을 분석했다. 거듭되는 실패를 통해 그는 투자를 결정할 때는 '시간'까지 고려해야 한다는 사실을 깨달았다. 시간이란 곧 인내심을 의미한다. 인내심을 갖고 기다리면 좋은 기회는 저절로 온다는 사실을 뼈저리게 느낀 것이다.

피라미딩 전략

리버모어는 20대 중반 이후부터는 추세가 확연한 상품과 주도주 거래 시 피라미딩 전략을 사용했다. 피라미딩 전략은 추세방향으로 마치 피라미드를 쌓듯 매수 규모를 증가시켜 수익을 극대화하는 전략을 말한다.

리버모어의 피라미딩 전략은 수익은 길게 손실은 짧게 가져가는 것이며, 주가가 예상과는 달리 움직일 경우 큰 손실을 입을 수 있으므로 분할매수와 손절매를 강조했다.

수익금은 계좌에서 인출

주식투자 시 자금을 철저히 관리하지 못하면 설령 승률이 90% 이상이라고 하더라도 단 한 번의 실패로 투자금 전액을 날릴 수 있다. 왜냐하면 주식시장은 전혀 예기치 못한 사건들이 자주 발생하기 때문이다.

그래서 리버모어는 계좌규모가 투자원금의 2배가 되면 수익에 대해서는 인출을 적극 권했다. "초보투자자들은 거래를 남발하지만 결국 돌아오는 것은 깡통 계좌뿐이다"라고 말했다.

제시리버모어의 10대 투자원칙

① 오를 때는 희망을, 떨어질 때는 두려움을 가져라.

② 무모한 사람이야말로 쉬지 않고 투자한다.

③ 방향을 확인한 후의 매매는 보험에 드는 것과 같다.

④ 투자결정을 했어도 지나치게 앞서 뛰어들지 말라.

⑤ 수많은 주식보단 몇 개 종목을 관찰하는 게 훨씬 쉽다.

⑥ 매매가 잦을수록 중개인은 달콤한 권유를 아끼지 않는다.

⑦ 정보나 추천으로 돈을 벌 수 있다고 기대하지 말라.

⑧ 짧은 시간에 큰돈을 벌고 싶다면 차라리 증시를 떠나라.

⑨ 판단이 틀렸다면 변명하지 말고 웃으며 다음 기회를 누려라.

⑩ 거래 완료 후엔 차익 중 절반은 예금상자에 따로 모아두라.

4장
신가치투자로 평생 부자되기

초보들을 위한 고수 점프 프로젝트, 신가치투자!

기존 가치투자와 신가치투자의 가장 큰 차이점은, 기존 가치투자가 가치평가를 통해 저평가주를 고르고 다시 차트분석을 하는 데 반해 '신가치투자'는 이와 반대과정을 거친다. 먼저 차트분석을 통해 급등 에너지(매집)를 확인해 끼 있는 종목을 발굴한 다음 가치평가를 해 저평가주를 고른다.

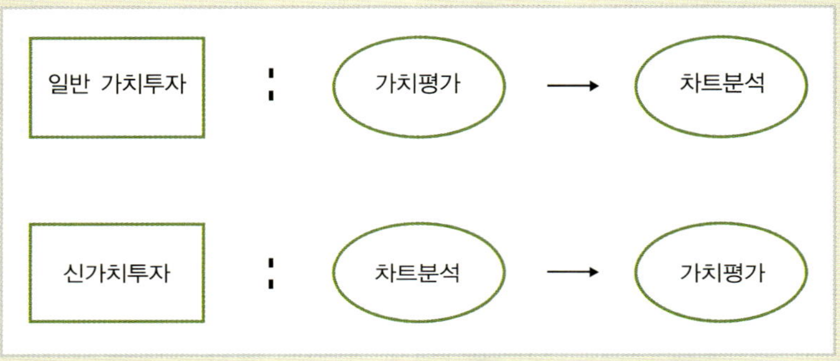

신가치투자의 장점은?

신가치투자는 '사놓고 마냥 기다리는' 기존의 가치투자를 넘어 '매집이 되고 저평가된 우량한 주식을 급등 직전 올라타는 투자방법'이다. 따라서 빠른 시세를 볼 수 있으며, 한정된 자금으로 주식투자를 하는 개인투자자들에게 가장 적합한 투자법이다.

　주식은 시간의 예술이자 타이밍의 예술이라는 말이 있다. 아무리 좋은 주식도 빠른 시세가 나지 않으면 투자자에게 좋은 주식일 수 없다. 사 놓고 오를 때까지 마냥 기다리는 것도 투자자 입장에서는 기회비용을 잃으므로 투자손실이라고 봐

야 한다. 투자자들은 언제 오를지 모르는 주식을 기약 없이 들고 있는 것만큼 심리
적으로 힘든 일도 없다. 좋은 주식을 오랫동안 보유하다가 막상 상승하면 얼마 참
지 못하고 매도하고 마는 게 일반투자자의 전형적인 패턴이다.

　신가치투자는 급등 직전에 주식을 매수하기 때문에 기존의 지루한 가치투자와
는 차별화가 되며 동시에 빠른 시세가 나기 때문에 투자자들에겐 매력적인 투자법
이다.

기본적 분석편
좋은 종목을 고르는 평가지표

EPS가 커진다는 것은 그만큼 성장성이 좋은 회사이며 투자가치가 높다고 할 수 있다. EPS가 높다는 것은 그만큼 경영실적이 양호하고 배당 여력도 많으므로 주가에도 긍정적인 영향을 미칠 가능성이 높다. 이처럼 EPS로 기업의 미래 가치를 판단할 수 있다. 아울러 현재의 EPS가 높다는 것은 기업이 현재 장사를 잘하고 있다는 의미로 받아들일 수 있다.

EPS(주당순이익)

EPS(Earning Per Share, 주당순이익)란 순이익(당기순이익)을 총발행주식 수로 나눈 수치를 말한다. 투자를 판단하는 매우 중요한 지표이며 아래와 같이 간단히 구할 수 있다.

> EPS = 순이익 / 총주식수
> EPS = 1억원(순이익) / 1만주(발행주식수) = 10,000원

EPS는 기업의 수익성을 판단하는 가장 중요한 지표 중 하나이다. 1년 동안 기업이 경제활동으로 벌어들인 순이익이 1주당 얼마인가를 나타낸다. 단순하면서도 중요한 실적 관련 지표라 할 수 있다. 예를 들어 한 기업이 1년 동안 1억 원의 순이익을 거두었고, 총 주식수가 1

만주라면 EPS는 얼마일까? 1만원이 나온다. 이는 다시 말해 1주의 주식으로 1년에 1만원을 벌었다는 의미이다. 그래서 EPS를 주당순이익이라 한다.

EPS가 높아지는 기업이라면 금상첨화

EPS가 높아진다는 것은 어떤 의미일까? 발행주식수에 변화가 없다고 가정하면, 분자인 순이익이 많아진다는 뜻이다. 그래서 EPS가 커진다는 것은 그만큼 성장성이 좋은 회사이며 투자가치가 높다고 할 수 있다. EPS가 높다는 것은 그만큼 경영실적이 양호하고 배당 여력도 많으므로 주가에도 긍정적인 영향을 미칠 가능성이 높다. 이처럼 EPS로 기업의 미래 가치를 판단할 수 있다. 아울러 현재의 EPS가 높다는 것은 기업이 현재 장사를 잘하고 있다는 의미로 받아들일 수 있다.

차트 63 **삼성전자 주봉(2008년~2011년)**

차트와 같은 시기의 삼성전자와 LG전자 EPS 변화를 보자. 주가와 EPS와의 상관관계를 알 수 있다.

	2008년	2009년	2010년	2011년
삼성전자	32,479원	56,717원	92,862원	78,522원
LG전자	2,915원	12,396원	7,409원	−2,833원

EPS를 활용한 투자법

'EPS가 높아질수록 기업가치도 상승한다', 'EPS가 높으면 실적도 좋다' 는 말은 그 기준이 모호하기 때문에 막연하게 들릴 수 있다.

따라서 흔히 사용하는 방법은 EPS 증가율을 동종 업종 내에서 다른 종목과 비교하는 것이다. 업종의 상승을 확신하고 있고 그 중 한

종목을 사고 싶다면 EPS 증가율이 상대적으로 높은 종목을 선택한다
면 좋은 수익을 기대할 수 있을 것이다. 주가가 EPS 증가율을 현저하
게 따라가지 못하고 있는 상태라면 투자매력도는 더욱 높아진다.

EPS × 10

'EPS × 10' 이라는 간단하면서도 효과적인 공식을 활용한다.

예를 들어 해당 기업의 주가가 1만원인데 EPS가 500이라면 고평
가일까, 저평가일까?

> 500(EPS) × 10 = 5,000원

현재가가 1만원이고 EPS로 구한 이 기업의 적정주가는 5,000원이
므로 고평가라 할 수 있다.

EPS가 계속 증가하더라도 현재 주가가 고평가 상태이면 리스크가
있다. 반면 주가가 1만원인데 EPS가 2,000이라면 어떤 판단을 내릴
수 있을까?

> 2,000(EPS) × 10 = 20,000원

현재가가 1만원이고 EPS로 구한 이 기업의 적정주가는 2만원이므
로 저평가이며 상승여력이 높다고 할 수 있다. 이처럼 EPS는 주가를
판단할 수 있는 중요한 투자지표이다.

EPS를 중심으로 기업실적을 점검하라

신가치투자를 이용해 주식투자 시 간단명료하게 주가의 고평가, 저평가 여부를 파악할 수 있는 지표는 바로 EPS이다.

> **주가의 현재 상태**
> EPS × 10 > 주가 : 저평가
> EPS × 10 < 주가 : 고평가

'EPS×10' 이렇게 쉬운 공식 하나만 알고 있어도 주가의 현재 위치를 객관적으로 파악할 수 있다.

| 투자포인트 |

★ EPS가 높아질수록 투자가치도 높다.
★ 'EPS×10'으로 단순하면서도 강력한 객관적인 투자 기준을 세운다.

PER(주가수익비율)

먼저 PER을 산출하는 공식은 다음과 같다.

> **PER(주가수익비율) = 주가 / 주당순이익(EPS)**

PER은 주가가 고평가인지 저평가인지를 판단할 때 가장 자주 쓰이는 지표이다.

PER은 현재의 주가를 주당순이익으로 나눈 지표이기 때문에 주가가 주당순이익의 몇 배인가를 나타낸다. 예를 들어 A주가가 1만원이고, EPS(주당순이익)가 1,000원이라면 PER은 얼마일까? 10이라는 숫자가 나온다. 즉 A종목은 주가수익비율이 10배라는 의미이다.

PER이 낮을수록 저평가, 높을수록 고평가

PER 10배는 무슨 뜻일까? PER은 A기업이 지금과 같은 수익을 지속할 경우 현재 주가에 해당하는 돈을 벌려면 몇 년이 걸리느냐를 나타낸다. PER 10배는 10년 걸린다는 뜻이다. 따라서 PER이 낮을수록 주가가 저평가, PER이 높을수록 주가가 고평가되어 있다고 평가할 수 있다. 하지만 고평가 저평가 기준이 모호하므로 흔히 두 가지 방법을 주로 사용한다. 하나는 동종 업종 내에서 여러 종목의 PER를 비교하는 것이고 다른 하나는 PER의 절대 기준을 정하는 것이다.

① 동종 업종 내에서 PER 비교

동종 업종이라도 성장성, 안정성, 수급, 시장에서의 인기 등에 따라 종목들의 PER이 제각각이다. 현재 PER이 높아도 향후 성장성이 기대되는 종목의 주가는 계속 상승하고, 현재 PER이 낮아도 성장성이 결여되고 인기가 없는 종목의 주가는 오르지 않는다.

② 기준을 정해 PER 비교

일반적으로 PER을 기준으로 고평가와 저평가를 가르는 기준은 10이다. 10을 평균으로 놓고 PER이 10 이하면 저평가 국면으로 매수관점, 10~20이면 매수 고려, 20 이상이면 고평가 국면으로 각별한 주의가 필요하다.

PER	투자매력도
10 이하	적극적인 매수 관점
10~20	매수 고려
20 이상	각별한 주의 필요. 혹은 매도 관점

즉 기본적으로 PER이 낮을수록 투자매력이 높다고 할 수 있다. 업종 내에서든 업종을 떠나서든 PER이 낮을수록 해당기업이 빠른 시일 내에 주가만큼 돈을 벌 수 있기 때문에 당연한 결과이다.

여기서 주목해야 할 점은 코스닥 벤처기업은 PER이 비정상인 경우가 많다는 사실이다.

벤처형 기업은 당장의 이익은 적지만 미래의 성장가치를 미리 반영하기 때문에 고PER로 나타날 수 있다.

일부 코스닥 기업은 PER이 50, 100 등으로 매우 높은 PER을 기록하고 있음에도 불구하고 주가가 계속 오르는 경우를 볼 수 있다. 예를 들어 삼성전자가 LED 부품에 들어가는 제품을 생산하는 A라는 기업과 독점계약을 맺었다면 어떻게 될지 상상해 보자. 이 때는 일반적인 PER 기준과 상관없이 주가는 급등한다. 향후 발생할 순이익을 현재 주가와 비교해 지금의 PER이 낮다고 판단하기 때문이다.

| 투자포인트 |

★ PER이 낮을수록 투자가치가 높다.

ROE(자기자본이익률)

ROE(Return on Equity)는 연간순이익을 자기자본으로 나눈 백분율로 자본 대비 순이익 정도를 평가하는 지표이다. ROA와 함께 수익성 지표이다.

> ROE(자기자본이익률) = 당기순이익 / 자기자본

| 투자포인트 |

★ ROE가 높을수록, ROE가 지속적으로 증가할수록 투자매력이 높다

ROE를 알기 전에 살펴보아야 할 지표가 있다. ROA(Return On Assets)이다. 총자산순이익률이라고도 하는데, 기업이 총자산에서 당기순이익을 얼마나 올렸는지 가늠하는 지표이다. 기업의 일정 기간 순이익을 자산총액으로 나누어 계산한 수치로, 특정기업이 자산을 얼마나 효율적으로 운용했는지를 보여준다.

> ROA(총자산이익률) = (순이익 / 총자산) × 100

기업의 총자산은 처음부터 가지고 있던 자기자본과 금융기관에서 빌린 차입금으로 나눌 수 있다. 차입금은 이자라는 비용을 부담해야 하고 언젠가는 되돌려 주어야 할 돈이다. 투자자 입장에서는 차입금을 뺀 자기자본 만으로 기업이 얼마나 수익을 내고 있는지 판단하는 것이 더욱 중요할 수 있다. 그래서 나온 개념이 ROE이다.

기업의 자기자본이 1,000원이고 당기순이익이 100원이라면 ROE는 10%이다. 달리 말해 주주들이 1,000원을 투자해 1년 동안 열심히 일한 결과 회사가 100원의 수익을 거둬들인 것이다.

ROE는 10 이상인지 확인하라

'ROE=은행이자' 라는 공식을 외워두면 실전에서 빠른 적용이 가능하다. 대출이자를 연 4.5%로 가정할 경우, 4.5%의 이자를 내고 기업활동을 해 10% 이상의 이익을 얻었다면 은행이자를 갚고도 5% 이상의 수익이 발생했으니 장사를 잘했다고 말할 수 있다.

반면 10%에 미치지 못한다면 무엇을 뜻할까? 인건비, 시설비, 운영비 등을 제하고 남은 순이익으로 은행이자를 지급하면 별로 남는게 없을 것이다.

ROE가 높을수록 투자매력이 높다

기업이 해산하지 않고 계속 사업활동을 지속한다는 것은 기업이 소유한 자기자본을 은행에 예치해 이자를 받는 것보다 더 높은 수익이 기대되기 때문이다. 만약 ROE가 은행이자보다 낮다면 투자매력이 현저하게 떨어진다. 기업이 은행이자보다 못한 실적을 내고 있다면 투자자 입장에서도 그 기업에 투자하기보다는 주식투자금을 은행에 예치하는 게 상식적으로도 올바른 판단이다. 따라서 ROE가 높을수록 투자매력이 높다. 자기자본으로 기업이 그만큼 많은 돈을 벌고 있다는 의미이기 때문이다.

ROE가 지속적으로 높을수록 좋다

작년에는 ROE가 20%이고 올해는 10%라면 투자자는 매우 불안할 것이다. 이는 작년에는 풍년이었다가 올해는 흉년이므로 앞으로 안심하고 작물을 심을 수 없기 때문이다. 결국 좋은 기업의 ROE는 높고 매년 꾸준하다.

PER의 단점을 보완하는 지표로 활용 가능하다

순이익을 발행주식수로 나누어 산출하는 PER 지표에도 단점은 있다. 자본금이 비정상적으로 적은 회사는 PER이 낮게 형성돼 투자에 혼란을 줄 수도 있다. 이런 단점을 바로 ROE 지표가 보완을 해준다. ROE가 높고 PER이 낮은 종목은 자기자본으로 순이익을 많이 내는 기업의 주가가 저평가 상태이니 투자매력이 높다고 할 수 있다.

ROE의 기준을 정한다

ROE 역시 기준이 없다면 애매한 지표이다. 최소한 은행이자보다는 높아야 한다. ROE 수치가 20% 이상이라면 성장성이 높아 투자에 매력적인 기업이라 할 수 있다.

| 투자포인트 |

★ ROE, ROA가 높을수록, 지속적으로 증가할수록 투자매력이 높다

BPS(주당순자산)

기업가치 판단지표로 BPS(Book-Value Per Share)가 활용된다. BPS는 회사의 총자산에서 부채를 뺀 순자산을 발행주식수로 나눈 지표로 주당순자산이라 부른다. EPS가 회사의 수익성을 반영한 지표라면, BPS는 회사의 자산가치를 반영한 지표이다.

> **BPS(주당순자산) = 순자산(총자산 − 총부채) / 발행주식수**

주당순자산은 주식 1주당 순자산이 얼마인지를 나타낸다. 순자산은 타인자본, 즉 부채를 빼고 남은 자기자본을 말하는데 기업의 실질적인 재산을 의미한다.

주가는 주당순자산과 비슷하게 움직이는 경향이 있다. 주당순자산이 1만원이면 주가도 1만원, 주당순자산이 10만원이면 10만원 근처에서 주가가 형성되는 경우가 많다. 물론 여타의 매력도에 따라 크게 차이가 나는 경우도 있지만 이론상으로는 주가는 BPS에 수렴한다. 만약 주가가 BPS에 비해 현저하게 낮다면 실적을 체크해 볼 필요가 있다. 매년 큰 폭의 적자를 기록하는 종목은 주가가 BPS보다 현저하게 낮게 형성된다. BPS가 1만원이라는 것은 기업이 문을 닫고 모든 자산을 처분했을 경우 1주당 주주들에게 1만원을 되돌려준다는 의미이다. 즉 청산가치라고 한다. 주주가 기업의 주식 1주를 보유했을 때 실제적인 자산가치를 나타내므로 기업의 BPS가 높거나 매년 증가할수록 투자매력이 높아진다.

PBR(주가순자산비율)

PBR(Price Book-value Ratio)은 주당순자산비율이라고도 하는데, 주가가 순자산에 비해 1주당 몇 배로 거래되고 있는지를 나타낸다. 순자산이란 자산에서 부채를 뺀 수치를 의미한다. PER은 수익성만으로 현재의 주가를 판단하는 기준이다. 이와는 달리 PBR은 기업의 실제적인 자산과 비교해 현재의 주가를 판단하는 기준이다. 기업의 순자산이 많다는 것은 그만큼 기업이 내실이 있다는 뜻이다.

PBR이 1이라면 주가와 기업의 청산가치가 같고, PBR이 1 미만이면 주가가 기업의 청산가치에도 미치지 못할 정도로 낮게 주가가 거래되고 있다고 해석할 수 있다.

예를 들어 주가가 1만원인데 BPS가 2만원이라면 PBR은 0.5배이며, 만일 회사가 문을 닫을 경우 이론상 1주당 2만원을 받을 수 있으므로 저평가이다. 반면에 주가가 1만원인데 BPS가 5천원이라면 PBR은 2배이며, 만일 회사가 문을 닫을 경우 이론상 1주당 5천원을 받을 수 있으므로 고평가이다.

PBR을 산출하는 공식은 아래와 같다.

> PBR(주가순자산비율) = 주가 / 주당순자산

주식시장에는 PBR이 낮은 종목들이 많다. PBR 1배 이하이면 저평
가 종목이므로 관심을 가져볼 만하다. 만일 주도주가 PBR 1배 이하
에 거래되고 있다면 적극적인 매수관점으로 접근해야 한다.

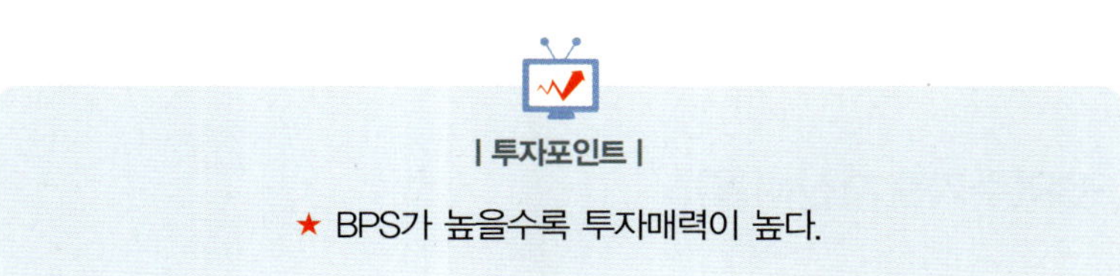

여러 지표를 알아본 결과 어떤 지표는 높을수록 좋고, 어떤 지표는
낮을수록 좋다. 이를 정리하면 다음과 같다.

높을수록 좋은 지표	EPS, BPS, ROE, ROA
낮을수록 좋은 지표	PER, PBR

기타 투자 지표

앞에서 설명한 지표를 통해 대략적인 분석이 가능하지만 보다 안전
하고 치밀한 투자를 하기 위해서는 그 밖의 투자지표도 살펴보아야
한다. 하나씩 살펴보도록 하자.

안정성 지표

안정성 지표에는 부채비율과 유보율이 있다.

① 부채비율

$$부채비율 = 타인자본 / 자기자본 \times 100$$

부채비율은 자본구성의 건전성 여부를 판단하는 대표적인 지표이다. 여러분의 가계에서도 부채가 높을수록 재산이 불안정하다. 집을 살 때도 부채 없이 산다면 가장 안정적일 것이다. 마찬가지로 기업도 이 비율이 높을수록 재무구조가 불안정하다고 생각할 수 있다.

업종에 따라 다소 차이가 있지만 일반적으로는 100% 이하를 이상적인 표준비율로 보고 있다.

② 유보율

$$유보율 = (자본잉여금 + 이익잉여금) / 납입자본금 \times 100$$

유보율은 기업이 동원할 수 있는 자금의 양을 측정하는 지표이다. 영업활동을 통해 얻은 이익인 이익잉여금과 자본거래 등 영업활동 외의 특수거래에서 생긴 이익을 뜻하는 자본잉여금을 합한 금액을 납입자본금으로 나눈 비율이다.

기업의 설비 확장 또는 재무구조의 안정성을 위해 유보율이 높을수록 좋다. 유보율이 높을수록 재무구조가 탄탄하며, 불황이나 특수 사건이 발생했을 때 대처와 적응력이 높다.

성장성 지표

성장성 지표에는 매출액 증가율, 영업이익 증가율, 총자산 증가율이 있다. 성장성 지표는 지속적으로 증가할수록 좋다. 기업이 성장하고 있음을 뜻하기 때문이다.

활동성 지표

활동성은 자산의 활용이 어느 정도 되고 있는지를 나타내는 지표이다. 기업의 경영관리 활동인 구매, 생산, 판매 활동 등이 어느 정도 활발한지를 보여준다.

① 총자산회전율

총자산을 활용해 어느 정도 매출을 올렸는지를 측정하는 지표이다. 기업이 매출활동을 벌일 때 보유하고 있는 모든 자산을 몇 번이나 활용했는지를 파악하는 데 사용한다.

> **총자산회전율 = 매출액 / 총자산**

② 고정자산 회전율

기업 활동에서 고정자산의 활용도를 알아보는 지표로 영업 상태를 판단하는 데 쓰인다. 고정자산회전율이 낮으면 조업도가 낮은 것을 의미한다. 따라서 제품 단위당 감가상각비, 수선비 등의 고정비의 비중이 높아져 제조원가가 상승하게 된다. 고정자산 회전율이 높을수록 우량한 회사이며 업종에 따라 평균율에는 차이가 있다.

$$\text{고정자산 회전율} = \text{매출액} / \text{고정자산} \times 100$$

③ 재고자산 회전율

기업이 판매를 목적으로 보유하고 있는 자산으로 생산한 상품이나 구입한 상품이 어느 정도 팔리고 있는가를 나타내는 지표이다. 재고자산 회전율이 높다는 것은 재고로 남겨두는 시간이 짧고, 판매가 빨리 이루어짐을 의미한다. 재고자산 회전율이 낮다는 것은 판매활동에 문제가 있는 것으로 판단할 수 있다.

$$\text{재고자산 회전율} = \text{매출액} / \text{재고자산} \times 100$$

주가 평가지표의 수집과 활용

상장기업은 의무적으로 분기마다 실적을 발표하도록 법으로 정해져 있다. 기업이 발표한 실적은 HTS나 전자공시를 통해 쉽게 확인할 수 있다.

최근 4개 분기의 실적과 다음 분기의 실적도 확인이 가능하다. 앞서 살펴본 EPS, BPS, PER, PBR, ROA, ROE를 차례로 확인할 수 있다. 또한 이런 지표를 산출해내는 데 필요한 매출액과 영업이익, 당기순이익, 자산과 부채총계, 자본금 등을 한눈에 확인할 수 있다.

여러 지표들을 투자자가 직접 계산하지 않아도 자동 계산된 표를 통해 기업의 실적을 확인할 수 있으므로 종목을 선정하는 과정에서,

혹은 보유하는 동안에도 수시로 살펴보는 습관을 들여야 한다.

- EPS(주당순이익) = 순이익 / 총주식수
- PER(주가수익비율) = 주가 / 주당순이익
- BPS(주당순자산) = 순자산 / 총주식수
- PBR(주가순자산비율) = 주가 / 주당순자산

| 투자포인트 |

★ EPS는 지속적 증가
★ BPS는 지속적 증가
★ PER는 10배 이하일 경우 저평가
★ PBR은 1배 이하일 경우 저평가

기술적 분석편
매집을 알면 급등이 보인다

통상적으로 매집은 내부 정보를 미리 알고 있는 대주주나 관련 세력에 의해 이루어진다. 이들은 저평가 종목중에서 시장 패션에 맞는 종목군들을 매집하기 시작한다.

주식에서 매집이란 주도세력이 기업의 내재가치나 호재성 재료를 미리 알고 선취매하는 것이다. 매집은 세력(거래량)+가치(저평가)+차트(정배열)+정보(대주주, 내부자) 등을 규합해 분석한다. 세력이 일정 기간 매집한 후에 시세분출 과정을 거쳐 8부 능선에서 분할매도 함으로써 한 사이클이 끝나게 된다.

통상적으로 매집은 내부 정보를 미리 알고 있는 대주주나 관련 세력에 의해 이루어진다. 이들은 저평가 종목중에서 시장 패션에 맞는 종목군들을 매집하기 시작한다.

이때 세력은 한정된 자금으로 많은 물량을 저가에 매집해야 하므로 매집되기 전에 주가가 올라가는 것을 좋아하지 않는다. 따라서 주가가 상승하면 의도적으로 하락시켜 재매수를 반복한다.

세력은 추세를 따르면서 일반투자자의 입맛에 맞게 맞춰주기도 하고 속이기도 하면서 차트를 만들어 나간다. 주가가 상승해 일반 투자자가 추격매수하면 일부를 팔아서 주가를 하락시키고, 또 어느 정도 하락하면 재매수하면서 하락을 멈추게 만든다.

정리하면 다음과 같다.

- 주가가 상승하면 일반투자자들은 고점에서 매수하지만 세력은 매도하고 주가가 하락하면 일반투자자들은 저점에서 매도하지만 세력은 매수한다.
- 세력은 고점매도와 저점매수를 마음대로 할 수 있다.
- 궁극적으로 세력은 매집한 주식을 가장 비싸게 매도하는 것이 목적이다.

그러므로 매집이 끝난 후 주가가 모멘텀을 타고 상승하면 세력은 기다렸다는 듯이 정보를 매스컴을 통해 유출시킨다. 이때 개인투자자들은 확신을 갖고 적극 매수에 가담하지만 세력은 고가에 물량을 처분하며 유유히 빠져나온다.

점상한가 2~5번 나온 종목을 주시하라

"점상한가는 다른 말로 바람구멍이라 하며 세력이 강하게 개입되었음을 단적으로 보여주는 신호이다."

점상한가는 일반용어로 '갭상승'이라 한다. 필자는 이를 독자적으로 '바람구멍'이라고 부른다. 캔들로 말하자면 점상한가란 시가, 고가, 저가, 종가가 모두 같은 가격으로 하루를 상한가로 시작해 상한가로 마감할 때 발생한다. 이와 같은 점상한가는 매집을 하는 세력이 매우 강할 때만 나타난다.

산성앨엔에스(구 산성피앤씨)는 바람구멍이 발생한 대표적인 급등 종목이다. 〈차트 65〉는 점상한가로 바람구멍을 내며 1년여에 걸쳐 매집이 이루어진 모습이고, 〈차트 66〉은 매집이 완료된 후 단기간에 40배 상승한 급등주의 전형적인 모습이다.

이렇듯 바람구멍이 나타나며 한 번의 큰 상승을 한 종목은 향후 급등시세를 예고한다.

앞서 설명한 우리들생명과학도 2011년 8월 바람구멍을 만들며 급등시세를 예고한 바 있다.

차트 65 산성앨엔에스

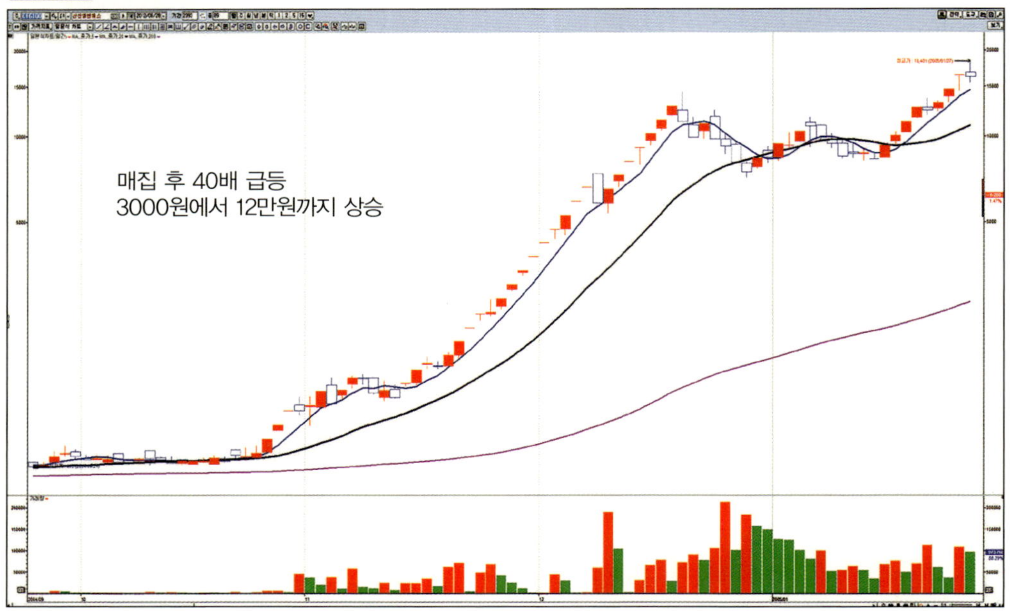

매집국면의 점상한가는 3~5개가 적당

과거 급등을 시현했던 종목을 보자. 점상한가가 연속으로 나온다는 것은 세력의 강력한 개입을 의미한다. 점상한가 1차 매집국면에서는 보통 점상한가 3~5개가 좋으며 너무 많은 바람구멍이 난 종목은 피해야 한다. 급등주는 바람구멍이 난 후 개인투자자를 털어내는 횡보국면에서 세력과 함께 매집해야 안전하다.

바람구멍이 난 종목은 특별관리

이처럼 세력의 1차 매수국면에서 바람구멍으로 매집이 완료된 종목은 조만간 급등시세가 예고된다.

따라서 바람구멍이 난 종목은 특별 관찰하며, 1차로 보초병을 보내(적은 수량 매수) 시세를 매일 관찰하되 전고점이 돌파되는 시점에 대량거래가 수반된다면 2차 매수로 대응해야 한다.

요약하자면, 200일선이 우상향하는 상승추세에서 바람구멍으로 상한가 2~5방 나온 종목이 가격조정을 받아 200일선 근처에서 휴식을 취하고 있는 종목은 향후 큰 시세가 예상된다. 주가가 다시 이륙하는 활주로에서 매수하면 급등시세를 맛볼 수 있다. 단 저가종목이나 재무구조가 불량하고 테마를 형성한 종목은 반드시 비중을 조절하거나 매수대상에서 제외한다.

주가 비행의 활주로 200일선

200일선은 10개월간의 이동평균선으로 주가의 장기흐름을 파악하는 데 유용한 이평선이다.

주가가 급등하기 위해서는 200일선의 방향이 우상향인지가 중요하다. 왜냐하면 급등하는 종목의 공통점은 바로 200일선이 우상향하고 있기 때문이다.

200일선을 중심으로 5일, 20일, 60일, 120일선 등이 모두 결집된 지점을 나는 '블랙홀' 이라 부른다.

이동평균선이 결집된 후 거래량이 분출되는 지점이 상승 초기국면으로 이후 대시세가 나온다.

상승 초기에 매수했다면 이동평균선이 일정한 간격으로 벌어질 때까지 지속 보유해야 한다. 여기서 중요한 점은 주가가 급등해 이동평균선이 정배열 상태를 유지하며 일정한 간격으로 벌어지면 매도 타이밍이라는 사실이다.

> 정배열 : 주가 > 단기이평선 > 중기이평선 > 장기이평선
> 역배열 : 장기이평선 > 중기이평선 > 단기이평선 > 주가

200일선 아래에 있는 종목은 매매 대상에서 제외

활주로는 비행기가 대기하고 있다가 출발하는 곳인 동시에 비행을 멈추고 돌아오는 곳이기도 하다. 주가도 마찬가지이다.

실적이 저조하거나 과거 대시세를 낸 종목들은 활주로 위로 쉽게 올라가지 못하고 대개 200일선 아래에서 지속적으로 하락한다. 반면에 저평가되어 있고 우량한 종목들은 고점을 찍고 하락하더라도 활주로에서 지지하며 다시 상승세를 이어간다.

차트 67 K사 일봉

따라서 200일선 아래에 있는 종목들은 기본적으로 매매대상에서 제외해야 한다. 이것만으로도 위험한 종목들이 1차로 걸러지는 효과가 있다.

200일선 아래에 있는 종목이 200일선을 돌파하며 상승추세로 전환되기 위해서는 기업내부에 큰 변화가 있어야만 가능하다. 그렇지 않을 경우 주가는 200일선까지 반등은 나오지만 재차 하락추세를 지속한다.

200일선 위에서 춤추는 종목

200일선 위에서 편안히 매매할 수 있는 종목들이다. 내릴 확률보다 오를 확률이 높아 매매시점만 잘 잡으면 큰 수익을 거둘 수 있다.

〈차트 68〉 아모레G의 경우 200일선에서 상승을 하다가(협띠 형성),

차트 68 아모레G 일봉

연료충전이 끝나자 힘차게 오르고 있다. 200일선 위를 비행하던 비
행기가 연료를 재충전하기 위해 잠시 활주로에 쉬고 있는 모습과 흡
사하다.

정부정책을 연구하라

"주식은 대통령의 의지다."

대통령의 정책을 연구하면 답이 보인다. 따라서 해마다 정부의 연
두정책 발표를 반드시 챙겨야 한다. 뉴스는 물론 시사주간지와 신문
을 정독하고 스크랩 하면서 투자방향을 잡아야 한다.

이렇듯 정부정책을 연구하면 어떤 업종이 유망한지 압축이 가능해
지며 이에 근거하면 종목선정이 한결 쉬워진다. 특히 테마를 형성하

차트 69 **아가방컴퍼니 일봉**

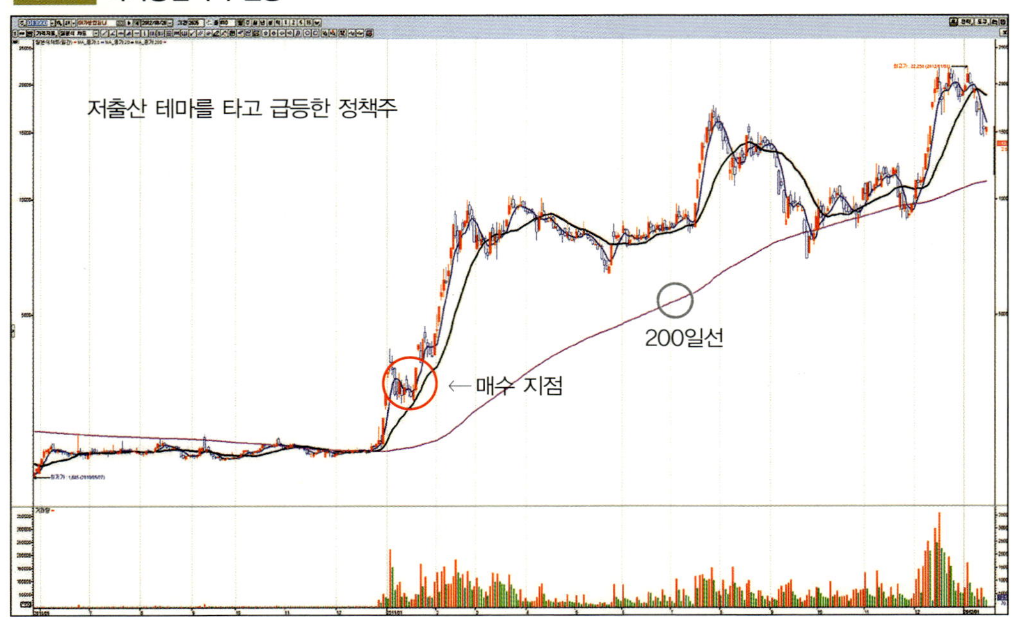

며 급등하는 주식은 정부정책과 연계될 가능성이 높다. 정부정책 수혜주는 정부의 강력한 예산 집행을 바탕으로 꾸준히 실행되기 때문에 실질적인 기업가치의 변화도 예상할 수 있다.

〈차트 69〉 아가방컴퍼니는 차기정부의 복지테마를 타고 단기간에 급등한 종목이다. 차트에서 보는 바와 같이 아가방컴퍼니는 3배 이상의 시세를 냈다. 종목에 따라서는 10배, 20배의 시세를 내기도 하므로 현정부가 중점적으로 시행하는 정책을 잘 연구하면 꿈의 수익률을 거둘 수 있다. 이런 종목을 200일선에서 담을 수 있다면 좋은 수익률을 기대할 수 있다.

〈차트 70〉은 정부정책의 녹색성장주로 2차전지 모멘텀을 타고 급등한 LG화학 일봉차트이다.

차트 70 **LG화학 일봉**

이동평균선 매집

200일선 매집은 가장 안전하면서도 큰 수익을 주지만, 주가가 200일
선을 터치하지 않고 지속적으로 상승할 시에는 매수에 가담할 수 없
다는 단점이 있다. 이를 보완하기 위해 여러 가지 이평선을 중심으로
매집 패턴을 보이는 종목을 연구해 보다 완벽한 투자를 해야 한다.
이동평균선 매집에서 중요한 조건은 2가지이다.

첫째, 정배열로 주가가 이동평균선 위에 존재해야 한다. 둘째, 이
동평균선이 우상향으로 상승 중이어야 한다. 이 2가지 조건을 만족시
키는 종목만을 대상으로 이평선 매집 패턴을 연구해야 한다.

이평선 매집을 통해 상승하는 종목은 해당 이평선 근처에서 협띠
를 형성하며 횡보기간을 거친다. 협띠란 주가가 상승과 하락을 제한
적으로 반복하며 이평선을 깨지 않고 횡보하는 것을 말한다.

20일 이동평균선의 매집 패턴

20일 이동평선은 1개월간의 중단기 이동평균선으로 흔히 생명선이
라 부른다.

〈차트 71〉 성문전자는 전기차 테마 종목이며 당시 저평가 국면에
있어서 20일선에서 지속적으로 물량을 모았던 종목이다. 박스권을
돌파하며 대량거래가 실리면서 단기간에 급등했다.

60일 이동평균선의 매집 패턴

60일 이동평균선은 3개월간의 중기 이동평균선으로 중기적 추세선,
수급선이라 부른다. 우량한 많은 종목들이 60일선을 기준으로 상승

차트 71　성문전자 일봉

전기차 테마로 급등
20일선

차트 72　한국컴퓨터 일봉

경제민주화 테마로 급등
60일선

하는 패턴을 많이 보인다.

〈차트 72〉는 경제민주화 테마를 타고 2012년 8월 급등한 한국컴퓨터 일봉 차트이다.

120일 이동평균선의 매집 패턴

120일 이동평균선은 6개월간의 중장기 이동평균선으로 중·장기적 추세선, 경기선이라 부른다. 우성사료는 대선 관련 테마를 타고 120일선을 기준으로 매수포인트를 주며 지속 상승했다.

차트 73 우성사료 일봉

신가치투자 정리

지금까지 배운 내용을 토대로 실전에서 종목을 발굴하고 매수하는 방법을 배워보자. 주도주와 급등우량주로 나누어 살펴보겠다.

급등우량주는 급등주이지만 기업가치가 우량한 종목을 일컫는 용어이다. 급등우량주를 발굴하는 3단계는 다음과 같다.

> **기본적 분석 + 기술적 분석 + 매집**

신가치투자는 기존 가치투자의 지루함을 탈피하기 위해 세력의 매집이 이루어진 급등 가능한 끼 있는 종목을 발굴한 후 기업 가치가 저평가인지 확인한 후 매수한다.

- 1단계 : 세력의 개입 여부와 매집을 확인한다. 시장의 패션에 부합하는지 확인한다(주도주).
- 2단계 : 200일선을 중심으로 주가가 활주로에서 쉬는 구간에 매수한다.
- 3단계 : 단순하면서도 강력한 3개의 지표(PER, PBR, ROE)를 통해 기업가치를 분석한다.

① 1단계 : 세력의 개입 여부와 매집을 확인한다.

앞서 설명한 바람구멍을 낸 종목은 세력의 강력한 개입을 확인시켜준다(소형주 > 중형주).

바닥권에서 대량의 거래가 발생하며 주도세력의 입성이 포착된다

(중형주>소형주). 1단계에서 가장 중요한 점은 바로 거래량이다. 세력의 입성은 거래량에서 나타난다.

② 2단계 : 200일선을 중심으로 주가가 활주로에서 쉬는 구간에 매수한다.

200일선이 반드시 우상향하는 종목을 선정한다. 여타의 조건이 좋은 종목이라도 200일선이 하락하는 종목은 매매 대상에서 제외해야 한다. 200일선에서 협띠를 형성하며 비행을 준비하는 단계에서 매수하는 것을 원칙으로 삼고 분할 매수한다.

③ 3단계 : 단순하면서도 강력한 3개의 지표를 통해 기업가치를 분석한다.

기본적 분석도 쉽고 간단한 게 좋다. 어려운 주식을 어렵게 공부하려다 보면 더 어려워진다. 원칙을 세우고 지키려면 단순하면서도 정확한 기준이 필요하다. ROE가 10% 이상이고 EPS와 BPS가 꾸준히 증가하고 있는 종목이라면 적정주가를 산출해본다.

강력한 3개의 지표

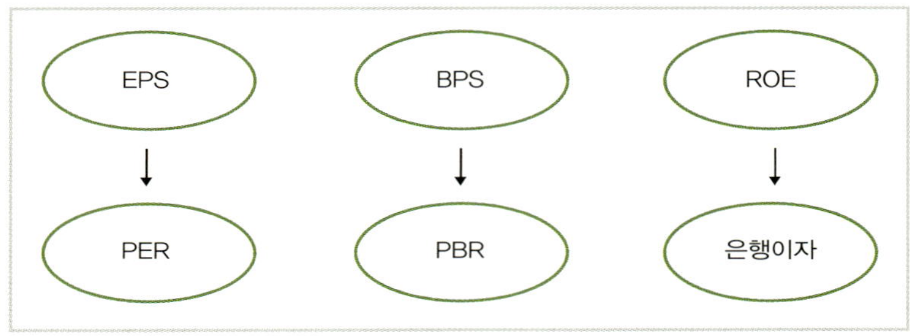

④ 4단계 : EPS와 BPS 수치를 이용해 적정주가를 산출한다.

적정주가 대비 저평가에 놓여 있는지 확인한 후 ROE가 10 이상이면 금상첨화이다.

급등우량주 매매 및 보유법

분석 3단계를 거쳐 매수한 종목은 마이너스가 나지 않는 한 지속적으로 보유하는 것을 원칙으로 한다.

끼가 있는 급등우량주는 큰 수익을 주기 때문에 작은 상승에 만족해 매도해서는 안 된다. 큰 수익을 거두기 위해서는 적정주가에 도달할 때까지 중간에 팔지 않고 뚝심 있게 들고 가는 인내심이 필요하다.

무엇보다 중요한 것은 비중이다. 급등우량주 매수 시에는 종목별로 비중 10% 이내가 좋다.

실전 사례

〈차트 74〉는 2,000원대에 추천했던 '화신'이라는 종목이다. 화신은 자동차 부품주로 시장의 패션(주도업종)과 부합했고, 200일선을 횡보

차트 74 **화신 일봉**

화신의 재무구조

□ 주당가치지표 [단위:원]

구분	2008.12	2009.12	2010.12	2011.12	2012.06
주당순이익(EPS)	251	1,305	2,043	1,427	190
주당매출액(SPS)	10,519	11,204	14,591	16,258	17,590
주당순자산(BPS)	5,036	5,929	7,387	8,522	8,471
주당현금흐름(CFPS)	686	290	826	1,535	2,735
전년동기대비EPS증가율	-37.95	288.69	64.92	-36.38	-88.28
전년동기대비SPS증가율	-3.03	5.91	30.14	12.19	10.15
전년동기대비BPS증가율	13.46	17.74	24.61	15.49	6.17
전년동기대비CFPS증가율	6.70	-57.93	185.17	86.37	43.45

* 결산구분이 (결산+4/근)인 경우 반기/반기 대비이며 그외의 경우 연환산대비 표기율.

□ 상대가치지표 [단위:배]

구분	2008.12	2009.12	2010.12	2011.12	2012.06
PER(최고/최저)	5.54/1.50	1.23/0.95	7.17/1.60	15.02/8.72	12.10/6.21
PSR(최고/최저)	0.14/0.11	0.39/0.11	1.19/1.25	1.25/0.76	0.30/0.59
PBR(최고/최저)	0.65/0.25	0.74/0.21	2.17/1.51	2.60/1.45	1.01/1.03
PCR(최고/최저)	4.76/1.80	15.23/4.49	19.10/4.90	13.02/7.65	6.41/4.11

□ 배당의 변동성 [증자/분수증감비]

하며 충분히 매수할 기회를 제공했다.

재무구조를 보더라도 2009년 말 기준 EPS는 1,365이며 BPS는 5,929로 매수할 당시의 EPS와 BPS를 통해 주가가 1만원 이상 상승할 것이라는 사실을 알 수 있었다. 2010년에는 EPS와 BPS가 더 증가했기 때문에 추가적인 주가상승을 기대할 수 있다.

〈차트 75〉는 11,000원대부터 계속 추천해 큰 수익을 낸 '한화케미칼'이다. 석유, 화학업종으로 당시 시장의 패션에 부합했고, EPS와 BPS로 주가가 3만원 이상 갈 것을 알 수 있었다. 이 종목 역시 200일 선에서 수차례 매수 기회를 주었다.

〈차트 76〉 GS의 경우, 매수할 당시 200일선을 지속적으로 깨지 않으면서 지주사에 대한 재평가가 이뤄질 시기였다. 추천할 당시에 EPS와 BPS는 적정주가 5만원을 가리키고 있었다.

차트 75 한화케미칼 일봉

한화케미칼의 재무구조

주당가치지표 [단위:원]

구분	2008.12	2009.12	2010.12	2011.12	2012.03
주당순이익(EPS)	325	2,428	2,022	2,910	3,243
주당매출액(SPS)	20,806	21,854	25,888	28,078	25,887
주당순자산(BPS)	15,710	18,315	21,185	24,096	24,478
주당현금흐름(CFPS)	1,705	4,964	3,817	3,958	-237
전년동기대비EPS증가율	-82.29	647.09	16.23	3.72	-42.76
전년동기대비SPS증가율	-1.25	-5.88	19.59	9.43	-9.81
전년동기대비BPS증가율	-15.12	17.60	18.73	14.01	2.74
전년동기대비CFPS증가율	-53.03	176.17	-23.19	1.22	-

* 결산구분이 (결산/누계)인 경우 당기/분기 데이터는 경우 단순산술로 표기됨.

시장가치지표 [단위:배]

구분	2008.12	2009.12	2010.12	2011.12	2012.03
PER(최고/최저)	57.23/12.67	5.91/2.40	12.10/4.76	18.35/7.55	13.12/7.51
PSR(최고/최저)	0.79/0.17	0.66/0.27	1.39/0.52	1.99/0.78	1.23/0.94
PBR(최고/최저)	1.11/0.24	0.76/0.30	1.61/0.63	2.29/0.91	1.39/0.93
PCR(최고/최저)	10.42/2.30	2.89/1.17	10.29/4.05	16.12/6.55	-/-

GS 일봉

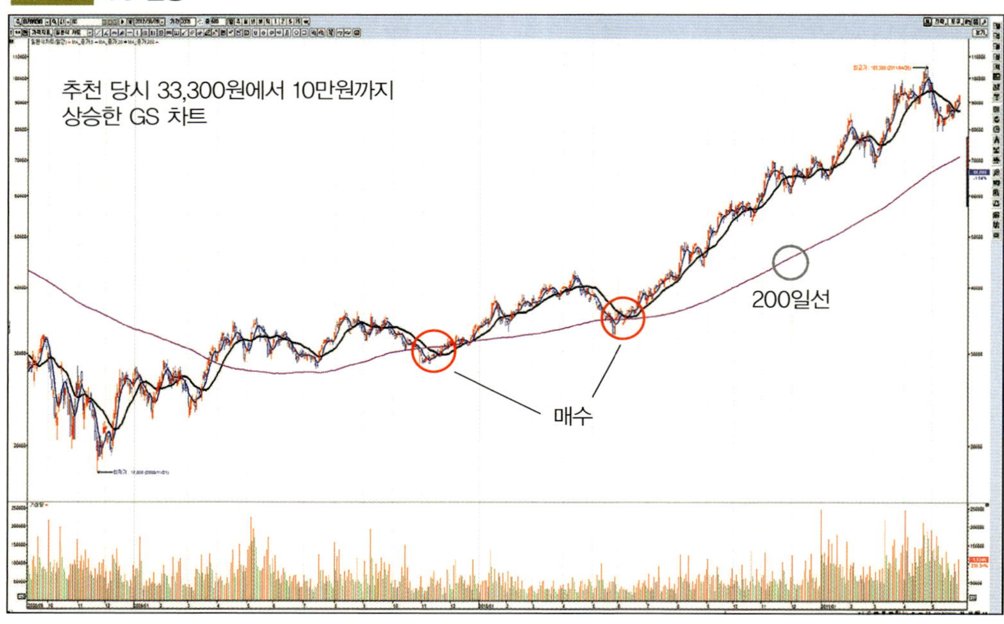

GS의 재무구조

주당가치지표					[단위: 원]
구분	2008.12	2009.12	2010.12	2011.12	2012.03
주당순이익(EPS)	1,197	5,341	6,598	2,586	2,592
주당매출액(SPS)	1,471	5,695	5,987	3,675	2,964
주당순자산(BPS)	39,227	44,496	62,344	46,056	48,307
주당현금흐름(CFPS)	742	748	1,566	2,991	103
전년동기대비EPS증가율	-73.05	346.30	03.10	-63.91	-75.23
전년동기대비SPS증가율	-16.86	286.20	74.03	-12.51	-72.64
전년동기대비BPS증가율	25.72	13.28	13.57	-6.18	-1.12
전년동기대비CFPS증가율	-63.29	-52.17	105.15	93.13	-56.16

결산구분이 (결산·비결산)인 경우 반기/분기 데이터의 경우 환산되어 표기됨.

내재가치지표					[단위: 배]
구분	2008.12	2009.12	2010.12	2011.12	2012.03
PER(최고/최저)	41.59/15.95	6.64/4.39	8.29/3.41	39.94/18.90	38.95/21.49
PSR(최고/최저)	33.30/12.90	6.29/4.17	7.29/3.14	28.02/13.32	25.02/11.46
PBR(최고/최저)	1.47/3.49	6.79/0.52	1.29/0.62	1.89/0.99	1.52/1.06
PCR(최고/최저)	77.50/35.75	111.70/73.57	46.90/21.25	54.99/16.42	243.99/188.90

신가치투자 요약

기본적 분석을 거쳐 발굴된 저평가 종목에 세력의 개입(바람구멍, 대량 거래)이 이루어진 후 200일선에서 횡보하고 있다면 매수해 제 가치를 찾아갈 때까지 길게 보유하는 것이 신가치투자이다.

신가치투자로 수익내기

애써 발굴한 좋은 주식을 사놓고도 수익을 내지 못하는 이유는 저가에 매수하고도 조금만 오르면 모두 팔아버리기 때문이다. 주가가 조금만 하락해도 무서워서 팔고, 박스권에 갇히면 답답해서 판다. 잦은 매매를 삼가고 200일선 매수 맥점에서만 매매하는 습관을 길러야 한다.

신가치투자 매도 맥점

200일선에서 매수한 종목은 가치에 도달할 때까지 지속 보유해야 한다. 보유한 종목이 연일 급등해 상한가가 연속 출현하거나 200일선과 이격이 과다하게 벌어지면 분할매도로 수익을 실현한다.

분산투자

아무리 좋은 종목도 보유 금액을 한 종목에 모두 투자하는 것은 어리석은 투자행위이다. 주식에서 100%란 없다. 기업의 앞날에 문제가 발생할 수도 있다는 사실을 항상 염두에 두어야 한다. 또한 어느 종목이 먼저 상승할지 알 수 없으므로 분산투자해 목표가에 도달한 종목은 매도 후 다시 새로운 종목을 편입하는 것이 좋다.

한 종목에 올인했다가 만약 오랜 기간 횡보하거나 하락한다면 좋은 기회를 놓칠 수 있으므로 시장의 상승에서 소외되지 않기 위해서는 반드시 분산투자하는 습관을 들여야 한다.

S U M M A R Y

신가치투자 총정리

신가치투자 = 기술적 분석 + 조셉 그린빌 + 엘리어트 파동 + 기본적 분석 + 배당 + 매집 + 꿈 + 재료

1. **기술적 분석** – 200일선이 우상향이고 200일선에서 협띠를 형성하고 있는 종목

2. **조셉 그린빌** – 상승 1국면의 10년 대바닥. 10년 동안 지독하리만큼 시세가 없다가 드디어 바닥을 탈출하면서 새로운 시세를 준비하고 있는 국면.

3. **엘리어트 파동** – 위치파악을 하는 데 지도와 같은 역할을 하며, 상승 1파 후 조정 2파에서 매수해서 상승 3파에서 큰 수익을 얻기 위한 전략이다.

4. **기본적 분석** – EPS, PER, BPS, PBR, ROE, 부채비율, 유보율, 현금흐름표

5. **매집** – 점상한가 2,3번 나온 종목을 주시. 점상한가 나왔던 재료나 상황을 늘 기억하라.

6. **배당** – 주식의 주 목적은 배당이다. 배당을 주는 회사는 그만큼 안정적이고 주주를 위하는 회사이다.

7. **꿈** – 미래성장가치를 내포하고 있다. 바이오, 로봇, 나노, 그 밖의 신기술, 신소재 등이 여기에 해당한다.

8. **재료** – 주가를 띄워서 시세차익을 낼 수 있는 회사 내부의 고급정보. 회사와 관련된 좋은 뉴스.

절대 피해야 할 주식

1. 회사명을 자주 바꾸는 종목

모든 분야에서 적용되는 얘기다. 간판을 자주 바꾸는 회사, 식당, 단체치고 잘 된다는 이야기를 들어본 적이 없을 것이다. 주식시장에서도 마찬가지다. 회사명을 자주 바꾸는 이유는 과거에 좋지 않았던 이미지를 숨기고 일반투자자들에게 새로운 종목인 줄로 착각하게 만들기 위해서이다.

이 방법은 주로 부실한 회사들이 주식으로 시세차익을 노려서 머니게임을 진행하기 위해 많이 사용하므로 주의해야 한다.

2. 1000원 이하의 저가주

주가가 싼 데는 분명 이유가 있다. 우리가 물건을 고를 때에도 비싼 물건은 품질이 좋고 싼 물건은 품질이 안 좋듯이 주식도 마찬가지다. 회사의 실적이 수반되는 우량한 회사는 주가가 높을 수밖에 없는 반면에 부실한 재무구조를 가진 회사는 주가가 낮을 수밖에 없다. 그러나 이렇게 너무나 당연하고 단순한 원리를 개인투자자들이 간과하는 경우를 종종 보게 된다. 참으로 안타까울 따름이다. 개인투자자들은 같은 자금으로 10주보다는 100주, 200주를 매수하는 것이 심리적으로 더 만족스럽다고 느끼므로 저가주를 선호한다.

연령대를 살펴보면 나이가 많고 투자자금이 많은 사람은 고가주를 선호하고, 반면 젊고 투자경력이 짧으며 투자금액이 적은 사람은 저가주를 선호하는 경향이 있다. 저가주는 대주주 변경이 잦고 주가도 급등락이 심하며 최악의 경우에는 상장폐지에 이른다. 따라서 저가주를 선호해서는 절대로 부자가 될 수 없다.

3. 테마를 형성하며 급등한 종목

'복지, 교육, 무상급식, 경제민주화…'

이 단어들의 공통점은 무엇일까? 이걸 모르면 투자자로서 자격 미달이다. 이들은 2011년과 2012년 증시를 뜨겁게 달구었던 테마주이다. 대관절 테마주는 어떤 속성을 가진 걸까? 테마주는 특정한 이슈나 재료에 따라 관련된 여러 종목들이 무리를 지어 주가의 등락을 함께 한다. 한번 테마가 형성되고 큰 시세가 난 종목들의 경우 세력이 빠져나가면 제자리로 돌아가는 것이 테마주들의 말로다. 그런데 개인 투자자들이 테마주의 화려한 급등만 기억한다. 그래서 또 예전처럼 화려하게 급등할 거라고 예견하다 손실을 입게 된다. 그러니까 개인투자자들은 세력들이 팔아먹은 구간인 8부 능선에서 주로 매수하다가 주가가 내려오면 물타기 및 홀딩전략으로 큰 손실을 키우게 된다. 따라서 테마를 형성하며 급등하는 종목들은 단기간에 시세 급등이 이루어졌으므로 단기관점으로 접근해야 한다. 또한 재무구조 대비 월등히 고평가 국면을 지속하며 많은 개인투자자에게 큰 손실을 안겨준다는 사실을 잊지 말아야 한다.

4. 200일선 밑에 있는 주식

"200일선 밑에 있는 주식은 종목선정 시 배제해야 한다."

늘 자신있게 주장해 온 말이다. 종목을 선정할 때 200일선 밑에 있는 주식은 아직 불황기의 주식으로서 시장의 관심대상이 아니다. 조셉 그린빌의 경기선인 200일선 위에서 주가가 형성되는 종목들로 압축해 선정하는 기준을 세워야 한다. 200일선은 경기선이므로 200일선 밑에 주가가 형성되어 있다는 것은 재무구조가 불량하거나 실적이 저조하다는 말이다. 시장의 관심대상이 되지 못해 장기적인 상승흐름이 아직 준비되지 못한 신호로 보면 된다.

그러므로 정배열 초기 상승국면에 있거나 200일선이 우상향한 가운데 주가가 200일선에서 협띠를 형성한 종목으로 압축해야 한다.

5. 전 정권에서 대시세난 주식

주식은 시대의 흐름을 반영한다. 특히 정부정책과 과제에 편승하여 최고 권력자의 의지에 따라 움직이는 경향을 보인다.

과거 정부정책들을 보면 DJ정부 시절에는 벤처기업이, 노무현 정부 시절에는 조선주, 중공업, 철강주들이 정부의 정책에 편승해 급등했다. MB 정부 시절에는 4대강 관련주, 자동차, IT, 화학주들이 시세를 주도했다

그런데 중요한 사실은 차기 정부에서는 앞 정권에서 일궈놓은 산업은 관심 대상으로 삼지 않는다는 점이다. 차기 정부는 새로운 정책을 내세우는데 그러면 그에 맞는 업종과 종목이 주도주로서 새롭게 등장하게 된다.

그러므로 앞 정권에서 상승했던 종목은 배제하고 현 정권의 정책을 연구해야 한다.

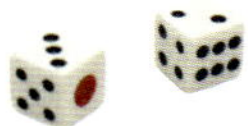

부자가 되는 길

1. 성공한 사람을 롤모델로 삼고 경쟁하라

"성공한 인물 한 사람을 철저히 연구하라. 한 사람을 정해 철저히 연구하라. 그 사람이 생각하는 방법에 너무 익숙해져 마치 그 사람과 마주 앉아 우리의 상상력을 불 지필 수 있도록 대화를 나누고 솔직한 충고와 지도를 해달라고 요청할 수 있을 정도라고 느낄 수 있을 만큼 말이다."

언젠가 읽었던 책 「맥스웰 몰츠의 성공법칙」에 나온 말이다. 그가 책에서 말하는 것은 역할 모델을 만들어서 그의 성공요인을 자신에게 접목하라는 것이다. 그는 어느 한 분야에서 성공하려면 그 분야에서 성공한 사람을 연구해서 그들이 하라는 대로 하라고 한다.

우리 투자자가 연구할 인물은 누구일까? 많은 투자자들처럼 나 역시 두 사람을 권하고 싶다. 가치투자의 대가인 워렌 버핏, 존 템플턴. 이들은 주식투자로 큰 부와 명성을 얻은 대가들이다.

워렌 버핏은 나의 롤모델이면서 선의의 경쟁자이기도 하다. 이 글을 읽는 독자 여러분들도 롤모델을 정하고 그와 경쟁하는 마음으로 공부와 투자를 지속하면 언젠가는 성공의 길로 접어들 것이다.

2. 코치를 두어라

2012년 런던올림픽에서 우리나라는 종합 5위의 성적을 거두며 국위를 선양하였다. TV를 시청하면서 금메달을 딴 선수를 포함하여 선수를 지도한 코치도 감격의 눈물을 흘리는 장면을 보았다. 올림픽에서 매달을 딴 선수들에게 만약 코치가 없었다면 어떤 결과가 나왔을까? 코치의 지도가 없다면 일반인들이 취미로 운동하는 것과 무엇이 다르겠는가? 어떤 분야에서든 성공하기 위해서는 자신을 돕는 훌륭한 코치는 필수조건이다.

성공한 사람치고 코치가 없는 사람이 없다. 성공은 협력자가 있는지 없는지에 따라 많이 달라진다.

우리 투자자도 자신에게 귀중한 조언을 해줄 코치를 두어야 한다. 주식투자는 본래 외로운 투쟁이다. 또한 한 번의 잘못된 결정으로 회복할 수 없는 큰 상처를 입기도 한다. 때문에 그 어느 분야보다 코치가 필요하다.

주식은 혼자 하기에는 매우 큰 리스크가 따르기 때문에 검증된 주식 전문가를 코치로 두어야 하며 신중한 결정을 내리는 데 힘을 불어 넣어줄 협력자도 필요하다. 코치(협력자)는 성공한 투자자의 필수조건이다.

3. 준비하고 노력해야 기회를 잡을 수 있다

"주식시장엔 프로 9단과 아마추어 18급이 함께 내기바둑을 두는 불합리한 경기장이다. 누가 승자일지 이미 답이 나와 있다. 그러므로 개미투자자들은 끊임없이 준비하고 노력해야 주식투자로 성공할 수 있다.

실제, '투자 고수'라고 불리는 사람들 치고 남모르게 준비하고 노력하지 않는 사람은 없다. 고레가와 긴조의 경우 일본 증시의 최대의 큰손으로 300만엔으로 1000억엔의 수익을 거둔 투자의 신으로 불린다. 1982년에는 일본 소득세 납세순위에서 고스케를 제치고 1위에 올라 세인들을 놀라게 했다.

그는 21세에 시작한 철판 사업으로 큰돈을 벌었지만 1927년 일본의 금융공황으로 파산을 했다. 이후 경제에 대한 공부의 필요성을 절실히 느끼고 3년간 도서관에서 독학으로 세계경제 연구에만 몰두했다.

이 시기에는 한 푼의 수입도 없었기 때문에 생활고에 시달렸다. 점심 때 우동 한 그릇 사먹을 돈이 없어서 물로 배를 채우고 전철표 살 돈이 없어서 먼 거리를 걸어 다닐 정도로 힘들게 살았다.

그러는 동안 자본주의 시장경제는 일정한 간격을 두고 파도와 같이 끊임없는 파동을 일으킨다는 것과 영원한 폭락도 없고 폭등도 없다는 것을 3년간의 처절한 연구 끝에 깨달았다.

이후 주식투자로 돈을 벌고 한국에 와서 광산사업을 하다, 다시 63세부터 본격적인 주식투자에 나섰다. 1981년 9월 스미토모 금속광산이 금광을 발견한 사실을 접하고 주식 지분의 16%에 해당하는 5000만주를 230~240엔에 매수하여 6개월 뒤 주가가 1,000엔을 돌파하자 과감하게 처분하여 200억엔을 벌었다. 그렇게 해서 그는 그해 일본에서 가장 큰 수익을 거둔 인물로 주목받았다.

이처럼 고레가와 긴조는 금융공황으로 파산한 이후 3년간 자본주의 경제를 연구했기 때문에 주식시장에서 성공할 수 있었다.

어떻게 보면 주식은 100m 단거리가 아니라 42.195킬로를 달리는 마라톤과 흡사하다. 남다른 체력으로 한순간에 반짝 승부를 내는 곳이 아니다. 평범한 사람들의 지구력을 요구하는 곳이다.

자, 투자자들이여 10, 20년을 내다보고 하루하루 최선을 다해 달린다는 자세로 주식에 임하자.

4. 책을 가까이 하라

"오늘날의 나를 만들어 준 것은 조국도 아니고 어머니도 아니다. 단지 내가 태어난 작은 마을의 초라한 도서관이었다."

IT의 황제 빌 게이츠가 한 말이다. 주식에서도 이에 뒤지지 않을 만큼 독서를 중시하는 인물이 있으니 바로 워렌 버핏이다.

"나는 보통 사람의 평균 5배 정도는 더 읽는 것 같습니다."

이 둘의 성공에 지대한 밑거름이 된 것은 뭐니 뭐니 해도 독서이다. 천재적인 두뇌도 아니고, 부모로부터 물려받은 막대한 재산도 아니고, 뛰어난 사교술도 아니다. 독서야말로 세계 최고의 갑부이자 성공자인 이들의 성공비결인 셈이다.

나도 책 선물을 가장 좋아하고, 특히 관심 있는 분야의 책을 선물로 받으면 기쁨에 들떠서 밤을 세우며 읽곤 한다. 방송과 주식연구로 바쁜 와중에도 일부러 시간을 내 독서를 즐긴다. 책은 나를 만든 원동력이며, 일상에 지친 나에게 휴식과 감동을 준다.

5. 꿈을 계획하고 실천하라

"여러분 50, 60세에 어떤 사람이 되어 있을 건가요?"

이렇게 질문하면 선뜻 나는 무엇 무엇이 되어 있을 겁니다 하고 술술 말하는 분들이 많지 않다.

막연히 큰돈을 벌겠다는 생각만 있고 구체적인 꿈의 설계가 없다면 모래 성을 쌓는 것과 다를 바 없다.

설계도면 없이 건물을 짓는 것과 같기 때문이다. 20층짜리 건물을 짓는다고 가정을 할 경우 설계도면 없이 건물을 세울 수가 있겠는가?

하물며 우리의 인생이 80년 혹은 그 이상 이어질 텐데 아무런 계획 없이 살아간다면 실패를 계획했다는 말과 무슨 차이가 있는가?

세상에 빛과 소금으로 쓰일 수 있도록 인생을 설계해야 한다. 도전하는 삶이 아름답다. 하루를 살더라고 꿈과 목표가 있어야 한다.

일본 IT의 황제 손정의. 그가 처음 비즈니스를 시작할 때였다. 그는 아르바이트 하는 직원 몇 명을 세워 놓고 과일상자 위로 올라갔다. 그리곤 당당한 눈빛으로 호언장담했다.

"10년 뒤 500억 엔의 회사가 됩니다. 20년 뒤 수조원의 회사가 됩니다."

얼마 뒤 그의 꿈은 실현되었다.

우리 투자자도 부자가 되고자 한다면 꿈의 스케줄을 가지고 꾸준히 실천해 나가도록 하자. 당장 노트를 꺼내어 이루고 싶은 꿈을 날짜와 함께 적자. 구체적으로 계획을 세우고 그 계획에 따라 실행하자.

꿈이 현실이 되어 있는 그날까지.

6. 겸손하고 감사하는 마음을 갖자

성공한 사람들을 보면 매사에 불평 불만보다는 겸손함과 감사하는 마음을 갖고 산다.

아프리카에서 난민들을 위해서 무료로 의료봉사를 했던 한 유명한 의사는 죽기 전에 마지막 말을 남겼다. "이제야 내가 감사라는 말의 의미를 깨달았다." 평생 봉사에 자신을 바쳤던 훌륭한 분도 마지막에 깨달은 것은 바로 감사였다. 겸손과 감사를 모두 가진 사람은 신의 경지에 오른 사람이다.

노자는 "겸손은 물과 같이 무르고 약한 것 같으나, 모든 것에도 이기는 힘을 가졌다"고 말했다.

겸손과 감사의 마음을 가진 사람은 모든 사람에게 호감을 줄 뿐만 아니라 본인의 가치를 높이는 최고의 미덕이다.

S U M M A R Y

부자가 되는 길

1. **성공한 사람을 연구하라**

   가치투자의 대가인 워렌 버핏, 존 템플턴의 투자원칙을 벤치마킹하라.

2. **코치를 두어라**

   주식은 혼자 하기에는 너무 큰 리스크가 따르기 때문에 검증된 주식 전문가를 협력자로 두어야 한다.

3. **준비하고 노력해야 기회를 잡을 수 있다**

   고레가와 긴조는 금융공황으로 파산한 이후 3년간 자본주의 경제를 연구했기 때문에 주식시장에서 성공할 수 있었다.

4. **책을 가까이 하라**

   워렌 버핏은 보통 사람의 평균 5배 이상을 독서한다.

5. **꿈을 계획하고 실천하라**

   노트에 꿈을 적고 그에 따라 하루하루 실천해 나가자.

6. **겸손하고 감사하는 마음을 갖자**

   겸손과 감사의 마음을 가진 사람은 모든 사람에게 호감을 줄 뿐만 아니라 본인의 가치를 높이는 최고의 미덕이다.